数字金融革命

中国经验及启示

THE DIGITAL FINANCIAL
REVOLUTION IN CHINA

黄益平　〔美〕杜大伟
　　　　　　David Dollar

— 主编 —

北京大学出版社
PEKING UNIVERSITY PRESS

图书在版编目(CIP)数据

数字金融革命：中国经验及启示/黄益平,(美)杜大伟主编.—北京：北京大学出版社,2023.1
ISBN 978-7-301-33140-8

Ⅰ.①数… Ⅱ.①黄… ②美… Ⅲ.①数字技术—应用—金融业—研究—中国 Ⅳ.①F832-39

中国版本图书馆 CIP 数据核字(2022)第 113502 号

书　　　名	数字金融革命：中国经验及启示 SHUZI JINRONG GEMING: ZHONGGUO JINGYAN JI QISHI
著作责任者	黄益平　〔美〕杜大伟(David Dollar)　主编
策划编辑	徐　冰
责任编辑	刘冬寒　闫格格
标准书号	ISBN 978-7-301-33140-8
出版发行	北京大学出版社
地　　　址	北京市海淀区成府路 205 号　100871
网　　　址	http://www.pup.cn
微信公众号	北京大学经管书苑(pupembook)
电子信箱	em@pup.cn
电　　　话	邮购部 010-62752015　发行部 010-62750672 编辑部 010-62752926
印　刷　者	涿州市星河印刷有限公司
经　销　者	新华书店
	730 毫米×980 毫米　16 开本　17 印张　273 千字 2023 年 1 月第 1 版　2023 年 1 月第 1 次印刷
定　　　价	78.00 元

未经许可，不得以任何方式复制或抄袭本书之部分或全部内容。
版权所有，侵权必究
举报电话：010-62752024　电子信箱：fd@pup.pku.edu.cn
图书如有印装质量问题，请与出版部联系，电话：010-62756370

前　言

中国一直走在全球数字金融革命的最前沿。从移动支付到在线投资,从大科技信贷到线上保险,从开放银行到央行数字货币,中国的业务规模与技术创新都引领着国际潮流,为金融体系、企业运行与人民生活带来了翻天覆地的变化。

与欧美国家相比,中国数字金融最为突出的特点在于,支持普惠金融的发展——为许多尚未被传统金融机构覆盖的企业与个人提供金融服务,无论他们身处何地、从事什么职业、是否拥有资产。全面普及金融服务成为可能,这是一项史无前例的突破。

本书是北京大学国家发展研究院、北京大学数字金融研究中心与美国布鲁金斯学会(Brookings Institution)联合课题的研究成果。它刻画了中国数字金融发展的历程、影响因素与作用机制,分析了数字金融对就业机会、收入分配、消费者效用等领域的影响,同时还探究了更为广泛的系统性问题,包括数字金融对货币政策有效性、银行体系稳定性及国际贸易与支付的影响。

数字金融革命既是一场国际前沿的金融创新,也是一个十分重要的中国故事。而本书既是第一本系统分析中国数字金融革命的著作,也是第一本由中美顶尖机构和学者合作研究、共同编写的数字金融领域的书籍。它不仅聚焦这场发生在中国的变革,而且深入探究了其国际意义,包括对其他国家的启示与对国际金融体系的影响。

本书编写的初衷在于:为国内读者剖析数字金融实践的成功与不足,指出未来的发展方向,为国际读者描述金融创新的中国故事,揭示其世界意义与国际影响。

目 录

第一章 理解中国的数字金融创新和监管
　　　黄益平　杜大伟(David Dollar) ／001
　1. 进行中的数字金融革命 ／002
　2. 普惠金融新模式 ／004
　3. 创新数字金融业务 ／007
　4. 经济影响初步评估 ／009
　5. 数字金融监管重构 ／011

第二章 中国数字普惠金融的测度与分析
　　　郭峰　王靖一 ／015
　1. 引　言 ／016
　2. 中国数字普惠金融发展总体趋势 ／018
　3. 中国数字普惠金融空间结构 ／020
　4. 数字普惠金融与区域经济平衡发展 ／027
　5. 结　论 ／029
　　附录：指标体系与指数计算方法 ／030

第三章 中国支付系统 阿伦·克莱因(Aaron Klein) ／037
　1. 引言 ／038

2. 中国移动支付革命的起点 / 040

3. 新支付系统形成 / 041

4. 微信支付与支付宝是如何运作的 / 042

5. 微信支付和支付宝的发展起源 / 045

6. 如何使用数字钱包中的资金 / 047

7. 信贷的差异 / 048

8. 谁来承担系统成本？ / 049

9. 银行与支付系统的历史渊源 / 050

10. 中国人民银行与数字货币 / 051

11. 中国支付系统在美国的应用 / 052

12. 为什么美国居民不太可能放弃银行卡 / 053

13. 中国支付系统的全球化 / 057

14. 总　结 / 058

第四章　中国数字金融基础设施　王勋 / 061

1. 引　言 / 062

2. 中国数字金融基础设施背景 / 063

3. 数字金融基础设施建设 / 067

4. 数字金融基础设施的影响 / 073

5. 中国数字金融生态系统的演变 / 077

6. 结论与启发 / 079

第五章　个体对个体(P2P)网络借贷的兴衰　沈艳 / 083

1. P2P 网络借贷的发展历程 / 085

2. P2P 网络借贷的兴起与异化 / 089

3. 为什么 P2P 网络借贷会在中国衰落 / 094

4. 经验和教训 / 100

第六章　中国的数字信贷：三种不同的业务模式　黄益平　/ 105

　　1. 前　言　/ 106

　　2. 为什么个人和中小企业贷款困难？　/ 108

　　3. P2P 借贷的失败　/ 110

　　4. 通过大科技信贷为中小企业提供贷款　/ 112

　　5. 正在崛起的数字供应链金融　/ 116

　　6. 三种模式的评估和对比　/ 118

　　7. 政策启示　/ 121

第七章　中国的智能投顾和数字化财富管理　黄卓　/ 127

　　1. 中国智能投顾市场的发展　/ 128

　　2. 驱动因素　/ 134

　　3. 财富管理中的人工智能和数字技术　/ 137

　　4. 智能投顾改变投资者行为　/ 140

　　5. 中国财富管理数字化的趋势　/ 143

　　6. 挑　战　/ 145

第八章　商业银行的数字化　谢绚丽　/ 149

　　1. 中国商业银行业概况　/ 150

　　2. 金融科技的出现及其对商业银行的影响　/ 152

　　3. 商业银行的数字化转型　/ 154

　　4. 商业银行数字化转型战略　/ 159

　　5. 商业银行数字化的障碍与挑战　/ 168

　　6. 商业银行业的未来及政策启示　/ 171

第九章　数字鸿沟和涓滴效应　张勋　/ 175

　　1. 信息和通信技术的发展　/ 176

　　2. 数字鸿沟及其影响　/ 179

3. 数字金融发展的涓滴效应 / 186

4. 涓滴效应的前提和局限性 / 189

5. 结论与政策建议 / 190

第十章　中国的央行数字货币：发展路径与可能影响　徐远　/ 193

1. 引　言 / 194

2. 中国央行数字货币的研发历程：一个简要回顾 / 195

3. 数字人民币的特征 / 197

4. 数字人民币与其他电子支付工具的比较 / 200

5. 数字人民币的潜在影响 / 202

6. 小　结 / 204

第十一章　中国金融科技监管演进　龚强　/ 207

1. 引　言 / 208

2. 互联网贷款监管：从 P2P 到助贷 / 210

3. 虚拟货币与金融欺诈 / 216

4. 大数据征信与隐私保护 / 220

5. 监管沙盒 / 224

6. 总结与展望 / 228

第十二章　数字金融对国际货币体系的影响
　　　　　艾斯瓦·普拉萨德(Eswar Prasad)　/ 231

1. 引　言 / 232

2. 跨境支付 / 233

3. 国际储备货币 / 234

4. 全球金融资本市场 / 235

5. 货币竞争 / 237

6. 数字人民币会促进人民币国际化吗？ / 238

7. 结　论 / 240

第十三章　数字金融发展的国际合作与监管　杜大伟(David Dollar) / 243

　　1. 引　言 / 244

　　2. 国际经验的分享 / 244

　　3. 跨境数据流动的监管 / 250

　　4. 跨境支付的挑战 / 253

　　5. 结　论 / 257

致　谢 / 261

第一章
理解中国的数字金融创新和监管

黄益平　杜大伟(David Dollar)*

---

* 黄益平,北京大学国家发展研究院教授、副院长,北京大学数字金融研究中心主任;杜大伟(David Dollar),布鲁金斯学会中国中心高级研究员。

1. 进行中的数字金融革命

2020年11月3日晚,在数字金融巨头蚂蚁集团(Ant Group)下的子公司蚂蚁金服计划首次公开募股(initial public offering, IPO)前的大约36小时,上海证券交易所宣布蚂蚁集团暂停上市。随后,蚂蚁金服还迅速暂停了在香港联合交易所的双重上市,原因是监管规则的变化会给蚂蚁金服未来的财务表现带来新的不确定性。在IPO之前暂停上市,确实是一件非同寻常的事情,更何况这是有史以来规模最大的IPO。国内外的投资者也都在努力理解这一变局的深刻含义。可以确定的是,这个行业的监管环境将发生翻天覆地的变化。这反映了当下中国数字金融行业的尴尬境地——虽然中国在移动支付、在线投资和数字信贷等多个业务领域已经处于全球领先地位,但监管框架仍未完善。

中国在数字金融创新和监管方面究竟有一些什么样的经验与教训呢?在过去的数字金融实践中,哪些事情做对了?哪些事情做得不对?还有哪些事情需要进一步改进?为了回答这些问题,北京大学国家发展研究院、北京大学数字金融研究中心和美国布鲁金斯学会邀请了一批中美专家,深入分析了中国数字金融的发展现状,并提出了重要的政策建议。本书的内容大致如下:首先,刻画了中国数字金融行业的现状,并分析了其迅速发展的关键原因。其次,描述了一些已取得成功的业务(如移动支付),以及其他一些相对失败的业务(如P2P借贷)。再次,着眼于数字金融行业的新发展——包括商业银行数字化和中央银行数字货币(Central Bank Digital Currency, CBDC)的发行,分析数字金融发展对国内外金融格局的影响。最后,评估了监管政策在中国数字金融发展中的作用,并试图为未来的发展提供一些启示。

在本书中,数字金融是指将互联网、大数据、人工智能(artificial intelligence, AI)和云计算等数字技术应用于金融产品和流程,包括应用技术来改进科技公司和金融机构所提供的金融业务。这些金融业务有时也被称为金融科技(Fintech)或互联网金融。本书更倾向于使用"平衡"的术语——"数字金融",因为在实践中,金融科技和互联网金融都更关注科技公司对金融服务的助力。

在过去十多年，中国数字金融行业经历了飞速的发展。虽然大多数数字金融业务模式最初始于美国和英国，但中国现在在多个领域（尤其是在客户群和交易量方面）处于领先地位。中国数字金融快速发展的一个重要原因是传统金融市场的不完善——大多数低收入家庭和中小企业所能获得的金融服务不足。中国数字金融的核心之一——应用数字技术辅助获客和风险管理——促进了普惠金融的发展，从而弥补了中国金融市场的短板。

数字技术为金融部门带来了创新。理论上，基于传统经济学中被广泛接受的"规模报酬递减"假设，同时触达大量特征各异的长尾客户的成本很高。如今，数字金融降低了这一成本：现有的移动支付服务提供商都拥有大规模的用户；人工智能和云计算以前所未有的速度与金融模型融合，从而为客户提供及时的个性化服务；由大型科技公司开发的信用风险评估模型不仅在预测客户的贷款违约风险方面更可靠，而且还能够向没有银行账户的客户提供贷款。目前，一家新型互联网银行每年可以向数千万的低收入家庭和中小企业发放贷款，大科技信贷的不良贷款率普遍低于传统银行发放同类贷款的不良贷款率。

从更广泛的角度看，数字金融可能会改变金融市场和宏观经济的格局。例如，数字金融中介的出现削弱了银行实体分支机构的价值，从 2016 年开始，银行实体分支机构的数量逐年下降，很多大型银行也开始裁员。相关量化指标显示，数字金融服务的区域差距已大幅缩小。多项研究发现，数字金融有助于创新、就业和提升收入，尤其是提升低收入家庭和农村居民的收入。大科技信贷使用的信用风险评估模型以大数据为基础，弱化了资产价格与银行贷款的联动性，即产生了"金融加速器"效应。大科技信贷的货币政策传导速度普遍快于银行贷款。而且，数字金融还可以使区域市场联结更加紧密，例如移动支付促进了电子商务和物流的发展，从而提高了宏观经济稳定性。以上是数字金融对金融市场和宏观经济影响的一些例子，完整的图景仍在绘制中。

金融监管在中国数字金融发展中究竟扮演什么角色？这是一个有争议的话题。从积极的方面来看，监管机构对数字金融创新更包容。然而，这究竟是因为监管机构看到了数字金融创新的普惠价值，还是因为它们尚未决定如何应对数字金融创新，这一点尚不清楚。无论如何，数字金融机构有足够的机会和时间来检验新的金融产品，否则，大科技公司将很难发展移动支付和贷款业务。从消极的方面看，监管的缺失也导致了数字金融的"野蛮生长"，在某些情况下，还会积累重大的金融风险和社会风险。例如，P2P借贷在经历了短暂的快速发展后突然崩盘，就是因为金融风险和社会风险积累过量。

蚂蚁金服突然暂停上市，可能意味着数字金融监管迎来转折点。监管机构正努力为数字金融行业构建一个全面的监管框架。2015年，以中国人民银行为首的10个政府部门发布《关于促进互联网金融健康发展的指导意见》，表明了数字金融发展和监管的官方立场；监管部门随后出台了一系列有关数字金融业务（包括2015年非银行移动支付、2016年P2P借贷、2020年互联网银行贷款等）的政策。但仍有一些棘手的问题亟待解决：第一，如何将数字金融业务置于统一的监管框架下，避免过度套利行为，同时又留有足够的创新空间？第二，传统的政策手段和工具可能不足以监管数字金融行业，如何应用数字技术辅助监管？第三，如何对数字金融控股公司进行监管，以在不同业务之间筑建"数字中国墙"？第四，如何建立数据作为新生产要素的确权、标准、配置、定价和交易等方面的治理框架？第五，判断数字金融领域是否存在垄断的最佳标准是什么？第六，数字金融行业反垄断政策的重点是什么？找到这些问题的答案有助于塑造未来的数字金融监管框架。

中国数字金融革命仍在进行之中，但它已经产生了重要的国际影响。第一，数字技术为普惠金融的发展提供了有效模式。借助数字技术，金融机构能够以惊人的速度为海量的客户提供金融服务。第二，数字技术正在迅速改变全球金融格局。中国的经验为理解数字金融创新，尤其是新兴数字金融参与者与传统金融机构之间的互动提供了经典案例，这些机构也正在经历重大的数字化转型。第三，目前全球数字金融市场的格局大体是四分天下：美国、英国、中国，以及世界其他国家和地区。前三者为主要引领者，美国技术领先，英国长于模式，中国则优于市场。未来中国的数字金融也许会与全球市场逐步融合，或至少达成一定程度的合作。

2. 普惠金融新模式

中国的数字金融业发轫于2004年年底，电子商务公司阿里巴巴推出了一项以"PayPal"为蓝本的在线支付服务,即现在的"支付宝"。支付宝最初是为了促进阿里巴巴和淘宝上的在线交易而研发的。然而,直到2013年年中,数字金融行业才出现快速增长的势头。这一年,阿里巴巴推出了线上货币市场基金"余额宝",允许个人投资者通过手机应用程序灵活地进行小额投资。此后,投资余额宝的公司天弘基金,在一年内迅速从中等规模的基金跃升为国内规模最大的基金。后来,2013年被广泛认为是中国数字金融发展元年。

今天,中国已经是世界上最具活力的数字金融市场之一。在美国和英国,"金融科技"一词通常指区块链技术、加密货币、跨境支付和央行数字货币。在中国,"金融科技"或"数字金融"一词最有可能与向大众市场提供支付、贷款、保险和投资服务有关。因此,中国数字金融业具有普惠金融的特征。根据北京大学数字普惠金融指数(Peking University Digital Financial Inclusion Index,PKUDFII),2011年,数字金融业务主要集中在东南沿海少数城市;2020年,东南沿海的数字金融业务规模依然领先,但东西差距、南北差距明显缩小①,这意味着落后地区正在迅速追赶。这正是"普惠"的含义。

推进普惠金融的发展是一项全球性的事业。联合国曾将2005年定为"国际小额信贷年",呼吁成员国为弱势客户提供基于市场和商业的可持续金融服务。中国政府作出了各种努力,例如创建小额信贷公司、建立专门的业务部门。然而,总的来说,进展是有限的。传统金融行业有一个广为人知的二八法则,它指的是,前20%的客户,通常是最富有的家庭和最赚钱的公司,贡献大约80%的市场收入。为其余80%的客户(主要是低收入家庭和中小企业)提供服务实际上更加困难,而且财务利润也更低。促进普惠金融的主要困难在于触达潜在客户并评估他们的金融风险。

2016年,中国政府发布了《推进普惠金融发展规划(2016—2020年)》(以下简称"五年规划")。2016—2020年,中国在普惠金融方面取得了令人瞩目的进展。其中大部分进展发生在数字金融行业,有意思的是,"五年规划"并没有突出数字普惠金融方面的内容。普惠金融取得惊人成功的秘诀在于应用了数字技术,其中包括大科技、大数据、人工智能、区块链和云计算等技术。数字技

---

① 见本书第二章。

术使普惠金融在扩大业务规模、提高效率、改善用户体验、降低成本和控制风险方面取得了不小的进展。数字技术的一个重要特征是长尾,这意味着一旦成功构建大科技平台,为额外用户提供服务的边际成本几乎为零。大数据、人工智能和云计算的结合,使数字金融机构能够以极快的速度为大众市场提供个性化的金融服务。利用规模经济和范围经济,大科技平台可以覆盖非常广的市场。事实上,在中国任何一个有信号的地方,只要拥有一部智能手机,就可以享受与大城市一样的金融服务。

回顾过去,推动中国数字金融行业快速崛起的三大因素分别是数字技术、市场需求和监管环境。其中数字技术的快速发展和广泛应用是首要因素①。2013年之前的支付宝之所以没有被广泛使用,是因为在台式电脑上使用支付宝相当不方便,而智能手机改变了这一点。中国数字技术的快速发展是政府和私营部门共同努力的结果。政府在全国范围内对数字基础设施进行了大量投资,数字技术渗透率显著提高。数字基础设施使个人和企业几乎能在任何地方连接大科技平台。私营部门也在其中发挥了作用。2011年,支付宝每秒只能处理约300笔交易。到2019年,这个数字已经远大于30万,数字技术的发展缩小了新兴经济体在金融服务触达上的性别差距、贫富差距和城乡差距。

第二个因素是大量未得到满足的市场需求,尤其是来自低收入家庭和中小企业的需求。由于客户触达和风险管理的问题,为低收入家庭和中小企业提供金融服务很困难,在中国,由于"金融抑制"的存在,即政府对金融体系的干预,这个现象尤其突出。正规金融体系对低收入家庭和中小企业的服务不足使非正规金融活动和数字金融业务充满了活力。由于那时的大多数中国人除现金之外没有其他支付方式,移动支付服务便诞生了,并受到了市场的热烈欢迎。只有大约20%的中小企业能够从银行借款,因此不难想象,数字贷款对那些未被银行信贷业务覆盖的低收入家庭和中小企业意义重大。许多在线投资产品也是如此。在大多数情况下,数字金融产品不仅提高了效率,而且填补了市场的空白。这就是为什么移动支付业务能够在中国迅速普及,而在美国发展较慢

---

① 见本书第四章。

的原因①。

第三个因素是相对宽松的监管环境。事实上,很长一段时间以来,许多数字金融业务都缺乏监管。支付宝出现于 2004 年年底,但直到 2011 年才获得正式牌照。第一个 P2P 平台"拍拍贷"于 2007 年上线,监管机构于 2016 年年中才公布了第一个监管政策框架。监管机构不急于将这些企业置于监管框架之下,可能有两个原因:一方面,许多政府官员看到了数字金融业务的普惠价值,因此不愿破坏此类业务;另一方面,中国的金融监管框架是按行业分别制定的,即"谁发证,谁监管"。在某种程度上,监管机构并没有给这些数字金融机构发放牌照,因此也就无须承担监管责任。"宽容"是一把双刃剑,它可以让行业不受约束地快速增长,但同时也会导致金融风险的快速积累。

3. 创新数字金融业务

数字金融业务发展并不平衡。第一,最成功的业务是移动支付。两家领先的移动支付服务提供商均拥有 10 亿以上的用户。从 2017 年开始,它们还推出了二维码(quick response code)支付,覆盖了近 1 亿家线下商店和街边小贩。移动支付服务在大多数用户的日常生活中已经不可或缺。第二,另一项相当成功的业务是数字借贷,该领域内的故事差异悬殊:P2P 借贷已经失败②,大科技信贷如今取得了巨大成功,而数字供应链(digital supply chain,DSC)金融正在兴起且前景广阔,银行也在迅速发展线上交易业务③。第三,投资、保险等其他领域未见重大突破,但也存在较大差异。余额宝等在线投资工具在推出时便取得了巨大成功,吸纳了大量散户的小额资金。智能投顾业务虽然前景广阔,但目前并未取得重大进展④。

除了吸引大量客户,大科技平台也是收集客户在使用社交媒体、电子商务或搜索引擎时留下的数字足迹的重要工具。大科技平台所打造的生态系统也

---

① 见本书第三章。
② 见本书第五章。
③ 见本书第六章。
④ 见本书第七章。

是数字金融基础设施的重要组成部分,不仅可以提升客户对平台的黏性,而且可以拓宽收集数据的范围,然后分析各种数字金融业务的大数据,借助大数据分析销售包括保险产品在内的金融产品,通过更好地进行供需匹配来提高金融效率。同样,智能投顾业务将人工智能、云计算和金融量化与大数据结合,并为大众市场提供个性化的投资建议[1]。这需要通过大数据分析客户的需求,其关键在于确定投资者的风险偏好,以及他们理解和可承受金融风险的程度。

到目前为止,使用大数据分析最重要的创新之一可能是在大科技信用方面创建了新的信用风险管理框架[2]。该框架包含两个主要元素:大科技平台和相关生态系统,以及可用于信用风险评估的大数据。大科技平台和相关生态系统在该框架中至少有三个方面的作用。首先,利用长尾效应,大科技信贷的贷方以接近零的边际成本快速积累大量客户,这有助于克服客户获取的困难。其次,大科技信贷的贷方收集客户在不同平台上留下的数字足迹。数字足迹可能用于两方面:一是实时监测客户的在线活动和行为,二是支持信用风险评估。最后,由于所有客户都使用大科技平台和相关生态系统,大科技信贷的贷方还可以设计激励计划来管理还贷事宜。

大科技信用风险评估是一项创新。通过将大数据与机器学习模型相结合,它允许大科技信贷的贷方在没有足够的借方的财务数据或抵押资产的情况下评估信用风险。通过大科技信用风险评估方法与依赖财务数据和计分卡模型的银行传统方法的比较分析表明,第一,大科技信用风险评估方法在预测贷款违约几率方面比传统方法更可靠,这可能是由于前者拥有模型优势和信息优势。与计分卡模型相比,机器学习模型更能捕捉大量变量之间的交互作用。而且大数据既包括实时更新的数据,也包括行为信息,更适合预测借方的还贷能力和还贷意愿。第二,由于大科技信用风险评估方法不依赖财务数据和抵押资产,贷方可以为许多没有被银行信贷业务覆盖的客户提供贷款。事实上,对于财务数据较少的个人和中小企业来说,大科技信贷相对于从银行借贷更容易获

---

[1] 见本书第七章。
[2] 见本书第六章。

得。这些分析证实了大科技信贷具有普惠性。

另一个重要的创新发生在 DSC 融资方面。传统的供应链融资是商业银行利用中小企业与大企业在生产和供应过程的联系进行放贷的常规业务，其最大的挑战是真实性验证：交易和动产的误报很常见，但很难发现。DSC 融资可以通过在物联网、区块链和大数据之间建立一个框架，在很大程度上解决这个问题。物联网将生产和供应过程中的一切联系在一起，无论是实物产品和设备，还是有关交易和资金流动的信息，所有活动都受到实时的密切监测——区块链技术确保有关产品和交易的所有信息都是准确的，大数据用于信用风险评估。与大科技信贷相比，DSC 融资的业务规模可能较小，因为不同的流程需要不同的操作系统。但是，如果操作得当，其风险管理可能会更加可靠，且能够直接为从事制造业和服务业的中小企业提供更大金额的贷款。

中国人民银行从 2014 年开始研究数字货币，在脸书（Facebook）2019 年 6 月发布了天秤币（Libra，现已更名为 Diem）白皮书后明显加快了研发步伐。数字人民币（e-CNY）是向 CBDC 迈出的第一步，其最初的功能是替代流通中的现金。e-CNY 对当前金融体系的影响非常有限，很大程度上是由于它不能用于大批量业务，且不是国际货币①。数字人民币的发行最直接的影响是与现有的支付服务产生竞争，尤其是移动支付，因为 e-CNY 是法定货币，不收取任何费用。中国人民银行已授权包括部分银行和两家移动支付服务供应商在内的 9 家机构开发其 e-CNY 数字钱包，这些机构可能会在发行数字人民币和处理支付交易方面相互竞争。e-CNY 在数字金融领域带来的最重要的变化是使供应商之间支付数据相互独立，与此同时，有且仅有一个机构——中国人民银行，拥有整套大数据。

4. 经济影响初步评估

已经有大量文献（特别是中文文献）研究了数字金融创新的经济影响。其中的大多数研究都应用了 PKUDFII。总体上，研究结果和对数字金融创新积极

---

① 见本书第十二章。

影响的预期是一致的,由于数字金融是普惠金融的一种模式,其经济效益不言而喻。例如,研究发现使用移动支付会增加农民成为收入更高的非正规企业主的可能性。在这种情况下,移动支付不仅是一种支付手段,而且是连接人们与外部市场的纽带。同时,文献中也有证据表明,在面临经济危机时,使用移动支付可以平滑消费。其他研究表明,数字金融业务有助于促进创新、创造就业机会、改善收入分配结构和支持经济增长。比如说,研究发现大科技信贷对借款人的业务增长产生了积极的影响。

关于数字金融的经济影响,一个有争议的问题是数据不平等。一方面,虽然数字金融行业使广大群众受益,但它也将那些没有获得相关服务的人置于不利地位。由于中国大多数人在日常生活中都会使用数字化设备,对于那些不使用数字化设备的人来说,日常生活会变得非常不方便。有媒体报道称,曾有老年人因不使用移动支付工具而无法乘坐地铁或缴纳社保费。另一方面,一些研究也发现了数字金融发展具有"涓滴效应"①。因此,处理数据不平等问题需要实行双轨策略。一方面,应采取具体政策保护无法获得数字化服务的个人的利益。而另一方面,数字金融发展政策也可以进一步加强涓滴效应,减少数据不平等的负面影响。

数字金融的经济影响还包括传统金融业的转型。传统的商业银行通过将数字化转型作为一项重要的业务挑战,不断改进数字基础设施,并建立专门的数字金融业务部门,迅速加快了其数字化步伐②。初步研究已经发现,这种转型有利于控制风险和增加收益。

现有研究最欠缺的部分是数字金融对金融行业稳定性的影响。积极的一面是,移动支付的欺诈率明显低于其他支付方式的欺诈率;大科技信贷的平均不良贷款率也远低于商业银行同类贷款的不良贷款率。还有证据表明,大科技信贷通过关注数据而非抵押品削弱了"金融加速器"效应,从而有利于提高金融稳定性。有趣的是,居民消费价格指数(consumer price index,CPI)的波动性正逐年下降,这可能是因为近年来移动支付、电子商务和物流的快速发展,全国范

---

① 见本书第九章。
② 见本书第八章。

围内的不同市场更加紧密地融合在一起。消极的一面是,整个 P2P 借贷行业崩溃了。虽然未偿还贷款的整体规模不大,但涉及大量缺乏经验的投资者,社会后果十分严重。数字技术在金融交易中的应用可能会影响金融风险的分布,然而,目前我们尚未完全了解其中的影响机制。

5. 数字金融监管重构

谈起对金融行业稳定性的担忧,最不容忽视的就是金融监管,蚂蚁金服暂停上市也是由于监管缺位。由于多种原因,数字金融行业的监管框架尚未完善。第一,监管机构最初对数字金融创新表明了友好的立场,因为它们看到了这些新业务中的普惠价值。第二,目前的监管框架在不同监管部门间是相互独立的——谁颁发许可证,谁就应该负责监管①。目前哪个监管机构应该监管哪个数字金融机构这一问题尚不明确。第三,由于数字金融行业应用先进的数字技术,通过传统的现场检查、非现场检查等监管手段可能难以识别风险。此外,金融监管机构是政府的一部分,监管政策的制定和实施往往受政治决策的影响,这通常会导致"运动式监管"——在完全不采取行动和同时采取所有行动之间剧烈摇摆。

当时,蚂蚁金服的数字金融业务整体监管不力,如果 IPO 按计划进行,监管政策的变化可能会影响蚂蚁金服的业务及其市场估值,因此,停牌对金融行业、资本市场和蚂蚁金服自身都有好处。一个值得思考的问题是,为什么监管机构没有更早地采取统一的监管措施?

数字金融行业监管框架的重构至少应遵循两大原则。一方面,数字金融行业与传统金融行业一样,应全面纳入金融监管,以降低包括过度套利在内的金融风险。另一方面,在监管标准一致的情况下,监管者也应积极寻求数字金融监管的创新,以平衡效率和稳定性。

详细的监管计划仍在制订中。一些悬而未决的问题可以在短时间内解决,而另一些则难以解决。第一,整个数字金融行业都应遵守相同的监管规则,最

---

① 见本书第十一章。

好有一个牵头的监管机构。由于金融交易的最大问题是信息不对称,因此对金融业的监管应该最严格,数字金融也不应例外。同样重要的是,传统金融行业和数字金融行业的监管应该统一,否则可能会导致严重的套利行为。监管缺失或监管不力均不利于数字金融行业的健康发展。鉴于不同数字金融业务之间可以进行信息共享,数字金融行业政策的协调性比传统行业更重要。中国人民银行自然是统一协调监管者的候选人,但其制定和实施监管政策的职能仍需加强,且有待制度化。

第二,为了跟上数字金融创新的步伐,监管创新也是必要的。由于数字金融线上交易规模庞大、发展速度惊人,传统的监管方法在管理金融风险方面的效力已经严重不足,更不用说化解金融风险了。监管机构应通过应用数字技术来履行监管职责,从而提升其技术能力。当监管机构看到一些创新的好处但不确定其风险和后果时,他们可以采用类似"监管沙盒"的做法,在监管机构的监督下进行实验。中国人民银行已于 2019 年年底启用了中文版"金融科技创新监管工具",监管部门也应积极推进监管创新,支持数字金融业快速健康发展。例如,大科技信贷模式非常有效,因为贷款人众多,获得贷款的速度快、质量高。然而,大科技信贷的贷方往往面临一个重要的制约因素:资金供应不足。监管机构可以允许个人和机构远程开设银行账户,鼓励大科技信贷的贷方从货币市场或资本市场借款,并促进大科技信贷的贷方与传统银行合作,以减弱这一制约因素的影响。

第三,中国迫切需要一套完整的数据使用政策。数字金融业务大多都是大数据驱动的。过去,政府颁布了许多关于数据的法律法规(如保护个人隐私的相关条例),然而,大多数条例要么不够翔实,要么没有通过正确的方法实施。数据滥用这一现象在中国非常常见,在数字金融行业中也不例外。近年来,中国政府逐渐将数据视为一种与劳动力、资本和土地一样的生产要素。换言之,数据可能进入生产函数、促进经济增长。为了实现这一目标,政策制定者需要在许多领域制定明确的规则。(1)谁拥有数据,个人还是平台?如果两者在数据积累中都有一定的投入和权利,那么决策权和利益应该如何分配?(2)可接受的数据交换方式有哪些?与劳动力或资本不同,数据可以被多方拥有和使用,理想的交换方式应该能够保护原始数据所有者的权利。(3)统一的数据标准是进行数据交换的重要条件,但谁来负责制定数据标准,政府还是私营部门?(4)数据的定价机制是什么?如果不能有效解决这些问题,数据就很难作为新的生产要素发挥积极作用,数字金融行业也很难实现可持续发展。

第四,中国迫切需要针对包括数字金融行业在内的数字经济相关行业制定新的反垄断政策。近年来,中国监管机构开始调查移动支付等领域的垄断问题。然而,与传统行业不同,数字金融行业的市场份额可能不是判断是否存在垄断的最佳指标。由于数字技术具有规模经济和范围经济的特点,大科技平台自然而然地成为市场上的"大玩家"。事实上,这是数字金融行业助力普惠金融的技术基础。判断行业是否存在垄断的一个更合适的标准是"可竞争性"——新玩家是否仍然可以进入,并与现有玩家竞争。在中国数字金融行业,可竞争性非常明显。在电子商务领域,淘宝是第一个领先的平台,京东紧随其后。而在最近几年,一个新平台拼多多也正在崛起。在社交媒体领域,虽然微信仍然占据主导地位,但它一直在与微博竞争,其市场份额也正在不断地被字节跳动蚕食。鉴于数字经济领域的动态特征,特别是商业模式的快速演变,一家企业很难一直保持主导地位和市场力量。在这个阶段,监管政策应该更多地关注竞争的公平性和消费者权益,而不是狭义的市场份额。

第五,从长远来看,当局需要制定数字金融监管的国际战略。尽管一些领先机构开始"走出去",但中国大多数成功的数字金融业务都在国内。鉴于中国处于数字金融创新的前沿,国际战略的制定至关重要。随着时间的推移,在边境限制数字金融交易将变得成本更高、有效性更低。国际战略可以包括有关数字金融创新的经验交流,监管政策的跨国协调,甚至国际数字金融市场的整合①。金融监管机构或许没有能力完全掌控中国数字金融国际化的进程,但将中国数字金融行业与世界其他地区永久隔离开来本来就是不可取的做法。因此,促进监管者和从业者与国外的同行互动,从而寻求有效的知识共享和业务合作方式,这一点非常重要。

---

① 见本书第十三章。

第二章
中国数字普惠金融的测度与分析

郭峰　王靖一[*]

---

[*] 郭峰,上海财经大学公共经济与管理学院副教授、北京大学数字金融研究中心特约高级研究员;王靖一,中央财经大学金融学院讲师、北京大学数字金融研究中心特约研究员。

1. 引　言

普惠金融可以定义为能有效且全方位地为社会各界人士提供服务的金融体系，其初衷意在通过金融基础设施的不断完善，提高金融服务的可得性，实现以较低成本向社会各界人士（尤其是欠发达地区和社会低收入者）提供便捷的金融服务。这一概念最初被联合国用于2005年——"国际小额信贷年"的宣传中，后被联合国和世界银行大力推广。2014年，世界银行已在全球七十多个国家和地区与合作伙伴联手开展普惠金融项目，全世界五十多个国家和地区设立了发展普惠金融的目标（世界银行集团，2015）。2005年后，普惠金融的概念被引入中国，并得到了中国政府的认可。2015年年底，国务院发布《推进普惠金融发展规划（2016—2020年）》，对普惠金融年进行了更具体的部署，并在其中明确定义了普惠金融：普惠金融是指立足机会平等要求和商业可持续原则，以可负担的成本为有金融服务需求的社会各阶层和群体提供适当、有效的金融服务。

无论是在国际上还是在中国国内，普惠金融的理论和实践都经历了一个逐步深化的过程：从最初重点关注银行的实体网点和信贷服务的可获得性，到广泛覆盖支付、存款、贷款、保险、信用和证券等多个业务领域（焦瑾璞等，2015）。在实践层面，中国普惠金融实践已经从最初的公益性小额信贷逐步扩展为涵盖多种业务的综合金融服务，并由于数字技术的广泛应用而得到长足发展。当前，中国普惠金融的实践与创新性数字金融表现出了很强的关联性，以互联网科技企业提供金融服务为代表的新型数字金融业务方式，通过信息化技术及产品创新，降低了金融服务产品的成本，扩大了金融服务的覆盖范围，可见，新型数字金融模式已经成为普惠金融的重要源动力和增长点。[1] 具体而言，从覆盖

---

[1] 需要说明的是，所谓"数字金融"，跟互联网金融、金融科技等概念类似，具有广义和狭义之分：广义上，银行及其他传统金融机构以及互联网企业利用数字技术开展的金融业务，都可以称为数字金融；狭义上，数字金融则一般指互联网企业开展的新型金融模式。所谓"数字普惠金融"，则指借助上述定义的新型数字金融模式实现的普惠金融服务。本章提到的数字金融更接近于其狭义的定义，但也不否认银行等传统金融机构其实也在逐渐使用新型数字技术，来优化其金融业务。

的区域来看,由于传统金融业务需要通过设置机构网点来扩大覆盖面,但机构网点的高成本特点导致传统金融业务难以渗透到经济相对落后的地区。而数字技术与金融服务的跨界融合克服了这种弊端,一些地区即便没有银行网点、自动取款机等硬件设施,客户仍能通过电脑、手机等终端设备获取所需的金融服务。与传统金融机构将资源主要投资于人口、商业集中地区相比,数字金融服务更容易获得、客户覆盖面更广泛。从覆盖面来看,数字金融的产品创新降低了客户准入门槛,使金融服务平民化趋势更加明显。与传统金融机构的排他性相比,数字金融可以满足那些难以获得金融服务的中小企业和低收人群的需求,从而体现了普惠金融的应有之义。

过去数年,中国数字金融取得了长足发展,在全球产生了很大影响力(黄益平,黄卓,2018),但却一直缺乏一个衡量其总体发展水平的指标体系。为此,北京大学数字金融研究中心的研究团队在2016年编制了一套"北京大学数字普惠金融指数"(PKUDFII),并在2019年和2021年对指数进行了更新(郭峰等,2020)。在现有文献和国际组织提出的传统普惠金融指标基础上,结合数字金融服务新形势、新特征与数据的可得性和可靠性,本章从数字普惠金融覆盖广度、使用深度和数字化程度这3个维度来构建数字普惠金融指标体系。目前数字普惠金融指数一共包含上述3个维度,33个具体指标。基于上述指标体系和类似文献中常用的指数编制方法——层次分析法,我们最终编制了中国内地31个省(直辖市、自治区,简称"省")、337个地级以上城市(地区、自治州、盟等,简称"城市"),以及约2 800个县(县级市、旗、市辖区等,简称"县域")三个层级的数字普惠金融指数。在时间跨度上,目前省级和城市级指数时间跨度为2011—2020年,县域级指数时间跨度为2014—2020年,故指数同时具有纵向和横向的可比性。①

编制这套指数的目的是在不侵犯金融消费者个人隐私和金融机构商业机密的前提下,为社会各界提供一套反映数字普惠金融发展现状和演变趋势的工具性数据。本章旨在以指数的形式对中国数字普惠金融的实践现状进行定量

---

① 该指数包含的所有数据均可通过邮件向我们索取,课题组邮箱为 pku_difiic@163.com。

刻画。这套指数至少具有三方面的重要意义：第一，从理论上看，本指数将为国内创新性普惠金融研究以及统计指标体系设计提供重要参考。国内现有的关于普惠金融的研究主要集中于从传统金融服务的角度来研究普惠金融的概念、意义、指标构造等，尚无一套从创新性数字金融角度来科学、全面地概括中国现阶段普惠金融的理论和指标体系。本章通过梳理目前国内外关于普惠金融指标体系和指数的研究，结合现阶段国内创新性数字金融快速发展的实际情况，构建数字普惠金融指数体系，推动普惠金融研究的深化。第二，从实践意义上看，基于构建的指标体系，编制省级、城市级和县域级的数字普惠金融指数，可以反映中国创新性数字金融趋势下数字普惠金融的发展程度和地区均衡程度。这将有助于政策制定者和相关从业者更好地了解中国数字普惠金融的发展现状，识别数字普惠金融发展面临的瓶颈与障碍，以制定相应政策，促进数字普惠金融可持续发展。第三，从实际效果上看，指数自 2016 年第一次发布，2019 年、2021 年两次更新，已经成为在中国金融科技、普惠金融领域中颇具影响力的数据产品。一方面，许多学者从不同角度分析了数字普惠金融的发展成因与影响，另一方面，愈发丰富的工作论文、内部参考资料与公开报告吸引了越来越多的学者加入数字普惠金融的研究之中。

在本章，我们对该指数展现出的中国数字普惠金融发展现状，特别是数字普惠金融的地区和空间结构进行了重点阐述，同时也讨论了数字普惠金融对中国区域经济平衡发展的价值。

2. 中国数字普惠金融发展总体趋势

我们首先来看该指数表现出的中国数字普惠金融发展情况。2011—2020 年内地 31 个省数字普惠金融指数的均值和中位值如图 2.1 所示，2011 年各省数字普惠金融指数的中位值为 33.6，2015 年增长到 214.6，到 2020 年则进一步增长到 334.8，2020 年省级数字普惠金融指数的中位值是 2011 年的 10 倍，平均每年增长29.1%①,中国数字普惠金融快速增长的趋势由此可见一斑,而且更重要的是东中西部地区各省的数字普惠金融指数都在迅速增长。

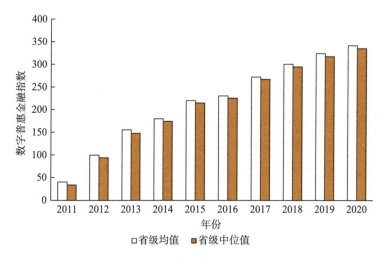

图 2.1　2011—2020 年省级数字普惠金融指数的均值和中位值

从增速来看,最近几年中国数字普惠金融指数增速有所放缓,一定程度上表明随着中国数字普惠金融市场的发展越来越成熟,该行业开始由高速增长转向常态增长。2020 年,如同其他国家一样,中国的经济社会各方面也受到了新冠肺炎疫情的严重冲击,全年经济增速较往年显著下降,但数字普惠金融指数仍然比 2019 年增长了 5.6%,显示了数字普惠金融的独特优势。实际上,中国发达的数字普惠金融在中国抗击新冠肺炎疫情、缓解新冠肺炎疫情对经济的冲击中发挥了非常重要的作用(郭峰,2021)。例如,最早从 2020 年 2 月起,中国就从支付宝的起源地杭州市,启用"健康码"助于疫情防控,根据过去一段时间是否被诊断为确诊(疑似)病例、是否为密切接触者、是否有过高风险地区旅居史等信息,将使用者的健康码分为红色、黄色和绿色,进行分类管理。中国在做好防疫工作的同时推动了经济复苏,健康码在其中发挥了非常重要的作用。具体而言,曾有学者估算,这一项大数据技术为中国新冠肺炎疫情期间的 GDP 增长

---

① 这里需要说明的是,这个 29.1%并不能理解为中国数字普惠金融业务规模的年均增速,其中最主要的原因是,在指数编制过程中,对原始业务指标进行无量纲化处理时,我们对原始业务指标进行了取对数处理,因此,原始业务规模增速应高于此数值。

作出了 0.5—0.75 个百分点的贡献。

上述数字普惠金融指数的总体增速掩盖了中国数字普惠金融不同维度之间的差异。从分指数来看,在 2011—2020 年,数字化程度指数增长最快,覆盖广度指数次之,使用深度指数增速最慢①,而且不同年份各分类指数增速也不尽相同。如图 2.2 所示,在 2016—2020 年,使用深度指数增速是非常快的,在这 5 年里,有 4 年使用深度指数的增速超过了覆盖广度指数的增速,使用深度也成为数字普惠金融指数增长的重要驱动力。这一点其实非常容易理解,随着数字普惠金融的覆盖广度和数字化程度达到一定水平,数字普惠金融的使用深度将逐渐成为各地指数增长的重要来源。

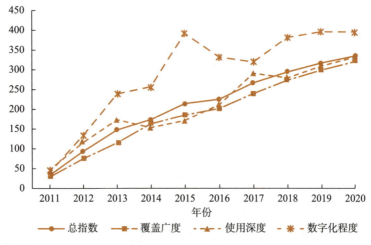

图 2.2 2011—2020 年数字普惠金融指数及其一级分指数

资料来源:北京大学数字普惠金融指数。

3. 中国数字普惠金融空间结构

3.1 中国不同地区间数字普惠金融发展水平快速收敛

当然,在数字普惠金融快速发展的同时,与中国大多数其他经济特征一样,

---

① 数字普惠金融使用深度指数增速较低的一个原因是其口径在不断调整,不断纳入新业务;当然即便剔除这一因素,单看支付业务,这一指数的增速依然是相对较慢的。

中国的数字普惠金融发展程度在地区间仍然存在一定的差异。如图 2.3 所示，2020 年数字普惠金融指数得分最高的是上海市，得分最低的是青海省，前者的指数得分是后者的 1.4 倍。在焦瑾璞等(2015)提供的 2013 年传统普惠金融指数中，得分最高的上海市是得分最低的西藏自治区的 2.8 倍(2013 年的数字普惠金融指数最高得分是最低得分的 1.9 倍)。而根据中国人民银行发布的社会融资规模计算得到的 2017 年最高的上海人均社会融资规模增量是最低的吉林的 8.4 倍。这些对比都说明，相对于传统金融，数字普惠金融具有更好的地理穿透性，更容易形成广泛的普惠金融覆盖面。此外，从图 2.3 中还可以看出，中国最发达的两个城市(上海市和北京市)，以及数字经济活跃的浙江省，数字普惠金融指数明显比其他省份更高，属于第一梯队；而指数在新疆之后的省份均是地处西部或东北部的省份，数字普惠金融发展水平明显较低，属于第三梯队；其他东部和中部省份则处于上述两个梯队之间，属于第二梯队。

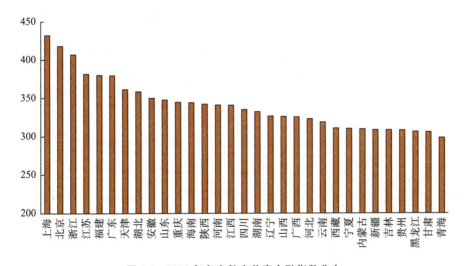

图 2.3 2020 年各省数字普惠金融指数分布

就具体分指数的地区差异而言，数字普惠金融数字化程度的地区差距最小，覆盖广度次之，使用深度地区差异最大。具体而言，2020 年数字普惠金融的覆盖广度、使用深度和数字化程度指数最高的地区与最低地区之比分别为 1.36、1.89 和 1.24。虽然相较于前几年，数字普惠金融使用深度地区间差异已经大幅缩小,但仍然是几个分指数中差异最大的。在使用深度上,落后地区与发达地区相比,还有一定的差距。而在具体业态方面,互联网投资的地区差异明显高于其他几个业态。这跟数字普惠金融的特性有很大关系,让更多的人接触、使用数字普惠金融服务,是相对容易的一件事,但如果让已经接触到的用户更频繁地使用数字普惠金融服务,甚至让其生活高度依赖于数字普惠金融服务,依然有较大的拓展空间。

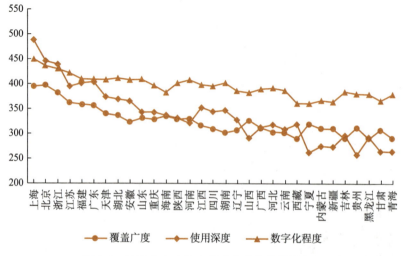

图 2.4　2020 年各省数字普惠金融分类指数分布

更重要的是,数字普惠金融地区间的差距还随着时间不断缩小,这意味着落后地区不至于"输在起跑线上",而这也是普惠金融的应有之义。为了严谨地论证数字普惠金融地区发展差距的时间趋势,本章借助经济学中关于地区经济发展收敛性的论证方法进行讨论（Barro，Sala-i-Martin，1992；Sala-i-Martin，1996）。验证经济收敛的模型有 σ 收敛模型和 β 收敛模型,这里仅报告 σ 收敛模型的结果。

σ 收敛是针对存量水平的刻画,反映的是地区数字普惠金融偏离整体平均水平的差异以及这种差异的动态变化,即如果这种差异越来越小,则可以认为数字普惠金融指数的地区差异存在收敛性。具体而言,σ 收敛模型可以定义为:

$$\sigma_t = \sqrt{\frac{1}{n}\sum_{i=1}^{n}\left(\ln index_{it} - \frac{1}{n}\sum_{i=1}^{n}\ln index_{it}\right)^2} \quad (1)$$

其中，i 代表地区（省、城市和县域），n 代表地区数量，t 代表年份，$\ln index_{it}$ 代表 t 年 i 地区的数字普惠金融指数的对数值，σ_t 代表 t 年时数字普惠金融指数的 σ 收敛系数。如果 $\sigma_{t+1} < \sigma_t$，则可以认为 $t+1$ 年的数字普惠金融指数较 t 年更趋收敛。

在图 2.5 当中，我们同时汇报了 2011—2020 年省级和城市级数字普惠金融指数的 σ 收敛系数，从中可以看出，中国地区数字普惠金融指数的确有非常明显的收敛趋势。具体来看，中国省级和城市级数字普惠金融指数的 σ 收敛系数分别从 2011 年的 0.44 和 0.34 下降到 2020 年的 0.09 和 0.09。从图 2.5 中也能看出，中国地区间数字普惠金融指数收敛速度在 2016 年之后明显放缓。

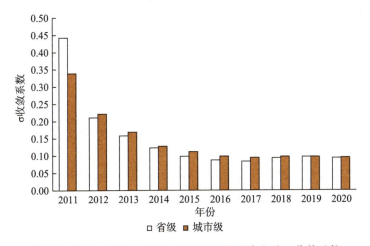

图 2.5　2011—2020 年省级和城市级数字普惠金融 σ 收敛系数

为了考察收敛速度有所放缓的具体原因，我们在图 2.6 当中也绘出了几个城市级分指数收敛系数的变化趋势。从中可以看出，数字普惠金融覆盖广度和数字化程度两个分指数的收敛系数在最近几年呈下降趋势，但是数字普惠金融使用深度指数的收敛系数则有所反弹，这也是数字普惠金融指数近几年收敛速度放缓的主要原因。在指数高度依赖于数字普惠金融服务的覆盖广度、数字化程度时，数字金融的地区间差异收敛较快，但当数字普惠金融发展进入"使用深度"驱动的新阶段时,我们发现地区的使用深度差异依然存在较大的弥合空间,这在很大程度上可以解释地区间总指数收敛速度逐步放缓的现象。

图 2.6　2011—2020 年城市级数字普惠金融分指数 σ 收敛系数

3.2　数字普惠金融的东西差距

在上文的分析中,我们看到中国数字普惠金融发展在地区之间存在明显的收敛性特征,这里我们通过梯队分类进一步观察这一特征。2011 年、2015 年和 2020 年的梯队分类标准以当年指数最高的城市指数值为基准,将排序在基准值 80% 以上的城市列为第一梯队;70%—80% 范围内的城市为第二梯队;60%—70% 范围内的城市为第三梯队;60% 以下的城市列为第四梯队。我们发现,2011 年,城市之间发展存在较大的差距,第一梯队集中在长三角、珠三角及其他个别大城市,第二梯队和第三梯队十分单薄,大部分城市处于第四梯队。而到 2020 年,绝大部分城市处于第一梯队和第二梯队,即绝大多数城市的数字普惠金融指数都在当年最高地区的 70% 以上,地区之间的差距大幅缩小,这一结论与上文的收敛性结论非常契合。

2019 年 9 月,我们曾撰写研究报告《数字经济助力中国东西部经济平衡发展——来自跨越"胡焕庸线"的证据》,以地理经济学当中著名的"胡焕庸线"

(胡焕庸,1935,1990)为东西部地区的划分标准,计算了数字普惠金融覆盖广度、使用深度、数字化程度等层面的东西部地区差异,发现这种差异有明显的减弱趋势:数字金融跨越"胡焕庸线",即以移动支付为代表的数字普惠金融服务的出现,为西部偏远地区的居民接触先进的数字普惠金融服务创造了条件,进而为中国区域经济的平衡发展创造了更多机遇。同时,我们基于郭峰等(2020)的研究结论,对使用深度在"胡焕庸线"两侧的发展趋势也进行了分析。

研究结果显示,数字普惠金融覆盖广度在2011—2020年保持了跨越"胡焕庸线"发展的趋势,而从使用深度上看,东南部地区发展优势较明显。究其原因,覆盖广度衡量的是机会公平程度,即欠发达地区是否能够获得相关技术与服务的支持,而使用深度则体现结果均衡程度,即最终数字普惠金融发展至何种水平。数字技术由于其不受地理空间束缚、边际成本近乎为零的特点,可以促进落后地区、人口稀疏地区的发展,并让不同地区的居民共享数字普惠金融的红利。而数字普惠金融的本质仍是金融,金融的发展仍不能脱离经济活动而存在,由于集聚效应和网络效应的存在,东部人口集中地区的普惠金融发展水平、活跃程度仍将占据领先优势。

3.3 数字普惠金融的南北差距

讨论了中国东西部地区的数字普惠金融发展差距后,我们再来讨论中国南方和北方的数字普惠金融发展差距。中国南方和北方的经济关系,在上千年的历史中都是一个重要的话题,那么在数字普惠金融发展的短短几年间,有什么新趋势呢?关于南北分界线,仿照传统做法,我们以"秦岭—淮河"为界,在城市市一级上将中国划分为南方和北方。我们首先简单比较了中国北方城市数字普惠金融指数均值与中国南方城市均值之比的变化趋势,从图2.7中可以得到以下几个结论:第一,中国南北数字普惠金融发展差距并不算太大,北方城市数字普惠金融发展水平略低于南方;第二,中国北方城市数字普惠金融总体上有追赶南方的趋势,特别是在2011—2014年,追赶速度很快,北方城市均值由南方城市的0.88左右追赶到0.95左右;第三,自2018年以来,中国南北方数字普惠金融发展差距又有拉大的趋势,但数据时限较短,且差距拉大的幅度较小,所以趋势性变化不明显,有待进一步观察。

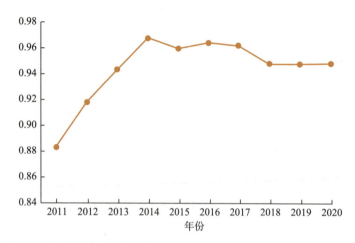

图2.7 数字普惠金融指数南北差异变化趋势(北方均值/南方均值)

图2.8则展示了数字普惠金融覆盖广度、使用深度和数字化程度三个分指数南北之间差距的变化趋势,从中可以得到一些更丰富的结论:北方城市在数字化程度上,原本是高于南方城市的,但最近几年逐渐落后于南方城市,这是数字普惠金融总指的南北差距近几年略微拉大的主要原因。为深入探究北方地区数字化指数相对下降的原因,我们也对其分指数变化趋势进行了简要的梳理。结果发现,在数字化指数的四个分指数中,下降最明显的是实惠化指数和信用化指数,北方地区小微企业的融资环境相比于南方地区在变差,以及信用分的使用场景有所缩减,这说明数字普惠金融的发展需要配套其他金融和硬件基础设施才能有更大的发展空间。就数字普惠金融的使用深度而言,最初北方城市明显落后于南方城市,但随后几年迅速追赶。总体而言,数字普惠金融使用深度上的南北差距是几个分指数中差距最大的一个。未来,北方地区数字普惠金融发展水平能否赶超南方地区,主要还是要看二者在数字普惠金融使用深度上能否缩小差距。

图 2.8 数字普惠金融分指数南北差异变化趋势（北方均值/南方均值）

4. 数字普惠金融与区域经济平衡发展

数字普惠金融的地区收敛性具有重要意义。它说明数字普惠金融的发展对于缓解区域经济发展中的不充分和不平衡矛盾，可能会起到非常重要的作用。传统经济条件下，受到地理位置和运输成本的影响，商品和服务的供给端往往与需求端距离很近。商品和服务的提供商主要集中于沿海的发达城市，但随着互联网和电子商务（以下简称电商）的发展，很多中西部地区和偏远地的农村也有了创业的机会。具体而言，相较于传统经济，电商突破了西部人口稀疏导致的三点劣势，第一，电商对基础建设要求相对较低，使得基建相对滞后的西部在这方面的劣势减弱；第二，电商产品多以定制化、个性化为特色，并不需要通过使用大量劳动力来控制成本；第三，密集的电商网络使得商品可销售至全国乃至全世界，突破了人口稀疏的市场局限。来自阿里巴巴的数据显示，2013—2018年，"胡焕庸线"东西部两侧的电商数量差距下降了28%。

数字普惠金融在促进创新创业上，也有明显的区域普惠特征。数字普惠金融的发展可以满足普惠金融的要求，为欠发达地区和小微企业提供赶超发达地区和大企业的机会,从而促进经济社会的平衡发展。谢绚丽等(2018)将数字普惠金融指数与新注册企业数量等数据相结合,研究了数字普惠金融的发展对创业的影响。他们分析发现,数字普惠金融的发展能够显著提高民众创业的活跃度,即数字普惠金融越发达的地区,每年新注册企业数量越多,创业数量增长也越快。而且进一步的研究还发现,在城镇化率越低的地方,数字普惠金融指数的边际作用越大,即数字金融对不发达地区的创业有更大的促进作用。另外,数字普惠金融对每年新增小微企业数有显著的正向促进作用,而对大中型企业数作用不显著,说明数字金融更多的是促进了小微企业的创业。以上结论表明,数字普惠金融确实能够体现其普惠性,在缩小地区发展差距和解决小微企业融资难方面起到一定作用。

数字普惠金融对消费的促进作用也表现出类似特征,即数字普惠金融的发展显著促进了居民消费,且这一促进作用在农村地区、中西部地区以及中低收入家庭更为明显(易行健,周利,2018)。具体而言,易行健和周利(2018)将家庭总样本区分为城镇家庭、农村家庭以及不同收入水平的家庭,结果发现,相比较而言,数字普惠金融的发展对农村居民消费支出的促进作用更大。他们对此的解释是,我国家庭金融服务可得性存在显著的群体差异性,即相比于城镇家庭,农村家庭的金融服务可得性更低,金融抑制现象更普遍,由此导致普惠金融发展对农村居民的流动性约束缓解作用显著大于对城镇居民的作用。他们的研究结果还表明,数字普惠金融的发展能显著促进低收入居民与中等收入居民的消费支出,而对高收入居民消费的促进作用并不显著。这说明数字普惠金融的发展能够帮助中低收入阶层更便捷地获得信贷服务,降低流动性对其消费的约束,最终表现为消费支出的增加;高收入阶层家庭往往本身的流动性约束较弱,因而数字普惠金融对其消费的促进作用较为有限。根据他们的研究,数字普惠金融对中西部地区居民消费的促进作用也更加明显。具体而言,他们将总样本划分为东部沿海地区、中部内陆地区以及西部边远地区三个子样本,并分别进行回归。结果表明,数字普惠金融的发展将显著促进中部内陆地区与西部边远地区的居民消费,而对东部沿海地区的居民消费并无显著影响。这是因为,东部沿海地区金融业发展较快,由此导致数字普惠金融的发展对该地区居民消费的促进作用不显著。而对于中部内陆地区与西部边远地区而言,由于地理位置相对较差,正规的金融业发展较为缓慢,致使数字普惠金融的发展能够显著促进该地区居民的消费。

5. 结　论

我们得到了如下几个结论:第一,中国数字普惠金融在2011—2020年实现了跨越式发展,而且使用深度开始逐步成为数字普惠金融指数增长的重要驱动力,中国的数字普惠金融已经走过了粗放式的"圈地"阶段,进入了深度拓展的新时代。第二,中国数字普惠金融的发展表现出很强的地区收敛性,不同地区数字普惠金融发展差距总体上随时间大幅缩小,数字普惠金融为经济落后地区实现赶超提供了可能,并为广大中低收入者和其他弱势群体获得更便捷的金融服务奠定了基础,进而有助于缓解中国经济发展中的不平衡问题。第三,中西部地区的数字普惠金融覆盖广度与东部沿海地区的差距大幅缩小,但在使用深度上仍有一定的追赶空间。

数字普惠金融的发展趋势,有利于促进区域经济的平衡发展,而这对于中国这一巨大的经济体而言是非常重要的。但需要强调的是,数字普惠金融作为一种近十几年蓬勃发展的新业态,只是东西部平衡发展的推力之一,实现东西部地区平衡发展还需要各方面的合力。从宏观角度而言,国家西部大开发等政策支持和基础建设投资等经济投入是西部得以快速发展的基础性因素;改革开放以来经济的快速增长,为东西部协调发展提供了充足的动力;数字技术的出现使东西部发展突破地理条件限制成为可能。数字普惠金融为东西部提供了更平均的发展机会,东西部地区的信息、资金、货物流通更频繁、更顺畅,在近年的发展中,西部呈现出加速追赶的趋势,这将进一步缩小中国区域经济发展差异。

附录：指标体系与指数计算方法

1. 数字普惠金融指标体系

普惠金融指数科学构建的前提是设计一个完整、准确的普惠金融指标体系。参考传统普惠金融指标体系的设计（Demirguc-Kunt，Klapper，2012；中国人民银行金融消费权益保护局，2018），结合数字普惠金融服务新形势新特征与数据的可得性和可靠性，我们从数字普惠金融覆盖广度、使用深度和数字化程度3个维度来构建数字普惠金融指标体系。目前数字普惠金融指数一共包含上述3个维度，共33个具体指标[①]，具体如表A2.1所示。

表 A2.1 数字普惠金融指标体系

一级指标	二级指标	具体指标
覆盖广度	账户覆盖率	每万人拥有支付宝账号的数量
		支付宝绑定银行卡的用户比例
		每个支付宝账号平均绑定的银行卡数量
使用深度	支付业务	人均支付笔数
		人均支付金额
		高频度活跃用户数（年活跃50次及以上）占年活跃1次及以上用户数比例
	货币基金业务	人均购买余额宝笔数
		人均购买余额宝金额
		每万名支付宝用户购买余额宝的人数
	信贷业务 个人消费贷	每万名支付宝成年用户中使用互联网消费贷的用户数
		人均贷款笔数
		人均贷款金额
	信贷业务 小微经营贷	每万名支付宝成年用户中使用互联网小微经营贷的用户数
		小微经营者户均贷款笔数
		小微经营者平均贷款金额

[①] 在第一期指数（2011—2015）中共包含 26 个指标。

（续表）

一级指标	二级指标	具体指标
	保险业务	每万名支付宝用户中被保险用户数
		人均保险笔数
		人均保险金额
	投资业务	每万名支付宝用户中参与互联网投资理财人数
		人均投资笔数
		人均投资金额
	信用业务	人均调用自然人信用次数
		每万支付宝用户中使用基于信用服务的用户数（包括金融、住宿、出行、社交等）
数字化程度	移动化	移动支付笔数占比
		移动支付金额占比
	实惠化	小微经营者平均贷款利率
		个人平均贷款利率
	信用化	花呗支付笔数占比
		花呗支付金额占比
		芝麻信用免押笔数占比（较全部需要押金情形）
		芝麻信用免押金额占比（较全部需要押金情形）
	便利化	用户二维码支付的笔数占比
		用户二维码支付的金额占比

在数字普惠金融覆盖广度方面，不同于传统金融机构使用"金融机构网点数"和"金融服务人员数"两个指标衡量覆盖广度，在基于互联网的数字普惠金融模式下，由于互联网不受地域限制，数字普惠金融服务覆盖用户的范围是通过电子账户数体现的。此外，根据金融监管部门的规定，第三方支付的账户如果不绑定银行卡，就只具备小额转账的功能，其使用价值将大大受限。因此，绑定银行卡的第三方支付账户才是真正有效的第三方支付账户，即实现了对这个用户的真正覆盖。特别是随着第三方支付功能越来越丰富，第三方支付已经成

为重要的理财、融资通道。绑定的银行卡数量越多,其对理财、转账等功能的覆盖面就越广,从而金融服务覆盖面就越广,因此,一个账户绑定的银行卡数量也是数字普惠金融覆盖广度的一个子指标。

在数字普惠金融使用深度方面,我们主要从实际使用情况来衡量。就金融服务业务类型而言,则包括支付业务、货币基金业务、信贷业务、保险业务、投资业务和信用业务。

在数字化程度方面,移动化、实惠化、信用化和便利化是影响用户使用数字金融服务的主要因素,这切实体现了数字普惠金融服务的低成本和低门槛优势,因此数字化程度也是数字普惠金融指标体系的重要组成部分。

2. 指标无量纲化方法

数字普惠金融不同维度的指标虽然都各自包含了部分有用信息,但如果单独使用某一个指标,又可能会导致对数字普惠金融现状的解读过于片面。因此,可以参考传统普惠金融指数编制的方法,将数字普惠金融的多个指标合成一个数字普惠金融指数。不少机构和学者都在编制数字普惠金融指数方面进行了诸多努力和尝试,为我们提供了非常好的借鉴。

在合成指数之前,首先必须先将性质和计量单位不同的指标进行无量纲化处理。无量纲化函数的选取,一般要求严格单调、取值区间明确、结果直观、意义明确、不受指标正向或逆向形式的影响。目前学术界关于数字普惠金融指标的无量纲化方法主要是功效函数法(焦瑾璞等,2015)。我们结合数字普惠金融发展迅速的特点,为避免极端值的影响,保持指数的平稳性,采取对数型功效函数法,公式如下:

$$d = \frac{\log x - \log x^l}{\log x^h - \log x^l} \times 100 \quad (A.1)$$

关于对数型功效函数公式中阈值的确定,如果取各指标不同年份的最大值、最小值作为上下限,当最大值或最小值为极端值或异常值时,容易导致地区指数异常。另外,如果各指标的上下限都是基于每年指标情况来设定,会导致不同年份各地区间的指标比较基准发生变化,从而纵向不可比。因此,为了便于同时对各地区数字普惠金融发展水平进行横向和纵向比较,我们做了如下处理:(1)对于正向指标,取2011年各地区指标数据实际值的95%分位数为上限 x^h,5%分位数为下限 x^l;(2)对于逆向指标,取2011年各地区指标数据实际值的5%分位数为上限 x^h,95%分位数为下限 x^l。此外,为了平滑指数,避免极端值的影响,我们对超过指标上限的地区进行"缩尾"处理:如当某地区基准年(2011年)的指标值超过该指标的上限 x^h 时,则令该地区2011年指标值为上限值 x^h;当某地区2011年的指标值小于其下限 x^l 时,则令该地区2011年指标值为其下限值 x^l。

根据上述方法,我们就可以计算出某年某地区某指标无量纲化后的数值,在基准年(省级和城市级基准年为2011年,县域级基准年为2014年),每个相应指标的无量纲化数值为0—100,数值越高的地区,相应指标的发展水平就越高。基准年之后的数据,指标的功效分值有可能小于0或大于100。

3. 层次分析法

指标无量纲化之后的任务就是确定不同指标合成时的权重。我们采用了主观赋权与客观赋权相结合的方法来确定权重。具体而言,先利用变异系数法求各具体指标对上一准则层的权重,再通过层次分析法求各准则层指标对上层指标的权重,最后求得总指数。

变异系数法确定权重的基本思路是根据各个指标在所有评价对象上观测值的变异程度大小,对其进行赋权,如果一项指标的变异系数较大,那么说明这个指标在衡量该评价对象的差异上具有较大的解释力,则应该赋予这个指标较大的权重。层次分析法是一种系统分析与决策的综合评价方法,它能较合理地完成定性问题定量化。层次分析法的主要特点是通过建立递阶层次结构,把人们的判断转化为若干因素两两之间重要性的比较,从而把难以量化的定性判断转化为可操作的定量判断。最终确定的指标权重如表A2.2所示。①

---

① 篇幅所限,这里省去了具体加权过程。

表 A2.2 数字普惠金融体系各维度的权重

总指数	一级指数	二级指数
数字普惠金融指数	覆盖广度(54.0%)	账户覆盖率(54.0%)
	使用深度(29.7%)	支付业务(4.3%)、货币基金业务(6.4%)、信贷业务(38.3%)、保险业务(16.0%)、投资业务(25.0%)、信用业务(10.0%)
	数字化程度(16.3%)	移动化(49.7%)、实惠化(24.8%)、信用化(9.5%)、便利化(16.0%)

在完成指标无量纲化处理并确定指标权重后，就可以进行指数合成了。指数合成时，是先计算各层分组指数，再由各层分组指数加权汇总得到综合指数。其中，在计算使用深度指数时，由于各项金融业务开始的时间不一致，需逐步纳入指数中，为保证指数的稳定性，通过权重归一化使各项业务之间的相对权重保持一致。通过逐层算数加权平均合成模型即可计算出最终的数字普惠金融指数。

参考文献

Barro R J, Sala-i-Martin X, 1992. Convergence[J]. Journal of Political Economy, 100(2): 223-251.

Demirguc-Kunt A, Klapper L, 2012. Measuring financial inclusion: the global findex database[J]. Policy Research Working Paper Series, 6025.

Sala-i-Martin X, 1996. The classical approach to convergence analysis[J]. Economic Journal, 106(437): 1019-1036.

郭峰, 2021. 数字经济在抗击新冠肺炎疫情中的作用与问题：一个文献综述[J]. 产业经济评论, 1: 34-49.

郭峰, 王靖一, 王芳, 等, 2020. 测度中国数字普惠金融发展：指数编制与空间特征[J]. 经济学（季刊）, 19(4): 1401-1418.

胡焕庸, 1935. 中国人口之分布：附统计表与密度图[J]. 地理学报, 2.

胡焕庸, 1990. 中国人口的分布、区划和展望[J]. 地理学报, 2.

黄益平,黄卓,2018.中国的数字金融发展:现在与未来[J].经济学(季刊),1(4):205-218.

焦瑾璞,黄亭亭,汪天都,等,2015.中国普惠金融发展进程及实证研究[J].上海金融,4:12-22.

世界银行集团,2015.2014年全球金融发展报告:普惠金融[M].北京:中国财政经济出版社.

谢绚丽,沈艳,张皓星,等,2018.数字金融能促进创业吗:来自中国的证据[J].经济学(季刊),17(4):1557-1580.

易行健,周利,2018.数字普惠金融发展是否显著影响了居民消费:来自中国家庭的微观证据[J].金融研究,11:47-67.

中国人民银行金融消费权益保护局,2018.2017年中国普惠金融指标分析报告[R/OL].(2018-08-13)[2021-11-30].https://lc.cebnet.com.cn/upload/2018puhuijinrong/2017report.pdf.

第三章
中国支付系统

阿伦·克莱因(Aaron Klein)*

---

* 阿伦·克莱因(Aaron Klein),《经济研究》(*Economic Studies*)的研究员。

1. 引言

过去十年,美国用芯片对银行磁卡进行了升级,而中国则经历了移动支付革命。在中国,两种新的支付系统(微信支付和支付宝)已经超越了银行卡系统,开始主导许多个人对个人、零售和商务交易。这两种支付系统建立在数字钱包、二维码之上,并通过各自的大科技公司运营,其中支付宝由阿里巴巴运营,微信支付由腾讯运营。

中国的移动支付体系在很大程度上替代了银行作为交易中介的职能,剥夺了银行长久以来的重要收入来源。它通过给予商家、消费者和第三方支付平台不同程度的激励,创建了一个新的支付生态系统,重塑了长期依赖于银行业而非商业的支付方式。这一新支付生态系统的出现,使现有的商业模式不得不进行调整,以适应商家、银行和技术供应商之间关系的变革。

在不到十年的时间里,中国的新支付系统实现了从"发端"到"主流"的爆发式增长。目前,微信支付和支付宝上的用户均已超过十亿,网络的活力得以进一步释放。

这一支付系统在中国和全球未来的发展如何?它会取代始于美国的早已占领全球市场的银行卡系统吗?支付系统的重心从银行转移至科技与社交平台意味着什么?

本章对上述问题进行了详细讨论,主要有以下几点发现:

- 中国的新支付系统将长期存在,它不仅会在中国国内发展,而且将随着在国外的中国消费者发展至全球。
- 新兴科技的发展使支付系统从银行转移至科技与社交平台,大科技公司和社交网络公司可以基于大数据作出"是否提供信贷服务"等金融决策。另类的担保品也可能随着新的支付方式应运而生。
- 将支付系统从银行转移到科技与社交平台背后的激励是巨大的,甚至可能引发令人担忧的后果。大科技公司利用支付系统及大数据可能会导致市场的反竞争行为,并侵犯用户隐私。然而,我们无法判断这些问题能否通过有效的监管来解决。
- 中国的新支付系统对商家有利,但不利于银行,这在短期内尤为明显。
- 中国的新支付系统不太可能在美国大范围推广,在其他银行系统较不发达的国家更容易推广。
- 中国支付模式取代美国支付模式面临着以下几点障碍:
  ◇ 富人在现行的美国支付系统中获得了可观的收益,很难让富人转移至新消费系统;
  ◇ 商家在转移至新支付系统过程中有一定困难;
  ◇ 消费者行为具有黏性;
  ◇ 现行监管体系通过银行系统能有效保护消费者权益,非银行支付系统可能无法做到;
  ◇ 如果支付系统的重心从银行转移到非银行机构,美国的法律和监管措施准备不足。

支付系统是经济体的重要组成部分,商品和服务的购买和销售需要可行的交易模式。随着现代经济环境日趋复杂,买卖双方的交易变得更加隐秘、快捷、可靠,支付系统也变得更加重要。正如美联储主席杰罗姆·鲍威尔(Jerome Powell)所说:

> 高效的支付系统应提供低成本、便捷的资金转移所需的基础设施,同时也应该在提高服务质量以响应不断变化的技术和需求方面具有创新性。

几十年前,美国创造了与银行账户和信用额度相关联的磁卡,引领了一场全球革命。这些磁卡以及相应的读取终端,让一张磁卡可以代替数十亿消费者和商家的现金和支票簿,并处理数万亿笔交易。这些磁卡在发达的西方国家如此普遍,以至于大多数消费者都认为它们的存在是理所当然的。

银行卡业务持续增长,为电子商务和新支付方式的诞生奠定了基础。在银行卡账户基础上已发展起来了许多新的交易方法,移动硬件设备现在可以将智能手机变成信用卡处理器,并且可以安全地进行线上交易。然而,美国的底层支付网络仍然以银行系统为基础,见图3.1。

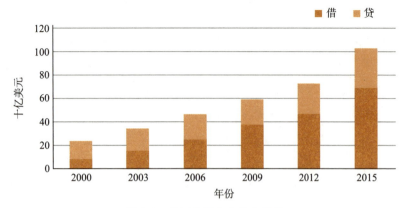

图 3.1　美国非现金支付交易额

资料来源：Federal Reserve Payment Study。

下一场全球支付革命已经开始。在过去十年中，中国经历了一场跨越磁卡、转向基于智能手机和二维码的支付系统的支付革命。但这个支付系统带来的不仅仅是一种新的技术形式，更具革命意义的是，中国的支付系统在很大程度上替代了银行作为交易中介的职能。

在全球大多数发达经济体，支付系统和银行系统已经相互交织了几个世纪。两者之间的联系很明显：与持有对方资金的金融机构相比，银行能够更好地在交易之间扮演支付中介的角色。然而，数字金融的中国实践创造了另一种可行的支付模式，在这种模式下，银行并不起核心作用，在极端情况下甚至不发挥任何作用。

我们需要构建新模型来分析这种新支付系统的收益、成本和影响。了解这种模式将有助于回答美国能否实现支付系统数字化这一关键问题，并为之提供政策建议。具体来说，美国的磁卡和读卡器是否会在全球范围内被通过二维码向银行系统外部转移资金的数字钱包所取代？银行是否会继续在支付系统中发挥核心作用，还是新技术将使银行脱媒？如果没有中介，将支付系统与商业而非银行业相结合会产生什么后果？

2. 中国移动支付革命的起点

中国能够为居民提供稳健的银行利率，政府起了很大的作用，大部分中国居民至少有两个银行账户。中国银行业还合作创建了中国的银行卡网络——银联。

然而，银行卡终端并不受中国商家的欢迎。首先，商家不喜欢手续费，他们甚至不愿支付1%的手续费。读卡器在中国的普及速度很慢，商家既不愿意承担成本，也不想将成本转嫁给客户。其次，读卡器需要有线或无线系统进行通信，商家需要在系统中集成安装并支付费用。截至2019年年底，中国只有三千多万个POS机，显然，商家们并未真正接纳银行卡终端。

现金交易也有缺点。在中国，流通量最高的纸币是100元。与100美元纸币和500欧元纸币相比，这是价值较低但流通量更高的纸币。因此，对于价值较高的商品和服务，使用现金交易会比较烦琐。因此，许多中国商店配备了点钞机，以提升交易效率并避免收到假钞。

商家的需求对银行卡和现金交易提出了挑战，并使其他系统的应用成为可能。智能手机的普及为替代系统的开发创造了条件。读卡器需要固定电话或无线互联网、网络电话，新的通信网络下的智能手机可以与之竞争。

这场革命另一股推动力来自二维码。在银行卡系统中，客户不需要网络，商户提供终端和链接，然后客户使用支付工具完成支付。与过去的条形码类似，二维码支持商家在手机未联网的情况下访问支付系统，因为交易只需要连接一方。此功能超越了先前由商家负责提供链接的银行卡系统。

商家只需要将二维码打印在纸上，消费者就可以利用智能手机扫描二维码进行交易。二维码降低了商家成本，特别是在通信不便的情况下，它甚至允许没有智能手机但有二维码的人进行个人对个人的交易。

3. 新支付系统形成

支付宝和微信支付两个平台上的用户数量和用户增长率都非常可观，如图3.2所示，这两个支付平台已是中国最大的支付系统，也是世界上最大的支付系统。

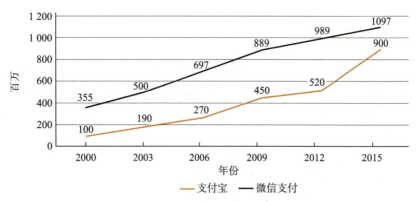

图 3.2　支付宝和微信支付的用户数

资料来源：Statista, China.org.cn, XinhuaNet, Technisia。

近几年支付宝的活跃用户数量超过了微信支付。支付宝在 2020 年的用户数量达到 13 亿，微信支付在 2020 年用户数量超过了 12 亿，这两种支付方式主导着中国的支付市场，见图 3.3。中国大城市超过 90% 的人将微信支付和支付宝作为主要支付方式，现金次之，信用卡/借记卡则远远落后于其他支付方式。

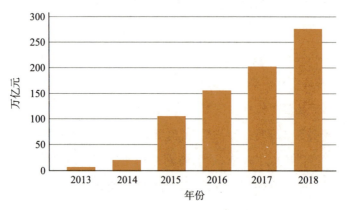

图 3.3　支付宝和微信支付的支付规模

资料来源：People's Bank of China, Caixin Data, CEIC。

4. 微信支付与支付宝是如何运作的

微信支付和支付宝集成了在美国广泛可用但未被使用的技术，它们可以让广大居民以简单、低成本的方法实时地在各方之间转账、付款。这些技术被应用于数字钱包和二维码,理解数字钱包和二维码对于理解整个系统的运行机制是十分必要的。

数字钱包以电子化的方式存储着消费者的多个支付凭证,允许消费者在多种场景中以这种方式传输资金。数字钱包的资金通常来自另一个数字钱包或银行账户的转账。这个概念不同于ApplePay上的银行卡数字化,数字钱包存储资金,而银行卡数字化只是用虚拟卡代替实体卡。

微信支付和支付宝在数字钱包最初的融资方式上存在重要区别,这将在后面讨论。现在,我们假设数字钱包中有钱,并且交易的另一方有一个可以进行收付款的数字钱包。

二维码有着响应快、容量大、开源的特点,可以用于存储联系方式或数字支付。微信支付和支付宝生态系统中的每个参与者都有独一无二的二维码。个人拥有个人账户二维码,商家拥有店铺二维码,甚至停车场等特定支付点也有相应的二维码。

付款由一方扫描另一方的二维码开始,扫描可以由付款人或收款人完成,可以是一部智能手机扫描另一部智能手机,也可以是智能手机扫描打印在纸上的二维码。付款人可以将交易中的应付金额加总扫描给收款人,收款人也可以在扫描二维码前输入需要支付的金额,这类似于在读卡器中刷信用卡或借记卡时输入金额。

该系统的优点之一是不会用到读卡终端。系统通过微信支付或支付宝直接实现账户之间的交易,中间没有处理器,提高了运行速度并降低了成本。这也解释了为什么中国的POS机如此之少,却拥有世界上最强大的数字支付系统之一。

传统支付方式的终结:以停车场为例

数字钱包只是直接在平台上传输双方的资金,资金保留在双方各自的数字钱包中。根据交易情况可以生成电子通知,表明交易已完成、账单已支付。电子通知可以在支付系统与商品、服务的购买之间实现信息的整合。

以停车场为例,传统的支付系统包括进场取票、支付停车票、出站时出示已支付的停车票。一些较新的停车场试图通过取消纸质票来改进该系统,让司机在进入时使用信用卡或借记卡,在离开时再次出示同一张卡,费用自动从该卡中扣除。无论是传统的票务系统,还是在新系统中记录使用的卡,都会耗费时间、增加成本,并且需要多个读卡终端。

中国的支付系统则可以在进入时扫描二维码以记录进入车库的时间,退出时再次扫描二维码,在钱包中自动扣款后,车库门才会打开。这一系统需要智能手机和停车场车库门之间的无线通信,它取代了读卡器的功能,并节约了使用停车票或信用卡的时间。

降低成本对于小额、大量的交易尤为重要。如果停车费为每次2美元,每次约25美分的借记卡手续费则意味着每停放8次车,手续费就相当于每次的停车费。对于信用卡而言,尤其是豪华白金卡,每笔2美元的手续费可能接近50美分,这进一步挑战了传统停车系统的经济性。

将资金存入数字钱包最简单、最常见的方法是从银行账户转账。客户可以通过关联银行账户,将资金从他们的银行账户瞬时转到任意一个交易系统。一般来说,这项服务是免费的。如果转出资金的银行需收取费用,数字钱包运营商通常会代替用户支付这部分费用。

这种方式与PayPal数字钱包充值类似,但在服务速度上存在很大的差异。这种支付系统比美国的支付系统更加快捷,中国客户无须为充值等待数日。

最简单的模式是用户将银行账户链接到数字钱包,然后根据需要转移资金。这些资金在这一支付生态系统中储存,并且未来个人或企业可能不断增加更多的资金。个人数字钱包余额更有可能通过个人补充,而企业数字钱包可能通过企业收入补充。

人们也需要将资金从数字钱包转入银行系统用于银行业务。数字钱包本身不产生利息,因为它们不是计息银行账户,用户要产生利息必须将资金转入货币市场、银行账户或其他投资账户。客户投资需要将资金从支付宝或微信支付中转回银行系统,这是很常见的,并且可以很容易地完成。

最初,平台母公司可以将客户资金用于自身经营(现实中也是这样做的),如存放隔夜资金赚取利息。2016年起,针对这一潜在风险中国监管部门逐渐采取集中存装备付金的措施来规范这种行为。如自 2017 年 4 月起,支付机构需将一定比例(10%–24%)的客户资金作为备付金存至中国人民银行,该账户资金不计付利息。这一比例随后在 2018 年又有提高,2019 年 1 月 14 日实现 100%集中交存。2020 年,中国人民银行改变了这一规定,开始为备付金付息。

5. 微信支付和支付宝的发展起源

微信支付和支付宝的资金使用方式不同,这种差异很大程度上源于两个平台开发的初衷不一样。微信支付基于社交媒体平台,并且涉及大量个人对个人的支付;支付宝则植根于电商平台,更有可能获得商业资金或将资金用于商业目的。

微信支付的母公司腾讯鼓励用户购买在线游戏和周边产品,并在其生态系统中消费。现在游戏账户大多与信用卡或借记卡相关联,因而这类消费交易比较容易达成。但在 2007 年,腾讯的用户群由于缺乏这种支付系统,他们创造了一种数字货币——QQ 币。QQ 币既可用来购买网络游戏,又可以作为一种投机性数字货币流通。QQ 币线上使用、线下支付的性质,以及投机者对币值的影响,使它们无法成为单纯的交换媒介。类似的,比特币也无法作为日常流通的货币。然而,这段经历表明了中国居民使用数字货币的意愿,重塑了腾讯对数字交易平台的企业思维。

微信支付在 2014 年农历新年前后首次被推出,以红包的形式为个人转账提供便利。在中国,父母、孩子和其他家庭成员在过年期间经常需要交换现金,微信支付可以将这种交换数字化,这与他们的个人社交媒体网络形成了明显的协同效应。红包的盛行为许多用户的微信账户提供了初始资金。微信在 2014 年推出了数字支付理念,2017 年红包数量达到 460 亿个。

二维码对于商家来说成本低廉、使用方便,加上红包为庞大的用户群提供了初始资金,微信创建新支付平台的路径十分明确。随着客户消费金额的累积,资金从消费者流向商家,商家拥有足够资金后可以将资金用于商业活动付费和个人使用,毕竟,大多数小企业的运营账户都与个人账户紧密相关。

支付宝的起源则不同。互联网商务需要一个与信用卡和借记卡相结合的电子支付系统。正是因为中国缺乏这样的系统，阿里巴巴才有了开发支付宝的动机，继而淘宝才能借此腾飞。在推出银联不久时，客户还不算多，支付市场是相对开放的。阿里巴巴鼓励商家在平台上使用支付宝付款。首先，任何一方的交易均不会被收取平台费用；其次，买卖双方在数字交易平台上能获得潜在优惠；最后，整个交易过程十分便捷。这些优势会带来信用卡/借记卡所不具备的巨大经济利益。当然，这种集成模式也存在潜在的缺点，包括缺乏资金为客户提供附加服务（如免息信贷宽限期），以及将商业平台、社交网络、支付平台整合在一起可能导致反竞争问题。

不收手续费是对商家的巨大激励。考虑一个支付手续费为2%（Visa、Master卡的平均水平）的支付平台，如果这笔手续费需要由企业承担，那么企业可以通过使用支付宝节省一大笔开支。由于手续费是基于总收入而不是净收入收取，使用支付宝可以节省的手续费会更多。

这种影响因业务规模而异，且影响方向尚不明确。虽然较大的企业通常能够通过议价降低信用卡手续费，但它们的净利润占总收入比例通常也较小。即使考虑到新进入市场的企业正在降低成本，通常情况下小型企业也依然会支付更多手续费。然而，小型企业的毛利率通常也更高，同时由于其企业性质，他们收到的银行卡付款可能会较少。无论哪种方式，降低手续费对商家来说都有利。

不收取手续费还有一个重要的前提：资金必须在阿里巴巴的生态系统中流通，因为将平台资金转移到银行账户是有成本的。当商家通过支付宝获得收入时，这一前提可能更重要。目前，阿里巴巴创建了不同的现金流和利润结构，具体分类受到以下几个因素的影响：资金是否通过支付宝收到，资金是否会在阿里生态系统中消费，资金是否需要转移至银行账户，资金是否来自其他数字平台（如微信支付）或借记卡、信用卡。目前，商家能否利用支付宝上的全部资金在阿里巴巴生态系统内高效地获取中间商品和服务尚未可知，这取决于商家的商业模式和资金用途。

这种成本差异为阿里巴巴生态系统的扩张提供了动力。它还为阿里巴巴生态系统内的定价创造了比较优势，但这可能会损害平台外业务的竞争力。阿里巴巴有可能通过在平台上开展其他收费业务（如广告）来提升商业价值。

阿里巴巴还可以在生态系统中创建更多途径来扩展可用的商品和服务，这一点与美国或欧洲国家的支付系统完全不同。美国或欧洲国家的银行没有为消费者和商家提供购买商品和服务的大型平台。Visa、Master 卡等支付中介的存在是为了方便商家访问支付系统、处理交易。

在中国，支付渠道从银行转移到商业系统催生了大量的竞争，而这一切在美国是不可能发生的。美国并未拒绝将支付业务纳入银行业，而是只专注于吸收存款或发放贷款。虽然经济学家们认为"银行提供循环信贷额度（允许消费者在 90 天内支付利息）"和"商家提供类似服务窗口并收取一系列滞纳金"是等价的，但在法律意义上，前者被定义为银行业业务，后者被定义为商业业务。

在历史上，银行业一直包含了支付业务，因为银行拥有与这些服务最适配的技术、网络、客户信息和资金结构。中国的移动支付革命正在打破这种适配性。社交媒体、电商平台以及二维码等技术的出现进一步激发了支付市场的活力。

还有哪些使用支付系统的非银行业务可能被整合到中国式的支付体系中呢？工资结算可能是其中一种。与其让雇主将来自数字支付系统的资金转入自己的银行账户中，然后再将资金转移到员工的银行账户，员工再将资金转回数字支付系统，那为什么不在数字支付系统中直接支付员工工资？

很少有企业使用支付宝或微信支付发放工资，这可能出于信息安全、税收政策的考虑。如果零售商和员工都使用数字钱包，支付宝和微信支付将业务扩展到工资发放是合乎逻辑的。

微信支付比支付宝更有可能完成这一业务上的扩张。对于商家来说，使用支付宝更多的是为了购买相关中间品。鉴于商家通常同时从这两个平台获得销售收入，他们更可能将支付宝中的资金用于商业采购、将微信支付中的资金用于支付工资。此外，微信支付在个人对个人汇款方面的实力可能使其在工资发放方面具有一些优势。

6. 如何使用数字钱包中的资金

中国支付系统可以轻松地将资金留在数字钱包中。免收手续费的商业模式激励着消费者将资金放在数字钱包中。数字钱包中的资金可以转入计息账户,如货币基金,或通过与平台合作的经纪自营商账户直接投资于股票市场。

这一点在支付宝成为蚂蚁集团业务的一部分后尤为显著。蚂蚁集团旗下规模最大的基金是天弘余额宝。天弘余额宝提供具有吸引力的年化利率,这通常比将资金存入国内银行的活期利率更高。该基金规模的不断扩大反映了支付宝作为数字钱包的崛起,显现出了将数字钱包与经纪交易商账户合并的市场机会,进一步削弱了银行在存取款业务中的中介职能。

企业也有类似的动机将资金留在数字钱包中,但它们需要将资金转移出去,使用银行系统进行支付。消费者和企业都需要这种资金转移的通道,虽然这一通道已经存在,但相关的规则并不具备足够的吸引力。

7. 信贷的差异

当资金从与每个供应商关联的数字钱包和在线平台转移回银行系统时,会产生一定的费用。支付宝和微信支付提供的信贷规模较小,但也在不断增长。中国仍然是一个大量借记、预先融资的市场,且信用卡的渗透率相对较低。

阿里巴巴和腾讯都在发展信贷业务。与美国和欧洲国家广泛使用的信用评分系统不同,中国的信用评分系统较少。阿里巴巴、腾讯和其他公司已经在这方面做了很多,它们在社会信用评分系统中整合了众多因素,包括他们的产品反馈情况和个人使用社交网络的强度。技术和社交媒体公司会很自然地关注它们拥有的数据,尤其是专有数据。

美国的信用体系严重依赖交易费用为利息费用宽限、积分奖励、建立账户、催收款等服务提供资金。中国支付系统难以借鉴美国模式很大程度上是因为交易费用率过低。与借记卡不同,信用卡通常为客户提供购买商品和支付之间的免息宽限期,前提是客户按时全额支付账单。该免息宽限期为消费者带来了好处,同时为信贷服务提供者带来了成本。积分奖励本质上是转账,旨在吸引消费者使用该信用卡,特别是使用信用卡进行支付。如上所述,这些成本可以被收取的交易费用抵消。

阿里巴巴和腾讯也开始对支付宝用户和微信支付用户收取一定的费用,而将成本直接转嫁给客户会降低其使用信贷业务的意愿。这是一个有趣的制度，它与美国的制度恰恰相反，美国的消费者越富有，他们获取和使用资金的成本就越低。

8. 谁来承担系统成本？

支付宝和微信支付的一个核心特点是，同一平台上各方的交易是免费的。也就是说，平台对于资金的发出和接收是不收费的。但这并不等同于交易没有成本。所有交易都有成本（即使很小），包括在构建、维护和运营平台方面的成本、转账成本，以及系统维护的成本。这些成本大部分是相对固定的，即边际交易成本非常低，系统中交易越多，平均每笔交易的成本就越低。然而，系统的相关成本是由平台支付的，因此，从用户的角度来看，消费者和企业都可以免费获得支付和实时结算服务。

除了直接成本，还有机会成本。一般来说，数字钱包不会为其中的资金支付利息。因此，该账户的持有人无法获得利息收入。后来，这些平台开始提供计息账户业务。特别是支付宝，它已经构建了一个强大的金融服务应用生态系统，系统中包括面向消费者的货币基金和股票经纪账户业务，以及面向小企业的贷款业务。

对于美国消费者来说，与之类似的是银行和经纪自营商的合并。支票账户通常没有利息，但资金可以随取随用；储蓄账户会为客户支付利息，货币市场基金账户支付更多的利息，但要么有较高的门槛，要么有一定的流动性限制。在中国，支付宝和微信支付也可以提供类似的服务。

更重要的是，在中国，这两个支付平台可以获得更大量的客户信息。例如，一家普通的银行可能不知道给你送生日礼物的人和你是什么关系，但如果使用的是支票，就可以知道发件人的姓名和支付金额。微信将社交媒体网络与转账业务合并。例如，如果你是一个年轻人，幸运地得到父母、祖父母或其他家人偶尔甚至定期的经济支持，微信就能够获得你的社交网络信息和财务信息。

这使得一系列新的金融服务成为可能。例如，我们有可能以预期的赠予收入作为抵押贷款的额度参考，同样也可以将其作为财务状况的提示指标。随之而来的是对隐私问题的担忧,以及关于此类赠予是否应与历史赠予规则保持一致的责任问题。这里的重点不是深入探讨金融创新的利弊,而是指出,将有关人与企业之间的社会连接和资金流动的财务连接结合起来,将开辟一系列新的可能。

对于小型企业,也有类似且更广泛的选择。在中国模式下,小型企业基于支付现金流放贷的能力大大增强。在美国,一些支付机构已经开始通过支付现金流直接向小企业贷款。

9. 银行与支付系统的历史渊源

支付系统基于网络经济,其广泛的覆盖面让消费者确信卖家会接受他们的付款方式。卖家同样看重支付系统的普及性,双方需要互相信任,相信付款方式会持续有效,相信交易的价值将在整个交易过程中保持不变,并相信在平台报错时有完善的响应程序。

这些都是支付系统最终被整合入银行系统中的原因。银行是获得中央政府特别授权来处理交易的实体。银行为其客户(消费者和企业)存储资金,这也是所有支付平台担任的核心角色。因此,提供支付服务是银行业务逻辑上的扩展。

银行是高度可信的第三方中介机构。由于有中央政府的特许,并受到严格监管,这使得银行能轻易获得民众的信任,拥有强大的竞争优势,这是银行业务模式的基础。消费者必须相信他们的存款是可取回的,而银行必须相信他们的借款人能够偿还资金。

此外,大多数消费者和企业都有银行账户。银行也高度网络化,因为它们之间有非零售支付业务的交互。中央银行通常充当必要的网络角色,并主管整个支付系统。

支付系统即使在银行系统之外形成,它们也能迅速整合。比如,Visa是一家技术和支付公司,而不是一家银行,这点经常被误解。Visa发行信用卡并提供技术平台,但实际的信用卡是由银行提供的。

美国已经将银行业务从一般商业中分离出来。美国银行通常从其公司结构的顶层（金融控股公司）就被禁止拥有或经营企业。但在其他许多国家却不是这样，比如日本，像三菱这样的公司既有银行业务，也有企业业务。

有趣的是，企业也能提供银行业务中的支付业务。银行区别于一般的企业，主要是从提供存款账户、发放贷款和拥有特许权的角度来体现的。从历史上看，由于银行是支付业务的中心，美国系统巧妙地假定支付业务属于银行系统，将银行与普通企业分离，但事实并非如此。

大多数针对支付的消费者保护法都与银行系统紧密相连。这些法律的存在是有道理的，因为银行是大多数支付服务的提供者，并且已经受到高度监管。由于银行的信用担保，政府和私人诉讼通常能够强制执行。

反观中国的支付系统，近年来已经很少依赖银行。这让银行有些措手不及，因为它们的银联支付系统一直难以跟进。这也让中国的政府官员和监管机构有些吃惊。这种支付系统的转变主要是由于智能手机的普及，以及人们对交易费用的厌恶。

10. 中国人民银行与数字货币

中国在支付领域的技术飞跃使央行数字货币（central bank digital currencies，CBDC）的出现水到渠成。虽然大多数货币本质上是数字化的，如借记卡、信用卡、电子银行，但通常是个人账户之间进行交易，即他们花掉的是他们存在商业银行的钱，而不是中国人民银行的钱。通常情况下，中国人民银行唯一的零售负债是现金。CBDC通过创建一种数字化的货币改变了这一点，即这是中国人民银行的负债，而不是商业银行的负债。

自2020年以来，中国人民银行已在中国多个城市进行了数字人民币试点。这一数字支付工具（digital currency electronic payment，DCEP）的试验放在任何国家都是第一次，更不用说是中国这一世界上最大的经济体之一了。在新冠肺炎疫情蔓延的背景下，这些数字人民币的试点除了能刺激消费，还为其正式发行奠定基础。深圳是规模最大的试点，2020年10月，政府在深圳发放了1 000万元的数字货币。近200万人报名参加了此次抽奖活动，其中5万人获得了200元的奖金。每位获奖者都下载了一个"数字钱包"，并在3 389家参与商户中使用了数字货币，这些商户包括餐厅、加油站和超市。消费者和商户对二维码和数字钱包都非常熟悉，此次试点获得了极大的成功。

二维码和数字钱包的创新力可以通过多种渠道挖掘。在深圳进行的大规模试点表明了中国通过支付宝和微信支付获得的技术领先地位，表达了中国继续创新的愿望，也说明了中国全面推广 CBDC 的可能性。CBDC 将成为新的赋能手段，可用于政府直接向公民支付、消费者无摩擦支付和转账系统，以及一系列新的金融工具和货币政策杠杆。中国已经做好充分准备通过支付系统创新来实现 CBDC 价值的最大化。

11. 中国支付系统在美国的应用

第一个自然的问题是：中国的支付系统能否在美国被大规模使用，就像美国的银行卡系统在全球广泛使用一样？答案很可能是否定的，且原因有很多。但是，鉴于美国长期以来银行业和商业在法律上的割裂，中国这种削弱银行中介职能的支付系统具有一定的优势，且影响深远。

美国目前接受微信支付和支付宝付款，主要面向中国的企业和游客，同时也面向在两国工作和生活，并长期使用这两种支付方式的跨国人员。

在纽约、洛杉矶和旧金山等地，中国支付系统接受度更高，在拉斯维加斯和奥兰多等中国游客多的地区也是如此。越来越多面向中国游客的跨国公司可能会将这些新的支付形式添加到现有的平台上。

像皇家加勒比国际公司（Royal Caribbean International，RCI）这样的跨国公司迅速接受了中国的移动支付方式，这体现在它们的整个船队（包括中国船只）中。RCI 已在"海洋量子号"的支付系统中纳入支付宝和微信支付，这是一艘专为中国游客设计的船，可以直接驶出中国。RCI 的高级经理弗兰克·塔斯卡诺（Frank Tuscano）表示："数字钱包在中国的广泛应用，是 RCI 为客人提供移动支付服务的催化剂，这大大加速了中国邮轮上的商业往来。客人们很高兴能在海上享受到熟悉的、无障碍的移动支付服务。"

美国接纳支付宝的公司并不局限于那些拥有大量中国游客或高收入客户的公司。从 2019 年开始，沃尔格林（Walgreens）与蚂蚁集团合作，允许其在美国的7 000家门店使用支付宝。沃尔格林并不主要针对游客,也不涉及大量高收入客户的交易。然而,沃尔格林是阿里巴巴线上市场的活跃参与者,这让它在中国拥有了品牌效应,也让它成为中国支付服务的使用者。除了沃尔格林,博姿(Boots)也开始与蚂蚁集团合作,销售美容产品和保健品。

随着美国公司在中国线下零售和线上业务的增长,它们接受中国支付系统的意愿也在增强。中国支付平台为平台上的企业提供优惠政策也是促使它们接受中国支付系统的原因之一。因此,处于不同产业链的美国商店在中国扩大业务的同时,也将扩大中国支付系统在美国的接受程度。然而,美国消费者不太可能改变其原本的支付方式上。

12. 为什么美国居民不太可能放弃银行卡

美国不太可能更广泛地接受微信支付和支付宝,很大程度上是因为美国目前的支付体系对高收入群体很有吸引力。讽刺的是,微信支付和支付宝对美国高收入群体没有吸引力的原因与它在中国成功的原因是相同的,即平台的交易费用很低。

美国现有的支付系统收取高额的交易费用,这些费用由支付系统供应商(包括银行和非银行机构)和消费者共同分摊。这些费用通常被称为刷卡费用,包括固定费用(20—40美分)和平均交易金额2%的手续费(高级信用卡的费率最高可达4%)。

美国的支付体系是逐渐退化的。收入较高的消费者可以获得更高级的信用卡。这些信用卡的刷卡费用更高,消费激励也会更大。此外,由于来自支付系统的奖励被认为是退的税款而不是收入,它们将在免税的基础上发放给消费者。因此,这些奖励的税前价值可能会更高。对于美国的高收入人群来说,他们的高级信用卡每年储值8万美元,并提供1.5%的奖励,这相当于1 200美元的税后收入。

鉴于微信支付和支付宝不收取交易费用,它们根本没有足够的资金向这些消费者提供优惠,以诱使他们放弃高级信用卡。

此外,中国支付系统的某些价值主张对美国高端消费者来说是不适用的。虽然中国支付系统可以提供实时转账和结算服务,但美国的信用卡没有限额,美国的高端消费者更需要享受 30 天的免息宽限期。微信整合支付和社交网络的优势以及支付宝整合支付和电商平台的优势不复存在,因为美国人都在使用 Facebook、Instagram、Amazon 和 E-bay 等社交网络和电商平台。

如果注定要失去高端消费者,那么如何争取中低收入消费者呢?即使平台没有整合多种功能的优势,实时结算这一功能的价值依然存在。美国的借记卡无法透支,消费者每年要为此支付 350 亿美元的费用,支持超前消费的预付卡应运而生。

在美国,支付方式与收入高度相关。不断扩大的收入差距意味着更多的人开始寻求其他支付方式。预付卡的爆炸式增长也是得益于这一群体的需求,而富裕的美国人和政策制定者基本上没有注意到这一点。

预付卡与信用卡、借记卡形式类似,自 20 世纪 90 年代起就发展迅速,如图 3.4 所示。2018 年,预付卡交易近 140 亿笔。相比之下,借记卡交易接近 700 亿次,信用卡交易超过 400 亿次。

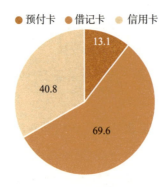

图 3.4　2018 年预付卡、借记卡与信用卡的交易笔数(十亿笔)

资料来源:Board of Governors of the Federal Reserve System。

收入和支付形式之间的强相关性在此得到验证,如图 3.5 所示,预付卡每笔交易的平均价值是 26 美元,而借记卡是 38 美元,信用卡是 89 美元。

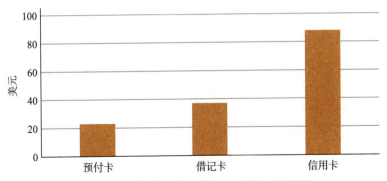

图 3.5 预付卡、借记卡与信用卡的平均交易价值

资料来源：Board of Governors of the Federal Reserve System。

这些卡在很大程度上逃过了监管，因为现有的系统是在持有银行账户或信贷的前提下建立的，但也有相应的一些补救措施。首先，美国国会在 2009 年通过了《2009 年信用卡业务相关责任和信息披露法案》(Credit Card Accountability Responsibility and Disclosure Act of 2009)，旨在保护消费者免受信用卡发卡机构的欺诈。此外，它还包括了限制利率上调、加强信息披露、加强对 21 岁以下消费者的保护，以及限制礼品卡和预付卡供给的规定。其次，2010 年的《Dodd-Frank 华尔街改革和消费者保护法案》(Dodd-Frank Wall Street Reform and Consumer Protection Act)建立了消费者金融保护局(Consumer Financial Protection Bureau，CFPB)，并扩大了 CFPB 在这方面的监管权力。该局在 2017 年出台了一项预付卡规则，根据《电子资金转移法案》(Electronic Funds Transfer Act，EFTA)为预付卡提供了重要保护，该法案在很大程度上沿袭了借记卡的监管制度。这些保护措施包括将借记卡欺诈保护扩展到预付卡持有者、实行统一收费、定期信息披露、制定账户信息规则等。

重要的是，这项预付卡规则对于 PayPal 等数字钱包也有效。如果微信支付或支付宝在美国推广，它们可能会面临与预付卡相同的监管体系。

预付卡能在美国蓬勃发展，部分原因在于它与信用卡、借记卡的支付方式相同。这意味着商家不需要添加新账户，现有的支付平台愿意且能够将预付款项集成到系统中。如果微信支付或支付宝将获得的资金留在这个生态系统中，那么要想在这个领域展开与竞争对手的角逐，它们将面临来自商家的一些阻力。如果处理交易和将资金转回银行系统的综合成本高于现有系统，商家使用微信支付和支付宝的动力将进一步减弱。但考虑到微信支付和支付宝费用可能更低，类似于预付卡的刷卡费用和转移资金的成本更低，那么商家也许会改变选择。

微信支付和支付宝都已开始接受国际信用卡为数字钱包转账，很多人认为这是在寻求国际用户群的扩张，但事实并非如此。与借记卡不同，国际信用卡的推出针对的是高收入群体，而美国居民对国际消费不太感兴趣。它确实符合针对国际旅客的目标，但此举似乎更多是面向居住在海外的中国公民和经常到访中国的国际游客，而不是为了扩大国际市场，这是合乎逻辑的。

还有一个需要探索的潜在市场是个人与个人（peer to peer，P2P）之间的转账。美国的这个市场吸引了大量国内数字金融公司和社交网络公司的关注。Facebook想收购Venmo，并将其与现有系统结合起来，但是其他像Square这样的支付平台已经基于移动银行账户推出了P2P转账功能，而PayPal将数字钱包、银行账户、信用卡集成到了同一个平台，消费者可以选择不同的交易模式。

在中国，微信支付开始于家庭成员之间的现金转账。在美国，大多数家庭更喜欢交换礼物而非现金，这是一个重要的文化差异。尽管经济学家认为，现金转账是一种更有效的送礼方式，能带来更高的效用，但美国人对送现金的做法却一直持否定态度。

然而，美国确实有大量的礼品卡交换，礼品卡具有现金和礼物的双重属性。礼品卡交换不仅在家庭内部很流行，而且在更广泛的社交网络中（如同事之间、志愿者团体内部等）也很流行。最常见的用于交换的礼品卡可能是星巴克礼品卡。据估计，1/7的美国人会在每年12月的"假日季"收到星巴克礼品卡。2019年美国的礼品卡总额估计为1 630亿美元，较2011年增长63%。

使用微信支付或支付宝进行礼品卡交换的障碍在于只有少部分美国人使用这两种支付系统。如果没有被广泛接受，它们似乎不太可能在短时间内流行起来。事实上，在微信和淘宝还没有开发支付功能之前，很多中国人就已经在使用这两个软件了，这是微信支付和支付宝在中国如此受欢迎并容易推广的关键原因。因此，我们可以想象Amazon和Facebook也能够像淘宝和微信一样开始在这个市场竞争，但很难想象美国人如何使用类似的支付系统，他们可能不知道如何把钱花出去，以及可以把钱花在哪里。

微信支付和支付宝在美国大规模推广还面临着其他阻力,即提取数字钱包里的资金时存在不确定性。这些公司在系统中使用国际银行卡会受到政策的约束。中国相关政策也使国际游客对数字钱包更加敏感。此外,非中国客户无法开设计息账户,这使得这些数字钱包更像是预付卡,而不是借记卡或信用卡。

13. 中国支付系统的全球化

如果说美国的信用卡系统在发达国家和发展中国家的非现金零售支付中占据了主导地位,那么中国模式的支付系统会在国外取代它吗?在发达国家,答案很可能是否定的。中国模式的支付系统会拥有一席之地,但要在发达国家完全取代现有的美国信用卡系统几乎是不可能的。在发展中国家,这一答案并不明确,要取决于中国企业采取的战略行动。

我们先来分析发达国家。英国、日本、韩国、新加坡和其他高度发达的经济体仍然使用以银行为中心的支付系统。虽然银行卡(包括实体卡和电子卡)的使用方式各不相同,但它们都具有与美国信用卡系统相同的结构:银行在两端发送和接收资金,中间有不同的支付处理系统。这些国家的零售商不太可能集中向中国的零售体系转型,其原因与微信支付和支付宝难以在美国推广类似。

现有支付系统的普及性、熟悉度和沉没成本阻碍了这些发达国家支付系统的大变革,这是一个关键因素。虽然其中一些国家在支付费用方面有不同的规则,例如有的国家制定了较高的银行卡附加费率,但大型商户和银行已经达成合作。

各国支付方式的差异很难解释。消费者的社会人口特征在优化当局采取的政策或缓冲政策影响方面可以发挥重要作用。此外,尽管法律和费用也是重要因素,年轻的消费者和受过高等教育的消费者更有可能减少支票的使用次数。

另一个关键因素是移动钱包的普及。据报道,新加坡作为一个以科技(尤其是数字金融技术)发展较早而闻名的国家,反而是移动钱包普及率最低、信用卡忠诚度最高的国家之一。移动钱包普及率高的国家才可能有多种支付系统共存。

中国的支付平台大多数都有实时支付功能,这对于消费者有着重要意义。特别是低收入消费者,因为他们的支出与收入关系紧密。美国与其他国家的消费者在这方面有着显著差异,但这一差异经常被忽视。日本和一些欧洲国家瞄准消费者的这一需求,增加了它们现有的借方体系价值,而美国的低收入消费者每年要支付数百亿美元的借贷费用。

此外,微信支付和支付宝的经济优势是基于企业和消费者在这些生态系统中交易的活跃程度产生的。如果平台上没有大规模且频繁的交易,则企业、消费者对微信支付和支付宝的价值主张就会降低。

然而,中国支付系统的革命仍将对这些国家产生影响,美国与其他国家受到的影响将有所不同。最大的不同之处是不同国家中的商家接受中国支付系统的速度和广度。关于这一问题最直观的预测是,如果中国游客和跨国公司在业务中占比足够大,那么中国支付系统将逐渐被更多人使用。

其他差异也将影响这些国家的银行与中国支付平台提供商及其附属银行建立合作关系的速度。一方面,2015年,腾讯在韩国与友利银行(Woori Bank)合作,旨在开发微信支付业务。这笔交易的经济效益取决于中国和韩国之间的外汇费用,这一系统更像是之前的信用卡模式。

另一方面,韩国政府正试图利用每年接待大量中国游客的能力,推广自己的低成本支付网络。

伙伴关系的建立并不限于发达地区。微信支付与南非标准银行(Standard Bank)合作,允许客户在南非的自动取款机上提取微信钱包内一定数额的现金。支付宝和微信支付已在全球多个国家被接受为付款方式。

14. 总　结

中国现阶段的支付系统以非银行支付平台和二维码为基本框架,与西方以银行和银行卡为基础的模式形成了鲜明对比。

如果没有意外,中国很可能会持续使用这种支付系统。为中国零售客户服务的企业可能不得不使用中国的支付系统,西方金融机构与支付宝和微信支付之间可能会建立起合作关系。交易成本和摩擦可能会继续存在,这将对外国公司接纳中国支付系统形成阻力。此外,这些发展将影响中国支付系统的边际渗透率。总体结果似乎很清楚:中国的支付系统将被整合到全球支付系统中。

然而,美国人不太可能放弃信用卡,转而使用中国的支付系统。首先,中国企业和政府并不支持这种做法。政策限制,尤其是无法将非中国银行账户与中国支付系统挂钩,使得外国人很难进入中国的支付系统。其次,高收入的美国消费者在使用他们现有的信用卡系统时获得的返现给他们带来了较可观的收益,这令这一市场很难被撬动。在某种程度上,市场机会存在于使用预付卡或借记卡的低收入用户中。然而,中国的支付平台运营商的业务版图上并不包含这一客户群体,他们也不期望从中获得经济收益。

美国的支付系统供应商,无论是银行还是非银行机构,都可以从中国支付系统的演变中吸取经验并加以应用。采用智能手机扫描二维码和基于传感器的支付系统,相比现有的基于磁卡、芯片或特殊设备的系统具有显著优势。无论通过银行系统还是非银行系统处理交易,这些优势都将存在。

急于降低手续费的商家可能会使用其中一些系统作为替代,并尝试诱导美国消费者使用成本更低的支付方式。如果高成本支付方式增多,那么这种做法的利润空间将会扩大。然而,采用新支付技术的固定成本和消费者习惯的强大惯性仍然是巨大的障碍,毕竟与其他国家相比,美国人接受短信的速度比接受打电话要慢得多。

第四章
中国数字金融基础设施

王勋*

---

* 王勋,北京大学国家发展研究院研究员,数字金融研究中心研究员。

1. 引　言

长期以来，金融基础设施被视为金融体系的基础，在金融和经济发展中发挥着至关重要的作用。近年来，我国数字金融发展迅速，数字金融的持续健康发展和创新依赖于数字金融的基础设施。数字金融的硬基础设施包括信息基础设施、移动支付体系和征信体系，软基础设施包括监管框架和金融创新机制。

近十年来，大数据、云计算、区块链、人工智能等数字技术的进步，促进了中国数字金融的发展，使普通家庭、中小企业、小摊贩获得金融服务成为可能。阿里巴巴、腾讯、京东和百度等大型科技公司为数字金融发展提供了资本和技术支持，为中国在数字金融领域的发展作出了积极贡献。这些硬基础设施有助于改善家庭消费、优化风险分担结构、促进创新创业和提高资本配置的效率。

然而，在民营金融科技公司提供的数字金融基础设施数量激增的同时，风险也应运而生。金融科技公司提供的数字金融产品具有跨产品、跨行业、跨地区的特点，具有较强的网络效应。P2P平台本身就是利用网络和大数据为人们提供网上借贷的途径，也有可能为普通人（即所谓的长尾客户）提供新的投资渠道。然而，P2P平台从一开始就被定位为信息中介，这在商业上不具备可持续性。这些平台通常缺乏风险控制的机制，不仅因为它们没有控制风险的能力，而且因为它们没有动机减少贷款人和借款人之间的信息不对称问题。P2P平台在金融监管缺位的情况下存活了很长一段时间，其间产生了严重的逆向选择和道德风险问题，大量客户遭受了财产损失。

因此，软基础设施的建设有利于数字金融的健康持续发展。中国数字金融基础设施的发展与交易成本的显著降低、金融包容性的提升密切相关。中国的数字金融基础设施主要由民营金融科技公司牵头建设。为此，数字金融基础设施被认为是对欠发达金融体系中传统金融基础设施的补充。由于缺乏有效的金融监管，可能会衍生出新的金融风险，因此，金融行业迫切需要监管框架的改革，采用"高科技"技术来维持行业稳定。

在本章中，我们将重点分析包括移动支付体系和数字征信在内的中国主要数字金融基础设施。回顾这些基础设施的发展历程，了解其优势、成本和影响，并讨论目前存在的问题，将有助于为决策提供信息支持。

2. 中国数字金融基础设施背景

2.1 互联网和智能手机快速普及

数字技术的发展为扩大数字支付覆盖面和完善其他数字金融基础设施提供了必要的条件。中国网民数量已经从2006年的1.4亿激增到2020年的10亿左右。互联网普及率从2006年的10.5%上升到了2020年的70.4%。其中，城市互联网普及率从2007年的26%提高到2020年的80%，农村互联网普及率从2007年的7.4%提高到2020年的56%（见图4.1）。

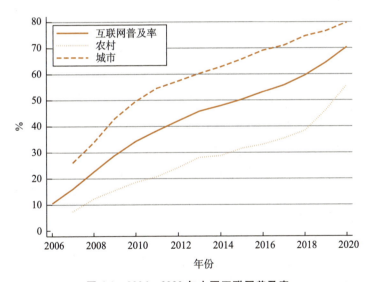

图4.1 2006—2020年中国互联网普及率

资料来源：CEIC Database。

智能手机的出现使手机可以和互联网快速结合。在中国互联网用户中，通过智能手机上网的比例从2006年的12%飙升至2020年的99.7%。同时，如图4.2所示，智能手机普及率从2006年的1.3%上升到2020年的70.2%。根据The Nielsen Company（2013）的调查，中国的智能手机普及率与大多数发达国家处于同一水平，且明显高于巴西（36%）、土耳其（19%）和印度（10%）。与基于台式计算机上的支付系统相比,移动终端在时间、地点和使用方式上提供了极大的灵活性。服务提供商也进行了大量投资,以改进用户体验感和提升服务可靠性。二维码的使用也给移动支付服务的扩张带来了革命性的变化。

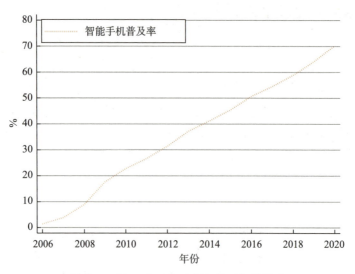

图 4.2　2006—2020 年中国智能手机普及率

资料来源:CEIC Database。

2.2　数字技术的快速发展

金融是一个收益与风险共存的行业。金融风险评估、资产定价和风险监测的关键在于信息处理。历史经验表明,信息记录、算法分析等信息处理技术的进步会促进金融业发展。20 世纪 80 年代以来,随着数字技术的发展,金融行业中的大量工作实现了办公自动化,20 世纪 90 年代以后,互联网进一步促进了金融业务的数字化。2008 年全球金融危机以来,以移动互联网、大数据、云计算、区块链、人工智能等为代表的新兴数字技术的蓬勃发展,正在重塑金融行业的商业模式、风险定价规则、市场结构和监管环境。

金融科技是指通过新兴数字技术提供的具有创新性的金融产品或服务。根据应用场景的不同,金融科技可以分为以下几类:第一,数字识别、智能合约、大数据和云计算在金融基础设施中的应用;第二,移动支付、数字货币、分布式账本在支付清算系统中的应用;第三,股权众筹、网上借贷和分布式账本在外部融资中的应用;第四,智能投顾在财富管理中的应用;第五,互联网保险。

支持金融科技的人认为,金融科技将显著提高金融服务的效率。金融服务将更具包容性,有利于人们相互之间建立更好的联系。消费者将会有更多的选择,并能以更优惠的价格购买商品。家庭将以较低的交易成本提高应对风险的能力。中小企业将有更多的机会获得外部融资。包括传统银行和金融科技公司在内的金融机构将提高生产率、资本使用效率和运营的灵活性。此外,监管机构可以借助数字技术来提高监管效率。

虽然金融科技的概念最初是从美国引入的,但从广度和深度上看,它在中国的发展要比大多数国家快得多。在移动支付领域,中国支付宝和微信支付2018年的市场份额分别为53.8%和38.9%,已经为数亿客户提供支付和转账服务。截至2018年年底,仅支付宝一家就拥有8.7亿活跃用户,是PayPal全球用户的三倍多。中国的支付服务提供商不仅覆盖了更多的客户,而且更加注重移动技术的发展。2018年,银行和第三方提供商的移动支付年增长率达到36.7%(中国人民银行,2019),远超PayPal支付交易的增长率。在财富管理领域,2018年,超过6亿个账户投资于在线货币市场产品——余额宝,资产规模超过1 600亿美元,而著名的财富阵线管理(Wealthfront)的资产只有113亿。在融资领域,根据阿里巴巴2018年财报显示,截至2018年年底,蚂蚁金服已向一千五百多万个中小企业发放总额超过2万亿元人民币的贷款,平均不良贷款率为1.3%。

2.3 欠发达的传统金融体系

虽然支付宝创立的初衷是为了解决交易双方信任缺失的问题,但在支付服务供给方面仍存在明显缺口。与其他国家的金融体系相比,中国的金融体系呈现出两个独有特征,一是银行在金融业中占比非常高,二是金融抑制程度非常高(Lardy, 2008;Huang and Wang, 2011)。继Rajan and Zingales(1998)、Hsu et al.(2014)之后,我们使用银行资产占金融体系总资产比重作为衡量金融结构的指标。如图4.3所示,向上倾斜的相关曲线表明,金融体系中银行资产占比越高,金融抑制程度越高。美国和中国香港地区的金融体系以市场为基础,位于左下角。日本和德国的金融体系以银行为基础,位于图表的中间。而中国内地位于右上角,表明金融抑制程度很高,金融体系几乎由银行主导。

在中国,提升金融的普惠性是一项特别具有挑战性的任务。例如,由于社会信用体系不发达,2018年中国信用卡平均普及率为0.47卡/人,而美国为2.9卡/人。传统的卡支付服务,如POS机,往往速度慢、成本高。大多数中小企业和低收入人群必须使用现金进行金融交易。移动支付服务上线后,受到了市场的欢迎。正是因为这些原因,一些专家认为,包括美国在内的其他国家将无法复制中国移动支付服务的经验(Klein, 2019)。

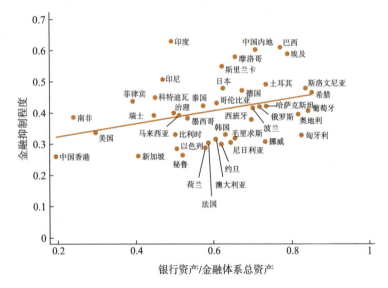

图4.3 2015年金融体系比较

资料来源:Huang and Ge (2019)。

宽松的监管环境也为中国数字金融特别是移动支付系统提供了实践和发展的空间。2004年,我国通过了《中华人民共和国电子签名法》,使网上合法签约成为可能。2005年后,国务院出台了一系列支持电子商务发展的政策文件。然而,在中国人民银行于2010年6月发布《非金融机构支付服务管理办法》之前,移动支付并未受到严格的监管,中国人民银行已经颁发了近270个第三方支付牌照。虽然授予第三方支付牌照被认为是一种创新的政策进步,但在其他许多国家,牌照是不可能在那些备受争议的问题(如这些虚拟账户是否应作为支付账户或存款账户受到监管)未得到解决时就发放的。2019年年初,中国人民银行成为第三方支付集团存放客户资金的新托管机构,收紧了对移动支付交易和清算业务的控制。2018年11月托管资金规模达到1.24万亿元人民币。

3. 数字金融基础设施建设

3.1 "硬"基础设施

3.1.1 信息基础设施

信息基础设施的基本功能是记录和收集客户大数据。进入21世纪以来,智能手机迅速普及,传感器设备的硬件水平大幅提高,物联网得到快速发展。基于以上,越来越多的信息被记录。在数字社会中,人类的活动依赖于金融账户、社交网络账户、电子商务账户等应用账户。这些账户与个人身份直接相关。生物识别技术的广泛应用将进一步加强账户与个人身份之间的联系,使账户能够有效记录账户所有者在各种场景下的行为。

像阿里巴巴、腾讯、京东和百度这样的大型科技公司,已经开发了自己的数字客户认证系统,可以通过生物识别技术为客户提供远程开户服务。通过对行为信息的处理,可以进一步对账户所有者进行分析,推断出其个人偏好、信用评分和收入水平等重要特征,为精准营销和网上贷款拓展奠定了基础。例如,电子商务数据可以用来评估商家和消费者的信用等级,社交媒体和搜索引擎的数据可以帮助评估消费者的偏好。

由于客户数据非常重要,大型科技公司非常重视互联网数据中心(Internet Data Center, IDC)的建立。阿里巴巴已经在杭州、青岛、深圳、香港,以及东南亚地区、欧洲地区和北美洲地区建立了IDC。2020年5月,阿里巴巴旗下的阿里云宣布此后三年将投入2 000亿元人民币用于IDC建设。腾讯在中国各地都建立了自己的IDC,并覆盖了美国、德国、俄罗斯、韩国和印度地区,以扩展其云服务和人工智能业务。

这些大型科技公司IDC有一个共同点,即它们基本上是相互独立的,为各自的商业模式提供信息支持。相互独立主要是由于大型科技公司(如阿里巴巴和腾讯)之间的竞争。然而,当互联网与银行形成互补关系时,它们之间的合作便成为可能。新网银行成立于2016年,它与字节跳动等互联网公司合作,使用大数据来评估客户信用。尽管中国人民银行于2020年在贵州省启动了金融数据中心的建设,传统商业银行也建立了自己的金融科技公司,但完善央行、政府、传统银行和大型科技公司之间的数字金融信息基础设施建设仍有很长的路要走。

3.1.2 移动支付体系

中国移动支付体系在过去十年经历了革命性的发展,目前市场主要由支付宝和微信支付主导。在很大程度上,新的支付系统已经取代了银行卡和现金,例如,普通家庭用"发红包"和"转账"的方式取代了现金交换,小商贩采用收付款的方式完成交易,甚至乞丐都可以用二维码来代替杯子和碗来乞讨。中国似乎不大可能发展新的支付体系。中国移动支付的跨越式发展在一定程度上反映了中国社会信用体系的不发达。中国人民银行的数据显示,截至2020年年底,中国拥有世界上最大的银行卡体系,银行卡数量将达到近90亿张,人均持卡数量达6.4张,其中91%是借记卡,而非信用卡。此外,银联出现于2002年,它是一个以银行卡为基础的网络,连接着中国不同银行的账户。要使用银联这一依托于实体卡的支付系统,商户需要配备读卡器连接互联网,同时,商户还需支付每笔交易的手续费。

阿里巴巴成立于1999年,作为一个需要用户通过银行账户支付的电子商务平台,阿里巴巴当时最大的挑战是买卖双方之间信息不对称和信任缺失。2004年,公司引入支付宝,通过交易担保来解决淘宝上交易双方的信任问题。支付宝是一个基于第三方托管的数字支付平台,阿里巴巴在买家签收货物之前一直代为持有这笔钱。2008年,支付宝正式推出移动电子钱包,一经推出,用户数量迅速增长。在2008年之前,支付宝花了5年时间获取1亿用户,但在2009年的前两个月,新增用户数量就达到了2 000万。截至2019年,它在全球拥有了超12亿用户。

腾讯通过另外一种方式进入支付行业。作为中国领先的社交网络平台,腾讯以在线聊天工具"QQ"和线上游戏为核心业务。为了满足线上游戏账户充值的用户需求,公司于2005年推出了在线支付工具"财付通"。2011年,腾讯推出了基于智能手机的社交软件"微信"。截至2019年,"微信"的用户规模已超12亿。2013年,腾讯通过整合"财付通"和"微信",打造了一款新的支付工具——微信支付。该支付工具被嵌入微信,用户可以通过信息窗口直接向对方汇款。

支付宝和微信支付是目前中国市场两大主流支付平台。支付宝和微信支付的活跃用户数分别从2013年的1亿多和3.5亿增至2019年的12亿左右。还有一系列事件标志着中国移动支付的发展。第一,2007年1月,史蒂夫·乔布斯(Steve Jobs)发布了首款iPhone,这标志着智能手机新时代的开始,随时随地使用移动支付服务成为可能;第二,蚂蚁集团货币市场基金"余额宝"的成功,大大提升了人们对包括移动支付在内的金融科技行业的认识和热情;第三,2014年春节期间,数亿新用户通过微信支付发放红包;第四,二维码在移动支付中的应用使得无论是在工商注册的企业还是没有注册的小商贩在收单时,都可以不联网就接入支付系统,极大地提高了交易效率。

移动支付总交易额从2013年的14.5万亿元人民币跃升至2019年的347.1万亿元,年均增长率在70%左右。2019年移动支付交易规模达到1 014亿笔,比上年增长67.6%。移动支付占非现金支付总额的比重由2013年的不足1%上升至2019年的9.2%,移动支付占非现金支付交易总笔数的比重由2013年的3.3%上升至2019年的30.6%,这体现了移动支付交易低值、高频的特点。

网联清算公司和线上支付银行间结算系统是促进移动支付发展的另外两个重要基础设施。网联清算公司是经中国人民银行批准成立于2017年8月的全国非银支付机构线上支付清算平台,主要处理非银行机构发起的涉及银行账户的线上支付业务。

为支持全球最大网络支付市场的交易转移和清算,网联清算公司采用分布式云计算架构,在北京、上海、深圳共建立了6个中心,确保支付系统在处理大规模和高频并发的网上交易时能够正常运转。2019年,中国"双十一"网上支付规模达到1.48万亿元人民币,网联清算公司在此次购物狂潮中处理了15.4亿笔交易,交易总额约1.16万亿元人民币,涵盖了所有通过支付宝和微信支付购买商品的交易。凌晨0点03分交易流量达到峰值,平台每秒受理71 500笔交易。平台受理交易量同比增长32.2%,成交金额同比增长147.25%。

3.1.3 征信体系

征信体系是国家金融基础设施的一个关键部分,对金融服务的便捷性和可获取性至关重要。信贷资金提供不足是制约经济发展最关键的因素之一。贷款人往往缺乏足够的信息来评估潜在借款人的信誉,包括缺乏对个人和企业,特别是对农村的个体经营户以及中小企业的可靠评估。信用报告系统在收集和发布可靠的信用信息、保护债权人权益和促进信贷市场发展方面发挥着重要作用。中国人民银行下属的征信中心是中国个人征信系统的核心。中国人民银行征信中心成立于 2006 年,同年建立了全国统一的个人信用信息数据库。信用信息数据库的核心部分由商业银行和金融机构提供,其他公共机构提供的信息作为补充。

随着数字金融的兴起,将机器学习、人工智能和大数据分析相结合,有助于在海量信息中发现有价值的个人行为规律,有效评估借款人的信用风险。云计算平台可以建立大数据征信系统,为防范金融风险提供基础设施。在此背景下,百行征信信息有限公司(以下简称"百行征信")于 2018 年 3 月 19 日在深圳正式注册成立。百行征信是中国第一家,也是唯一一家取得个人征信业务许可证的市场化运营公司,由中国互联网金融协会市场自律组织和芝麻信用、腾讯信用、前海信用、考拉信用、鹏元信用、中诚信、中智诚征信、华道征信 8 家机构联合成立。2020 年 7 月 17 日,中国人民银行与百行征信签署战略合作协议,共同推进中国征信市场发展,建立了由政府主导的中国人民银行征信中心与由市场主导的百行征信互补的"政府+市场"双轮驱动的信用报告框架。

自 2006 年以来,个人信用报告系统已经被越来越多的机构所认可,并收集了大量高质量的信用信息。中国人民银行征信中心已成为世界上人口和数据覆盖量最大的征信系统,为中国从事信用相关活动的个人和公司提供了标准化的信用档案。截至 2019 年 6 月,征信中心共收集了 10 亿个人和 2 757 万企事业单位的信用信息。征信系统在防范金融风险、维护金融稳定、促进金融发展等方面发挥了重要作用。2019 年上半年,共有 21 家全国性银行机构利用征信系统拒绝 3 937 亿元高风险客户的贷款申请,提前预警未结清高风险贷款 7 803 亿元,清理不良贷款 957 亿元。①

虽然征信系统在理论上被认为是较为全面的系统,但实际上也有局限性。它主要局限于商业银行的信用和贷款记录,因此无法反映超出传统银行范畴的数字金融领域。在这种情况下,面向市场的信贷登记处可以很好地利用大型科技公司通过互联网收集的大量非金融信息,对几乎没有信贷记录的借款人进行信贷风险评估。作为征信中心的重要补充,百行征信可以有效地帮助非银行金融机构和金融科技行业进行信贷风险管理,缓解信息不对称问题,防范信贷风险,提高长尾市场信贷服务效率。截至 2019 年 9 月,百行征信已与 1 071 家机构签署合作共享协议,并通过收集银联、电信和公共部门的数据补充其数据库,并收集了超过 7 140 万借款人和 1.12 亿信贷账户的信息。在市场服务方面,百行征信推出了"个人信用信息系统""特别关注清单平台""信息验证平台"三款在线验证测试产品。2019 年 5 月至 2019 年 9 月,个人信贷总询价量稳步增长并突破 2 300 万,日询价量突破 40 万。②

百行征信是在政府支持下建立的,它为数字金融发展带来便利,并通过与数字金融机构合作逐渐成长起来。在数字经济时代,对非银行业防范因信息缺失而导致的金融欺诈风险具有重要意义。它填补了数字金融平台和小额信贷个人信用报告的空白,有利于防控数字金融服务风险和系统性金融风险。"政府+市场"双轮驱动的信用报告体系更好地满足了长尾客户的需求,提高了金融包容性。

3.2 "软"基础设施

3.2.1 监管框架

自 2003 年银监会成立并负责监管商业银行、金融资产管理公司和信托公司以来,中国的金融业监管框架已经基本形成。2018 年 4 月,中国银监会和中国保监会合并成立了银保监会,从那时起,中国人民银行、中国银保监会、中国

---

① 资料来源:罗玉冰.央行征信服务赋能金融发展[EB/OL].(2019-10-12)[2022-08-03].https://finance.sina.com.cn/money/bank/yhpl/2019-10-12/doc-iicezzrr1689648.shtml.
② 资料来源:郝昕瑶.百行征信僵局,腾讯阿里困兽之斗[EB/OL].(2019-09-30)[2022-08-03]. https://tech.sina.com.cn/i/2019-09-30/doc-iicezueu9262910.shtml.

证监会构成了金融监管框架的主体。中国人民银行一直负责货币政策和宏观审慎政策的制定,另外两个部门负责监管银行业、保险业和证券业。

我国金融监管框架最独特的特点是"机构监管"。相反,为了满足客户多样化的金融需求,金融机构的综合性业务发展迅速。由于金融体系存在监管漏洞和机构的套利行为,机构监管与综合性业务之间的不匹配不断削弱着金融监管的有效性。

数据表明,自2013年以来,中国金融监管的有效性开始下降(见图4.4),这可能有两个主要原因。一是目前的监管框架没有完全覆盖快速增长的非传统金融业务;二是金融机构因强监管和货币政策收紧而进行监管套利。因此,机构监管模式下,加强宏观审慎监管可能会因监管套利导致信贷规模增长和资产价格上升。

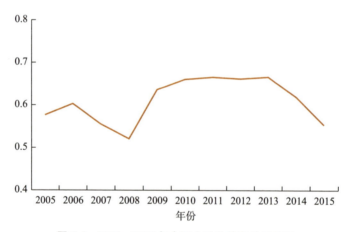

图 4.4　2005—2015 年中国金融监管有效性指数

资料来源:Huang and Wang(2017)。

此外,中国金融监管机制下的消费者权益受到了损害。为了消费者可以进行公平的交易,需要确保金融市场公平、有效。若没有适当的金融监管,金融服务公司往往会通过将产品复杂化来损害消费者的利益,并通过不正当竞争破坏金融体系的完整性。澳大利亚和荷兰的金融体系运行良好,主要归功于其"双峰"(twin peaks)监管框架。根据"双峰"监管框架的设计,一方面,审慎监管密切关注系统性风险,另一方面,金融监管的目的是独立审查金融机构行为,保护消费者权益。

中国政府已经认识到监管框架改革和行为监管的重要性。2017年7月,中国政府成立了国务院金融稳定与发展委员会,负责金融监管政策与监管机构之间的协调。中国的金融监管框架改革仍将继续,以更好地应对系统性风险,维护金融行业稳定。

3.2.2 金融创新机制

尽管中国的数字金融创新一直走在前列,但金融监管却未能跟上行业发展的步伐。随着数字技术与金融业务的深入融合,金融业务的网络效应和社会效应显著增加,同时也提高了金融风险监测和监管的难度。金融风险频频显现,不仅损害了消费者的合法权益,而且威胁到金融体系的稳定性。

为了在金融稳定与创新之间达到平衡,中国人民银行于2020年1月引入监管"沙箱",随后批准了首批六个金融科技创新应用监管试点,其中四个是银行信贷试点,两个是支付试点。同年4月,中国人民银行在上海、重庆、深圳、雄安新区、杭州、苏州六个地区扩大试点范围,引导持牌金融机构和金融科技企业进行创新实验,表明中国金融监管开始向积极监管、动态监管和原则监管转变。

目前,监管"沙箱"主要集中在大数据、区块链、人工智能等前沿技术在金融体系中的应用。所有符合条件的机构,包括国有银行、股份制银行、城市商业银行、支付机构、结算机构和科技公司,都可以在监管"沙箱"的框架内申请进行金融创新实验。

4. 数字金融基础设施的影响

4.1 重塑金融市场

移动支付是指消费者通过移动终端完成对商品和服务的支付。移动支付是目前第三方支付的主要支付方式。相应地,现金支付被称为第一方支付,而通过银行系统进行的支付被称为第二方支付。

如果说数字金融在中国是一场革命,那么移动支付可以说是数字金融中最具革命意义的部分。中国移动支付在用户数量、技术水平、支付额增长等方面一直处于世界领先地位。目前国内主要的移动支付平台有支付宝、微信支付、银联、拉卡拉、京东支付、苹果支付、华为支付等。

余额宝和微信支付推出后,移动支付被大规模普及并取得了快速发展。目前,中国90%以上的大城市居民购买商品和服务时以手机支付为主,其次是现金,最后是银行卡,如图4.5所示。以家庭消费情况来看,手机支付的金额在2015年超过现金支付,2016年超过银行卡。手机支付的出现改变了家庭支付习惯,节约了交易时间,降低了交易成本,促进了消费,同时,也正在重塑金融市场(特别是支付市场)的格局。

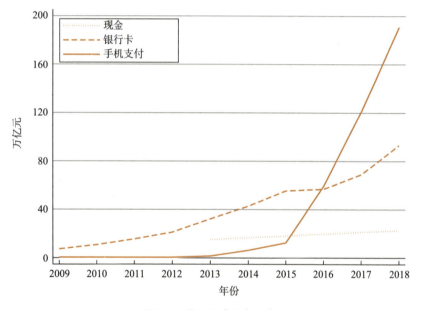

图 4.5　居民消费支付金额

资料来源:WIND Database。

4.2　改善家庭风险分担

中国的非正规社会网络为家庭和个人分担风险提供了重要手段,而非正规社会网络中的保险往往是不完备的。造成这种不完备的原因有很多,包括道德风险和有限承诺,这两个因素都使家庭消费严重依赖于家庭的实际收入。

个人与个人之间转移资金或其他资源时会产生交易成本，同样也会导致信息不完备。移动支付的快速发展和应用允许个人在支付宝或微信支付的生态系统内转移购买力，并大大降低了远距离汇款和银行账户间转账的成本，这是中国的一项创新。

21世纪以来，中国的家庭和社会网络开始远距离传播，主要由于国内劳动人口自西部向东部沿海扩散。截至2018年年底，中国共有2.88亿农民工，其中60%以上的农民工选择外出务工。此外，超过70%的外出务工人员没有带家人一起外出。在这种情况下，降低交易成本可能会对境内汇款的频率和规模产生显著的影响，从而影响家庭风险分担的能力。

在移动支付系统出现之前，大多数家庭通过中国邮政或银行转账汇款。这种传统方式的成本相对较高，耗时较长。移动支付出现后，个人只需在应用程序中执行几个简单的步骤，就能实现转账，这种方式不仅手续费较低，而且十分便捷，使得收付款成本大幅降低（Huang et al., 2020）。

4.3 促进创业

在中国，尽管中小企业大多为民营企业，但这些中小企业在支持创业和创新、创造就业机会以及促进经济增长方面发挥了重要作用。然而，中小企业仍然面临着严重的信贷约束。在以国有银行为主的金融体系中，中小企业的对外投资规模很大程度上取决于留存收益等内源性资本。

中国的移动支付系统不仅使支付和转账更加便利，同时也促进了创新创业。在移动支付出现之前，小商贩们需要频繁地兑换找零，并将大量的零钱存入银行账户，极不方便。随着基于二维码和近场通信（near field communication, NFC）技术的移动支付迅速发展和广泛普及，所有的商家都可以在门上、柱子上或其他显眼的地方贴上二维码，这对顾客和商家来说都是非常方便的。消费者通过扫描二维码转账，钱款将直接存入商家的银行账户或电子钱包，网联将进行实时结算。

此外，较低的交易费用也激励着小企业使用移动支付方式，因此，小企业也能从移动支付的正外部性中获得收益。支付宝、微信支付、银联均会收取一定的费用，商家完全可以选择支付宝或微信支付作为收款方式，以降低成本。此外,对于小型企业来说,它们不需要POS机,这对低值、高频的交易至关重要。不愿意注册商家账户的店主可以通过展示其个人账户二维码,收取顾客的转账。账户持有人可以将支付宝或微信支付中的资金提取到其关联的银行账户中。

借助移动支付,无须掏现金、开支票、等发票,这大大提高了结算效率（Jack and Suri, 2014）。减少交易摩擦有两方面的好处,一是提高交易效率,二是促成新交易。交易成本的降低,以及非正式保险网络的加强和金融包容性的提高,可以帮助家庭作出更有效的决策（Jakiela and Ozier, 2016; Di Falco and Bulte, 2013）。一些实证研究表明,移动支付有助于提升新注册企业的数量,改善企业经营绩效（Xie et al., 2018; Yin et al., 2019; Huang et al., 2020）。使用移动支付的用户,开始从事小规模经营和个体经营的可能性更高。移动支付的影响主要体现在农业家庭向小商业主的转变以及小微企业的发展（Wang et al., 2019）。

良好的征信环境也有助于促进金融的普惠性。金融科技和大型科技公司拥有大量实时数据,获取支付交易、消费模式、社会关系和数字足迹等信息,这些都可以作为信用风险评估的关键数据。结合大数据、机器学习和其他复杂的人工智能算法,金融科技和大型科技公司平台还可以从广义边际（是否提供服务）和集约边际（提供服务后的违约概率与定价）两方面更准确地了解人们的金融生活和信用状况（Gambacorta et al., 2019; Jagtiani and Lemieux, 2019; Huang et al., 2020）。在中国,三家领先的虚拟银行网商银行（隶属于阿里巴巴）、微众银行（隶属于腾讯）和新网银行（隶属于小米）,每家每年都向数百万家小企业提供贷款,其中80%以上的小企业没有信用记录,但违约率非常低。借款人只需轻触几下智能手机的屏幕就可以申请贷款,如果被批准,几分钟内即可获得贷款。例如,网商银行的贷款业务采用所谓的"3—1—0"模式,即承诺用户注册和申请在3分钟内即可完成,资金在1秒内转入支付宝账户,0人工干预,这种贷款模式下的平均不良贷款率保持在1%左右,这在一定程度上反映了贷款规模较小、期限较短的业务特点。在新冠疫肺炎情期间,中小企业受到了严重影响,导致网商银行的平均不良贷款率有所上升,但仍控制在2%以内。一个高质量的数字基础设施系统正在改变金融服务提供商与小企业互动的方式,而这些小公司此前一直无法获得银行业巨头的金融服务。

5. 中国数字金融生态系统的演变

由阿里巴巴的支付宝和腾讯的微信支付两大巨头主导的移动支付服务,已成为中国日常生活和经营中被频繁使用的移动支付工具。两家公司都围绕自己的移动支付工具分别建立了生态系统。人们可以使用支付宝或微信支付购买商品、支付电费、打出租车、捐款、转账,甚至投资金融产品。中国几乎所有的商业网点,包括街边商店,都广泛使用二维码来进行经营活动。中国游客还用支付宝和微信支付在国际机场和全球各大百货公司购买纪念品或奢侈品。据中国人民银行支付系统报告显示,2020年,移动支付业务累计完成交易1 230亿笔,同比增长21.5%。

中国并不是移动支付业务的开创者,美国的PayPal更早被大众熟知。但支付宝和微信支付使移动支付服务发展到了一个具有全球影响力的新阶段。这引起了世界各地商业从业者、学者和决策者的巨大兴趣。为什么支付宝和微信支付发展如此迅速?在其他国家具有可复制性吗?主要的经济和金融影响是什么?该如何监管?事实上,已经有越来越多的学者关注移动支付对家庭福利的影响(Aker et al., 2013; Munyegera and Matsumoto, 2016; Beck et al., 2018)、移动支付对储蓄行为的影响(Mbiti and Weil, 2013)、移动支付对非正式保险网络和风险分担的影响(Jack and Suri, 2014; Klapper and Singer, 2014; Riley, 2018)、移动支付对金融包容性的影响(Demirguc-Kunt et al., 2018)。

在中国,一些大型科技公司已经建立了全面的多牌照数字金融生态系统。例如,作为全球最大的电子商务公司之一,阿里巴巴将其电子商务业务作为数字金融生态系统的基础,在进入融资和财富管理领域之前先进入支付领域,重点关注以前被金融服务供给端忽视的个人和中小企业。移动支付是这一生态系统中不可替代的工具,它能使平台和用户间的联系更紧密。随着客户逐渐将电子钱包作为他们日常购物的首选支付工具,他们也越来越有可能购买钱包中嵌入的产品和服务,如财富管理和保险产品、电子商务服务、信贷服务,以及账单支付服务。从打出租车和叫外卖到水电缴费和信用卡还款,这些支付应用被整合到一个庞大的消费和账单支付场景中。例如,大约80%的用户在阿里巴巴的生态系统中使用三种以上的产品,40%的用户使用五种及以上的产品①。

生态系统带来的商机非常重要。余额宝是中国第一只专门为支付宝设计的在线货币基金,2017年发展成为全球规模最大的货币市场基金。余额宝在嵌入支付宝后,更加受益于平台的协同效应。用户可以直接将支付宝或关联借记卡中的资金转入余额宝,在余额宝上可以购买货币市场基金,也可以在所有消费场景下进行移动支付。用户可以将资金从余额宝中取出,无须支付交易费用。腾讯旗下的零钱通与余额宝类似,于2018年发布,用户可以将资金存入其中赚取利息,也可以将资金用于支付账单、发红包和还款。近年来,通过将投资基金嵌入支付应用程序,阿里巴巴和腾讯重塑了中国基金行业。

交叉销售策略允许资金和数据留存在数字金融生态系统中,从而形成"数据网络活动"(data network activity,DNA)的反馈闭环。嵌入该平台的金融服务既受益于DNA反馈闭环,也促进了DNA循环(Bank for International Settlements,2019)。支付平台的网络外部性吸引了更多的用户,为现有体系创造了更大的价值,产生了更多的数据,使资金发送者和接收者之间的联系更加密切。大数据技术使现有服务趋于多元化,并催生了一些新的服务产品。数据的来源和类型以及相关的DNA协同效应因大型科技平台而异,且它们在核心业务或目标群体上各不相同。例如,作为一个电子商务平台,阿里巴巴从供应商处收集销售相关数据,与个人的资金使用情况和消费习惯相结合。腾讯则另辟蹊径,拓展微信平台强大的社交功能,构建了一个面向消费者的金融网络,挖掘这一庞大的用户群。中国的大科技公司已经建立起将先进技术与大数据分析相结合的金融生态系统。

---

① 资料来源:Eric JING. Ant financial-a global leading techfin company.[2022-08-03].https://www.alibabagroup.com/en/ir/presentations/Investor_Day_2019_AntFinancial.pdf.

6. 结论与启发

数字金融基础设施的发展，在支持新型数字技术提升金融体系效率与能力方面发挥了重要作用。在市场的推动下，大数据中心、计算中心、移动支付系统和征信系统等数字金融基础设施，前期主要是由中国的大型民营科技公司建立和运营的。虽然政府高度重视数字金融基础设施建设，但无论是"硬"基础设施还是"软"基础设施，仍相对落后。因此，我们提出以下建议：

第一，统筹推进软硬件基础设施建设。监管部门应与产业部门合作，帮助协调推进软硬基础设施建设。政府应着手整合机构征信、工商和税务数据。在保障客户隐私等合法权益的基础上，考虑推进政府机构数据与传统金融机构数据、大科技数据的整合与共享。

第二，加强数字金融法治建设。与身份相关的数据很重要，但不应低估其他类型数据（包括不敏感的个人数据）的财务价值。隐私保护并不排斥共享个人信息，而是要有效控制共享过程，避免私人信息被滥用。监管部门应制定或完善相关行为准则，制定行业标准，保护消费者权益。

第三，继续推动金融监管框架改革。不同的监管框架有不同的优势。研究表明，澳大利亚或荷兰式的"双峰"监管框架将审慎监管和行为监管的职能分开，在维稳和创新方面更有效。中国人民银行、银保监会和证监会已经设立了多个金融消费者保护部门，目前更重要的是进一步完善监管框架，尽快实现由机构监管向功能监管转型。

第四，建立金融风险监控机制。在过去十几年中，金融交易发展速度急剧加快，特别是涉及数字技术的领域。过时的金融风险监测系统在数字时代的效率难以满足发展需求，应积极采用新兴数字技术以提高监管效率。由数字技术赋能的风险监测系统需要将来自政府机构、传统金融机构和民营大型科技公司的各种数据进行整合。

第五，审慎平衡金融创新与稳定。近年来，金融创新的动态化产生了一些新的金融风险，如影子银行和数字金融网络效应。然而，不少创新性的业务具有实实在在的商业价值，推动了利率市场化进程，支持了实体经济发展。对于这些创新，监管部门应该持包容态度。在金融科技中广泛使用的监管"沙箱"就是一个很好的例子。对于金融机构和大科技公司提出的金融创新思路,监管部门可以扩大"沙箱"实验,让创新业务在指定的领域或地点运营,以验证创新的有效性,同时控制风险。这样,才能真正平衡好金融创新与稳定。

参考文献

Aker J C, Boumnijel R, McIlelland A, et al., 2013. How do electronic transfers compare? Evidence from a mobile money cash transfer experiment in Niger[Z]. Working Paper. Medford: Tufts University.

Bank for International Settlements, 2019. Big tech in finance: opportunities and risks[R]. Basel: Bank for International Settlements.

Beck T, Pamuk H, Ramrattan R, et al., 2018. Payment instruments, finance and development[J]. Journal of Development Economics, 133(7): 162–186.

Di Falco S, Bulte E, 2013. The impact of kinship networks on the adoption of risk-mitigating strategies in ethiopia[J]. World Development, 43(3): 100–110.

Demirguc-Kunt A, Klapper L, Singer D, et al., 2018. The global findex database 2017: measuring financial inclusion and the fintech revolution[R]. Washington: World Bank.

Gambacorta L, Huang Y P, Qiu H, et al., 2019. How do machine learning and non-traditional data affect credit scoring? New evidence from a Chinese Fintech firm[Z]. Working Paper. Basel: Bank of International Settlements.

Huang Y P, Ge T, 2019. Assessing China's financial reform: changing roles of repressive financial policies[J]. Cato Journal, 39(1): 65–85.

Huang Y P, Zhang L M, Li Z H, et al., 2020. Fintech credit risk assessment for SMEs: evidence from China[Z]. Working Paper. Washington DC: IMF.

Huang Y P, Wang X, 2011. Does financial repression inhibit and facilitate economic growth: a case study of China's reform experience[J]. Oxford Bulletin of Economics and Statistics, 73(6): 833–855.

Huang Y P, Wang X, Wang X, 2020. Mobile payment in China: practice and its effects[J]. Asian Economic Papers, 19(3): 1–18.

Huang Y P, Wang X, 2017. Reforming china's financial supervision system[Z]. Working Paper. Beijing: Peking University.

Hsu P H, Tian X, Xu Y, 2014. Financial development and innovation: cross-country evidence[J].

Journal of Financial Economics, 112: 116-135.

Jack W, Suri T, 2014. Risk sharing and transactions costs: evidence from Kenya's mobile money revolution[J]. The American Economic Review, 104(1): 183-223.

Jagtiani J, Lemieux C, 2019. The roles of alternative data and machine learning in Fintech lending: evidence from the LendingClub consumer platform[J]. Financial Management, 48(4): 1009-1029.

Jakiela P, Ozier O, 2016. Does Africa need a rotten kin theorem? Experimental evidence from village economies[J]. Review of Economic Studies, 83(1): 231-268.

Klapper L, Singer D, 2014. The opportunities of digitizing payments[Z]. Working Paper. Washington DC: World Bank.

Klein A, 2019. Is China's new payment system the future? [Z]. Working Paper. Washington DC: Brookings Institution.

Lardy N, 2008. Financial repression in China[Z]. Working Paper. Washington DC: Peterson Institute for International Economics.

Mbiti I, Weil D N, 2013. The home economics of e-money: velocity, cash management, and discount rates of m-pesa users[J]. The American Economic Review, 103(3): 369-374.

Munyegera G K, Matsumoto T, 2016. Mobile money, remittances, and household welfare: panel evidence from rural uganda[J]. World Development, 79(3): 127-137.

Rajan R G, Zingales L, 1998. Financial dependence and growth[J]. American Economic Review, 88: 559-586.

Riley E, 2018. Mobile money and risk sharing against village shocks[J]. Journal of Development Economics, 135(11): 43-58.

Wang X, Wang X, Huang Y P, et al., 2019. Digital finance and risk sharing: household level evidence from China[Z]. Working Paper. Beijing: Peking University.

Xie X L, Shen Y, Zhang H X, et al., 2018. Can digital finance promote entrepreneurship? Evidence from China[J]. China Economic Quarterly(in Chinese), 17(4): 1557-1580.

Yin Z C, Gong X, Guo P Y, 2019. The impact of mobile payment on entrepreneurship: micro evidence from China household finance survey[J]. China Industrial Economics (in Chinese), 3: 119-137.

The Nielson Company, 2017. The mobile consumer: a global snapshot[EB/OL]. (2017-06-30) [2022-03-09]. Mobile-Consumer-Report-2013-1.pdf(nielson.com).

中国人民银行,2019. 2018年支付体系运行总体情况[R]. 北京:中国人民银行.

第五章
个体对个体(P2P)网络借贷的兴衰

沈艳[*]

---

[*] 沈艳,北京大学国家发展研究院教授,数字金融研究中心副主任。

自产生金融交易以来,人类历史上出现了无数的金融创新,有的好,有的不好,有的还会在好与不好之间来回转换。总体而言,一个好的金融创新至少应该具备两方面的条件,一是满足经济对金融服务的合理需求,二是保证金融风险大体透明可控。所谓合理需求是指借款人不但有以生产、消费为目的的真实融资需求,而且还具备偿还能力。风险透明可控的挑战在于金融交易中信息不对称,由此引发的逆向选择与道德风险问题很容易导致金融交易的失败。

2000年以来,随着数据收集、计算、存储、传输等方面的重大技术进步,发达国家率先出现了个体对个体(peer to peer,P2P)这种基于互联网的借贷和投资模式。2005年3月 Zopa 在英国正式上线。Zopa 是"可达成协议区"(zone of possible agreement)的简称,意指资金出借人和借入人在这一可讨价还价的区域内协商,约定利率、期限和风险承担等各类事项的直接借贷模式。2006年2月5日,Prosper 正式上线,贷款的"eBay 模式"在美国开始运作。2007年,LendingClub 作为第一家将网络贷款证券化的 P2P 平台在美国正式上线。2008年,LendingClub 完成了在美国证监会的注册步骤,此后在平台上发放的每一笔贷款都有对应的证券,并且这些证券可以在二级市场交易。

我国以极大的热情拥抱了这一新的商业模式。2007年,中国第一家 P2P 平台"拍拍贷"推出。2014年,中国 P2P 市场交易总额(2 530亿人民币)超过了美国(66亿美元)和欧洲(39亿美元)。2017年,中国 P2P 市场交易总额达到2.8万亿人民币,而2012年这一数额仅为212亿人民币。[①] 然而,P2P 行业迅速崛起之后,就开始急剧下滑。到2020年10月,所有 P2P 平台都已破产或被要求启动破产清算程序。在短短10年的时间里,中国 P2P 行业经历了萌芽、快速生长、监管规范的全过程。

作为一种基于互联网的借贷模式,P2P 在中国戏剧性的兴衰历程至少留下了四个未被充分研究的问题。第一,中国 P2P 网络借贷的发展经历了哪些阶段?第二,P2P 网络借贷是如何兴起和衰落的?第三,为什么 P2P 网络借贷会衰落?第四,P2P 的兴衰历程对我国发展数字普惠金融和制定监管政策有什么

---

① 资料来源:网贷之家。

启示？回答这些问题将有助于理解数字时代非成熟金融市场发展的一些基本规律。本章旨在梳理这些问题，以阐明 P2P 对未来金融创新和发展的可借鉴之处。

1. P2P 网络借贷的发展历程

P2P 网络借贷是中国金融科技市场的一个重要组成部分，其兴起和衰落大致经历了萌芽、快速生长和监管规范三个阶段。

2007—2012 年为 P2P 网络借贷的萌芽期。2004 年支付宝上线常被视为中国新金融业态的开端（谢平等，2012），而 2007 年可被视为 P2P 网络借贷在我国的发轫年。这一年，在上海成立的拍拍贷是我国第一个直接连接贷款人与借款人的借贷平台。就发展阶段看，2007—2012 年可被视为我国 P2P 网络借贷的萌芽期。在此期间，红岭创投（2009 年）、人人贷（2010 年）、陆金所（2011 年）、宜人贷（2012 年）等知名平台先后成立。根据网贷之家数据，截至 2012 年年底，我国累计出现的网贷平台为 166 家，其中有 150 家正常运营，问题平台数量较少，仅为 16 家。

2013—2015 年为 P2P 网络借贷快速生长期。2013 年 6 月，活期资金管理服务产品"余额宝"在推出不到一周的时间内，用户就超过一百万。随着公众网上理财热情的高涨，P2P 网络借贷也逐渐进入公众视野。这一阶段，"互联网+金融"的发展理念得到了广泛实践。2014 年年底和 2015 年年底，政府工作报告均提出要"促进互联网金融健康发展"。同时，这两年间 P2P 网络借贷平台数量激增：2014 年新增 1 991 家平台，2015 年新增 2 451 家平台，到 2015 年年底，累计出现的平台数已达 5 121 家。Wind 数据显示，2013—2016 年，中国的移动支付增长了十倍以上，从 6.6 万亿元人民币增长到 78.7 万亿元人民币。其他金融科技产品（网络市场基金、P2P 网络借贷、网络消费融资和网络保险）的市场规模也增长了十倍左右，从 1.4 万亿元人民币增长到 15.5 万亿元人民币。2016 年年底，P2P 网络借贷规模约占个人短期贷款规模的 8%。

但随着行业的快速发展，也出现了大量的问题平台。2016 年起个体网络借贷进入监管规范期。虽然 2015 年 7 月十部委联合发布的《关于促进互联网金融健康发展的指导意见》标志着监管部门开始重视 P2P 网络借贷业务的规范，但一系列监管文件从 2016 年才出台。2016 年起，P2P 网络借贷的监管被提上日程，8 月 24 日，银监会出台《网络借贷信息中介机构业务活动管理暂行办法》（简称《办法》）。根据《办法》，银监会同相关部门分别于 2016 年年底、2017 年年初和 2017 年 8 月，发布了《网络借贷信息中介机构备案登记管理指引》《网络借贷资金存管业务指引》和《网络借贷信息中介机构业务活动信息披露指引》，由此，"1+3"（1 个《办法》+3 个《指引》）的制度框架初见雏形。

2017 年，大量 P2P 平台成为问题平台和"现金贷"的猖獗引发公众广泛担忧，这使得监管部门决定对 P2P 网贷市场采取更严格的监管措施。当年 4 月，P2P 网贷风险专治联合工作办公室下发《关于开展"现金贷"业务活动清理整顿工作的通知》，同年 12 月，银监会下发《关于做好 P2P 网络借贷风险专项整治整改验收工作的通知》，标志着 P2P 网贷风险整治已成为监管工作的首要任务。从那以后，市场预期变得悲观，贷方对市场的信任度大大降低。2018 年年中，新一轮网贷风险爆发，监管部门再次宣布推迟 P2P 平台的备案。2018 年，问题平台已超过 900 家。

2018 年 8 月，监管机构发布《关于开展 P2P 网络借贷机构合规检查工作的通知》，并附《网络借贷信息中介机构合规检查问题清单》，正式启动行业合规检查。按照监管要求，网贷机构将按照"1+3"制度框架，采取机构自查、自律检查和行政检查三部分的监管流程，对资金池、自筹资金、支付、信息披露等板块进行重点检查。《网络借贷信息中介机构合规检查问题清单》列举了合规检查重点关注的内容，如是否违反禁令，是否违反法定义务和风险管理要求，是否履行对贷款人和借款人的保护义务，是否违反信息披露要求，是否违反关键领域监管要求，是否违反其他相关法律、法规和监管规定等。2018 年 12 月，监管机构发布了《关于做好网贷机构分类处置和风险防范工作的意见》，针对 P2P 网贷机构的风险状况进行了有效分类，并明确了一一对应的处置方案。

2019 年 1 月，监管机构下发了《关于进一步做实 P2P 网络借贷合规检查及后续工作的通知》，宣布将从 2019 年第一季度开始，开展互联网金融领域合规检查工作以及整改效果的验收检查。

此后，监管部门一直保持严格的监管态势。2019 年第三季度，互联网金融整治领导小组和网络借贷整治领导小组联合召开网络借贷风险专项整治工作座谈会。会议指出,整治工作将继续严格落实降机构数量、降行业规模、降涉及人数的"三降"要求,利用合规检查、多方监测、系统分析等手段对机构进行穿透式核查,加大良性退出力度。2020年11月,银保监会宣布,互联网金融风险大幅降低,截至当年11月中旬,全国实际运营的P2P网贷机构完全清零,标志着中国的P2P借贷市场实际上已经不复存在。

本节用三张图来刻画P2P借贷的兴衰历程。图5.1比较了累计运营平台数和正常运营平台数。可以看到,截至2012年年底,我国累计出现的网贷平台为166家,其中有150家正常运营,问题平台数量较少。但从2013年起,累计运营平台和正常运营平台均开始加速出现。2013年累计出现平台数仅为679家,而到2014年累计平台数就达到了2 670家,2015年这一数值更是达到5 121家。但从正常运营的平台数来看,2015年达到正常运营平台数量的巅峰3 433家,此后逐年下降到2 448家、2 411家、1 073家、344家。到2020年年底,正常运营平台基本清零,也就是说,到2020年年底这一市场基本消失。

图 5.1 累计运营平台数和正常运营平台数

资料来源:网贷之家。

与平台数量变化趋势类似的是P2P网络借贷的交易规模。图5.2展示了2014年以来的月度新增交易额。随着时间的推移,最初月度新增交易额出现爆发式增长,从2014年1月新增117亿元到2017年7月新增2 540亿元,可见,投资者对这一市场热情极高。P2P市场交易总额在2014年已经跃升至世界第一,达 2 530 亿人民币,超过了美国(66 亿美元)和欧洲(39 亿美元)。在 2017 年,P2P 网络借贷年度交易总额达到 2.3 万亿人民币(李苍舒,沈艳,2018)。但此后则开始走下坡路:2019 年 12 月,月度新增仅为 428 亿元,回到了 2015 年年初的水平。

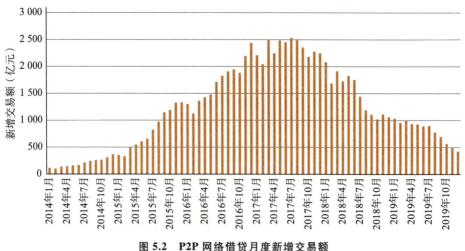

图 5.2　P2P 网络借贷月度新增交易额

资料来源:网贷之家。

还有一个考察 P2P 网络借贷兴衰的视角是媒体情绪。在 P2P 网络借贷十多年的发展进程中,媒体不仅见证和报道了潮流方向的变化,而且它们还有一定的超前性。为了量化媒体报道的情绪,采用王靖一和黄益平(2018)的方法,作者收集从 2013 年 3 月到 2019 年 10 月间约 1 800 万条经济和金融新闻大数据,利用潜在狄利克雷分配(latent dirichlet allocation, LDA)和层次狄利克雷过程(hierarchical dirichlet process, HDP),从媒体关注度和新闻文本情绪指数这两个维度来刻画中国金融科技市场的媒体情绪。这里我们重点展示新闻文体情绪指数。

周度新闻文本情绪指数是通过汇总一周内发布的所有数字金融新闻的情绪得分计算而成。我们为每篇新闻计算三种情绪分数:积极情绪分数、消极情绪分数和净情绪分数。净情绪分数可以计算为前两者之和,也可以计算为比例情绪,即积极情绪分数除以消极情绪分数的绝对值。比例情绪指标大于 1 则表明积极情绪新闻的比例高于消极情绪新闻的比例,等于 1 则表明二者相当,小于1则消极情绪占上风。我们采用比值净情绪,因为该指标更易于理解,并且可以取对数。图5.3描述了2013年1月到2019年10月的新闻文本情绪指数变化。可以看到,在余额宝上线之前,新闻文本情绪以负面情绪为主。但从2014年下半年起,媒体对于互联网金融的情绪逐渐升温,截至2015年12月,每周净情绪指数基本呈上升趋势。e租宝事件虽然是负面新闻,但此后情绪指数又有回升,表明媒体更倾向于认为e租宝事件是个例。但此后,对互联网金融的热潮开始消退,到2016年8月《网络借贷信息中介机构业务活动管理暂行办法》发布后,新闻文本情绪指数就一直由负面情绪主导。尤其是在2018年6月大批P2P平台"爆雷"期间,比例净情绪指数一度跌至0.29,反映了媒体对于互联网金融发展的悲观态度。

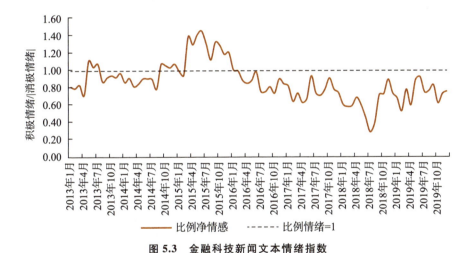

图 5.3 金融科技新闻文本情绪指数

注:比例净情绪=积极情绪/|消极情绪|。

资料来源:作者计算。

2. P2P 网络借贷的兴起与异化

2.1　P2P 网络借贷兴起的背景

低收入人群和小微企业融资难的问题一直是中国金融体系的一块短板,这是中国P2P网络借贷兴起的一个重要背景。虽然自2006年以来,政府也采取了一些措施发展普惠金融,但进展十分有限,常规的金融体系仍然难以满足大部分中小企业、农户、城市低收入家庭、新生代人群在消费贷等领域的金融需求。虽然世界各国发展普惠金融的困难普遍存在,但在中国尤为突出。一方面,正规金融机构在配置金融资源时偏好国有企业、大型企业;另一方面,由于存在长期对存贷款利率的干预,金融机构无法真正做到风险定价。可以说,抑制性金融政策是中国发展普惠金融更加困难的一个重要因素。

P2P网络借贷具有巨大的发展潜力,主要是因其可以通过两种机制来促进普惠金融的发展:一是利用互联网技术推动直接借贷,二是在有利于风险分担机制方面的创新。世界上第一个P2P平台Zopa于2005年在英国成立。Zopa的含义是"可达成协议区",这一名字的想法是,通过建立一个区域,使借款人和贷款人可以直接会面,并就利率、条款和风险分担达成一致。美国第一个互联网贷款平台Prosper于2006年成立,它采用的是类似于在线拍卖的"eBay贷款模式"。2007年,LendingClub成为第一个利用债券形式进行互联网放贷的平台。

Zopa、Prosper和LendingClub至少有两个共同特征。第一,所有的交易都在线上完成,没有线下业务。第二,风险分担的具体事项是由借款人和贷款人通过直接谈判决定的。这种商业模式对银行在金融活动中的中介角色造成威胁,借款人会逐渐接受一个理念:向穷人放贷也可以是有利可图的。这与2006年孟加拉国的穆罕默德·尤努斯(Muhammad Yunus)因创建格莱珉银行而获得诺贝尔和平奖有异曲同工的作用。由于客户很穷,格莱珉银行使穷人可以在没有担保的情况下获得贷款。P2P网络借贷的业务模式为这一理念带来了新的可能。

对中国而言,这两种渠道对于发展中国普惠金融均具有可借鉴之处。与此同时,以下五个方面的发展,也让P2P网络借贷逐渐成为中国借贷市场新的业务模式。

一是21世纪初我国的信贷服务供给与需求仍存在的巨大缺口。经过三十多年的经济高速增长,中国的中产阶级规模已经接近欧洲的人口规模,居民对多元化投资理财渠道的需求上升。虽然中国目前的正规金融体系渗透率较高,但是常规金融公司的目标客户是少部分高净值客户,而不是大部分普通客户。黄益平(2016)的研究显示,中国有超过70%的中小企业、农户和城市低收入家庭未享受到金融服务,或者未能享受到足够的正规金融服务。另外,对于新生代群体在消费贷等领域的金融需求,常规金融公司往往也难以满足。

二是技术从 2000 年开始出现质的飞跃。2000 年,人工智能、大数据、区块链和云计算等今天为人们熟知的技术,均开始加速发展。这使得计算机芯片、软件、存储芯片、网络和传感器等领域都得到技术改进,从而让科技公司的计算机存储、处理、分析数据能力大大提升,大数据的开发成为可能,并在此基础上孵化出平台型企业等新业态。新技术与新业态的出现为发展 P2P 网络借贷提供了技术基础。

三是互联网的快速发展为 P2P 网络借贷提供了较为完善的基础设施。截至 2013 年 12 月,中国网民人数已经达到 6 亿,互联网普及率为 45.8%。当时可以预见的是,互联网在中国仍有广阔的发展空间。根据《中国互联网网络发展状况统计报告》,截至 2020 年 12 月,我国网民规模达 9.89 亿,较 2020 年 3 月增长 8 540 万;互联网普及率达 70.4%,较 2020 年 3 月提升 5.9 个百分点;网络支付用户规模达 8.54 亿,较 2020 年 3 月增长 8 636 万,占网民整体的 86.4%;手机网络支付用户规模达 8.53 亿,较 2020 年 3 月增长 8 744 万,占手机网民的 86.5%。移动终端的不断普及、P2P 网络借贷基础设施的不断完善,显著降低了 P2P 网络借贷的成本。

四是资金来源丰沛。规模逐渐壮大的中等收入阶层渴望获得多元化的财富管理工具。与此同时,风险投资机构对个人网上借贷平台的发展持乐观态度。例如,2014 年,每个网贷平台平均获得约 2 000 万美元的风险投资,其中拍拍贷当年获得 5 000 万美元的风险投资。

五是金融服务数字化转型的人才、技术障碍得到克服。改革开放以来,中国高等教育获得长足进步,涌现出大量高精尖人才。中国积极参与全球化进程,产业结构得以不断优化,构建了数字化金融服务的新场景。近年来,金融科技公司不断提升的大数据分析能力,降低了获客成本,提供了新的风控思路,场景化精准定位、服务长尾客户的创新层出不穷。

2.2　P2P 网络借贷的异化

要理解 P2P 网络借贷兴衰的历程,就需要理解业务模式如何从信息中介,逐渐异化成信用中介乃至"庞氏骗局"的历程。

成立于 2007 年的拍拍贷采用的是线上直接借贷的业务模式。作为纯粹的信息中介，该平台上的所有交易都在线上完成，平台也不承担借贷过程中的种种风险。2009 年，红岭创投在深圳成立，开启了对贷款人的资金作担保，以保障贷款人资金安全的借贷模式。2010 年，人人贷成立，它重点针对具有高度增长与发展潜力的人群发放贷款。到 2012 年，不同所有制、不同背景的平台相继涌现，如宜信旗下的宜人贷、平安集团旗下的陆金所、国家开发银行旗下的开鑫贷等。

这些新平台的出现为普惠金融的发展带来了希望。新技术的加持，似乎可以为那些原本无法借款的人提供以较低利率获得资金的途径。另外，各方对 P2P 网络借贷助力中国利率市场化也抱有很大期待。

但不孚众望的是，P2P 网络借贷平台逐渐由信息中介异化为信用中介。从业务模式来看，最早成立的拍拍贷采取真正的点对点直接借贷模式，该模式下拍拍贷不参与借贷双方资金往来，也不承担违约风险。这一模式的缺陷是贷款人出借意愿不高、规模增长缓慢。一是因为贷款人识别合格借款人的成本很高。征信体系的不完善导致没有征信记录的借款人违约成本低，从而影响贷款人的出借意愿。二是由于直接投资渠道有限，居民缺乏有效投资工具，贷款人习惯于刚性兑付而不愿承担风险。大多数贷款人认为，P2P 网络借贷应当与银行存款等理财产品类似，平台必须确保自己拿到预期的本金和利息，本质上由贷款人承担全部风险的投资模式难以保障资金规模的稳步增长。

为解决资金来源问题，P2P 网络借贷平台演化出两种新模式。一是以红岭创投为代表的"全兜底"模式，二是以人人贷为代表的"风险备付金+组合产品"的"半兜底"模式。"全兜底"模式下，平台给出既稳定、又具有吸引力的平均年化回报率，同时为不同级别的贷款人提供分类保障计划，如 VIP 会员可享受本息全额垫付保障，非会员享受 50% 的本金垫付保障。当借款人不能按期偿付本息时，由平台向投资者完成本息垫付。"半兜底"模式下，平台一方面设立风险备付金，另一方面将不同收益与风险的标的分拆打包，相当于平台为购买相应理财产品的贷款人做了分散风险的资产配置。如果风险定价总体上可以覆盖违约损失，那么大多数投资者可以按期收回本金，并获得相应收益；在资产配置未能实现完全分散风险的情况下，一旦出现损失，则由平台从风险备付金中拨出一部分偿付贷款人。"半兜底"模式成为大部分平台采用的业务模式,业务规模和利润空间得以扩大,但代价是将借款人逾期、违约等相关信用风险全部或者部分集中到了平台自身。

"半兜底"模式带来了三个新问题。第一,该模式对贷款人的专业能力、时间、精力要求高。由于借款期限常在 24—36 个月不等,等额本息是最为常见的还款方式。第二,如果按照拆分的细标分期付款,一次仅 100 元的借贷可能会衍生出数百乃至上千次小额支付行为。而 P2P 网络借贷平台多为没有支付牌照的互联网背景企业,小额海量支付成本高昂。第三,贷款人往往偏好期限较短的标的,而借款人希望借款期限较长,因此贷款人与借款人之间存在借款期限的错位。平台要实现快速拆标打包,就需要有大量贷款人和借款人以实现对多样化需求的快速匹配,但大部分平台的贷款人和借款人有限。

作为解决上述问题的工具,自动投标、资金池、滚动募资开始进入公众视野。为提高资金使用效率和投资收益,并方便贷款人管理出借期内的回款,平台为贷款人提供了自动投标服务,即贷款人可以选择在标的满期或者还款到账后,由平台自动帮助再次投标。为降低支付成本,平台将同一贷款人或者借款人在一段时间内的若干笔支付合并成一笔,再分别支付给贷款人或者借款人,这样就出现了资金池。此时,贷款人只需将自己的投资一揽子支付给平台,平台再将资金按标的汇集支付给借款人。这样,贷款人不需要多次决策,大幅降低了支付次数。至于期限错位问题,网贷平台则通过如下居间服务来解决:当原贷款人需要流动性的时候,就在平台示意要转让债权;经过平台撮合,新贷款人受让原贷款人持有的借贷债权,并获得其后的债权收益。如果转让成功,原贷款人可以退出,否则就需要持有债权直至到期,这就形成了滚动募资。

自动投标、资金池和滚动募资的出现将个体与个体的直接借贷关系转化成借贷双方与平台的支付关系。至此,贷款人与借款人之间的现金流不再穿透,贷款人自担风险不再可行。平台业务模式就逐渐由点对点居间服务转化为平台为贷款人提供固定收益、平台为相关风险提供担保的模式。

在鼓励互联网金融创新的大背景下,2014—2015 年,各地政府提出不少鼓励 P2P 网络借贷发展的措施,这为 P2P 网络借贷爆发式增长提供了土壤。P2P 网络借贷平台从信息中介异化为信用中介的现象变得更为普遍,平台经营策略也向"重流量""轻风控"的方向转变。这具体表现在以下三个方面:第一,平台对资金采取来者不拒的态度,贷款人适当性甄别不足。根据网贷之家的调查,2017 年贷款人至少有四成在 40 岁以下,八成贷款人月收入在 1 万元以下,三成以上贷款人月收入不超过 5 000 元。第二,P2P 网络借贷行业进入门槛低,平台数量增长过快。平台重扩张轻风控的经营策略,导致很多不合格借款人也获得了资金。第三,一些平台开始出现重复借贷和多头借贷的现象。

从上述发展历程可知,在外部竞争加剧、内部获客成本提高等因素的推动下,不少 P2P 网络借贷平台的业务模式逐渐由纯信息中介,转向重视风控、赚取贷款利差的信用中介,进一步异化成通过借新还旧来维持运营、赚取利润的模式,即"庞氏骗局"。

3. 为什么 P2P 网络借贷会在中国衰落

在介绍 P2P 网络借贷兴起和异化过程之后,需要进一步探究的重要问题是,为什么商业模式不可持续的 P2P 网络借贷在中国曾一度风生水起,以及为什么 P2P 网络借贷的衰落在一定程度上是不可避免的。中国中小企业和个人"贷款贵""贷款难"的困境,主要是因为信息不对称导致正规金融机构从他们中识别合格借款人的成本较高。因此,正规金融机构的业务对象主要是信用排名前 20% 的优质借款人。对 P2P 网络借贷平台来说,正规金融机构的服务供给不足为其提供了巨大发展空间,但如何从信用排名后 80% 的借款人群中遴选相对优质的借款人,并给出合理的风险定价,则是它们面临的主要挑战。

无论是线上贷款还是线下贷款,都不能忽略向中小企业和个人贷款的信用风险,这些风险包括事前的逆向选择风险和事后的道德风险。在传统的金融体系中,逆向选择风险主要通过事前的尽职调查和审批来化解,应对事后的道德风险有四种方式:提供司法担保、提供显性或隐性担保、提供抵押品和上交风险保证金。

随着互联网的快速发展,人工智能、大数据等新技术为管理信用风险带来了新希望和新对策。大数据风控为化解事前的逆向选择风险提供了新途径,其他的新技术手段也为贷后管理提供了新的可能。例如,以汽车为抵押的网络贷款就是新的尝试。借款人可以将汽车抵押后驾车离开,平台将使用 GPS 跟踪汽车行驶路径。如果车主不还贷款,平台仍然可以找到汽车。通过这种方式,平台节省了存储车辆的成本,车主也可以正常使用车辆,即使它已经被用作抵押品。

然而,这种金融创新需要建立在一些基础之上。总体来说,中国 P2P 网络借贷的失败可以归结为违背了这一原则。我们着重讨论四个基础条件:成熟的数字基础设施、可持续的业务模式、既能促进创新又能去芜取菁的监管态度和成熟客观的媒体态度。

3.1 数字基础设施

金融创新过程中,发展 P2P 网络借贷的数字基础设施不成熟这一点可以从四个角度来看。一是中国 P2P 网络借贷的发展落后于欧美国家,二是 P2P 网络借贷的借贷结构在不同模式下存在差异,三是中国缺乏成熟的征信系统,四是监管部门缺乏系统、客观的统计数据。

第一,作为发展中国家,中国的 P2P 网络借贷是在金融抑制比较强的背景下出现的。根据沈艳和李苍舒(2019)的统计,2015 年美国的人均 GDP 约为 5.6 万美元,为英国人均 GDP 的 1.3 倍、德国人均 GDP 的 1.4 倍,同期美国消费贷的人均交易额却达到 2.8 万美元,约为英国人均 GDP 的 2.9 倍、德国人均 GDP 的 4.3 倍。中国则属于"未富先网贷"的情况。2015 年中国的人均 GDP 约为美国人均 GDP 的 15%,然而中国人均网络贷款额却高达 3 万美元。虽然 2016 年和 2017 年由于中国的贷款项目数的增长超越了行业规模增长速度而导致人均贷款额有所下降,但人均消费贷水平仍与不少发达国家相当。

第二,从借贷结构来看,沈艳和李苍舒(2019)将主要 P2P 网络借贷结构模式概括为美国模式、英国模式和中国模式,英美两国在资金端和资产端各有特色。美国模式是少量机构贷款人对大量个体借款人的模式。具体来说,美国网络借贷市场的贷款人以机构贷款人和具有雄厚资金实力的合格贷款人为主,虽然不同细分市场有所差异,但 2016 年机构贷款人和合格贷款人占所有贷款人的比例在不同细分市场中最低为 53%,最高比例超过了 90%。美国市场的借款人以个人为主,借款的主要目的是用于偿还信用卡或其他债务周转。

英国模式则是大量个体贷款人对大量中小企业借款人的模式。从贷款人结构看,2017年英国P2P网络借贷投资额的70%来自个体贷款人,剩下的30%来自机构贷款人。从借款人角度看,2015年英国P2P网络借贷市场给中小企业的贷款为1.49亿英镑,消费者贷款为0.91亿英镑,房地产贷款为6.09亿英镑,企业贷款占比约为62%[①]。

中国模式则是大量个体贷款人对大量个体借款人的模式。2017年借款总人数已经接近4 000万,为2016年人数的2.6倍,同时,借款人数超过了贷款人数。美国模式中贷款人实力雄厚,有较强风险识别能力。一来贷款人因资金实力雄厚可以做好资产配置,充分分散风险;二来他们不会有刚性兑付需求,即便投资失败也不易引发社会动荡。英国模式虽然贷款人数众多,但无论是企业贷还是消费贷,其中35岁以上的贷款人所占比例超过了85%,年龄超过55岁的投资者占比在这两类贷款中都已经过半。英国P2P网络借贷资产端多为中小企业,资金去向比较明晰,借款人造假骗取资金离场的可能性较低。

相比之下,中国借贷两端都以自然人为主。根据网贷之家的调查,2017年P2P网络借贷贷款人至少有40%在40岁以下,80%的贷款人月收入在10 000元以下,30%以上的贷款人月收入不超过5 000元。从借款端看,网贷之家对数字消费金融头部平台的抽样调查显示,超过80%的借款人年龄为20—40岁,月收入在4 000元以下的超过50%。因此,总体上,借贷资金在大批习惯于刚性兑付的年轻投资者和大批收入较低的年轻借款人之间流动。

第三,英美两国都有较完善且比较相似的征信系统,其中美国征信分FICO主要由益博睿(Experian),艾贵发(Equifax)和环联(TransUnion)根据FICO公司提供的算法、不同的数据集构建,英国则由信用呼叫(Callcredit),艾贵发(Equifax)和益博睿(Experian)来构建类似的信用评分体系。所以英美两国判断个体借款人资质的成本较低。比如美国Prosper的借款人中80%的FICO分都在680分以上,LendingClub的贷款也集中于优质个体借款人。与之相比,中国征信体系不发达,2015年央行征信系统中有信贷记录的人仅为3.8亿。因此,网络借贷平台判断借款人资质的成本较高,而且借款人逾期或者恶意赖账的信息也无法纳入征信系统。

---

① 资料来源:《2015年英国互联网金融行业研究报告》。

第四，和英美等发达国家相比，中国在P2P网络借贷金融统计方面还比较落后，缺乏系统和准确的相关金融数据统计。英美两国对贷款人中自然人和机构贷款人的占比、企业贷和消费贷的占比、借款人资质、借款用途等信息，每年都有较为详尽的统计。例如，统计显示，英国小微企业从P2P商业贷款获得的贷款规模已经达到银行贷款规模的15%。中国P2P商业贷款在发展过程中，缺乏官方统一的统计口径，更没有可以和国际统计接轨的统计指标。

3.2 业务模式

业务模式不可持续是中国P2P商业贷款走向衰落的根本原因之一。我们在前文分析了P2P商业贷款从信息中介演化到信用中介，进一步异化为"庞氏骗局"的过程。如果平台确实具有强大的数据分析能力和风控能力，那么网络借贷的风险或可缓释。

但是，沈艳和李苍舒（2019）的研究显示，大部分P2P网络借贷平台缺乏有效的贷前信用评估、贷后风险控制和数据分析能力。贷前信用评估至多是收集一些简单的个人信息，贷后风险控制又缺乏合规有效的催收办法。于是很多不符合借款条件的人进入借贷市场，本来有偿还能力的部分人也不偿还借款，市场进入恶性循环，各类风险逐渐累积。

具体来说，由于信用信息缺乏、网贷门槛低，出现了大量信用较差的借款人和多头借贷现象，可能导致信用风险；由于P2P网络借贷投资门槛低，投资者偏好刚性兑付，且承担风险能力低，出现不利消息时贷款人因恐慌而挤兑，平台资金的期限错位可能导致流动性风险；由于平台运作不合规，一些线上"回租""回购"模式的实质是将消费金融、租赁等传统业务与P2P网络借贷糅合在一起的违规操作，可能导致被监管部门取缔的合规风险；由于平台被黑客攻击或客户隐私信息被平台泄露，可能导致操作风险；由于P2P网络借贷算法采用类似模型导致加剧顺周期波动，可能导致市场风险等。

就业务模式的不可持续性，李苍舒和沈艳（2018）的实证研究提供了相应证据。通过对P2P网络借贷风险事件前后风险传染的研究，李苍舒和沈艳（2018）发现问题平台与正常运营的平台有很大差距，问题平台的出现主要是由于其商业模式不可持续，而不应归因于无法事先预料的风险。

3.3 监管态度

监管当局对金融创新的态度是决定商业模式是否可持续的重要因素。与欧美地区的发达国家相比，中国对 P2P 网络借贷的监管经历了由包容到严格的历程，但欧美国家从 P2P 网络借贷出现之初就对其采取了严格的监管态度。

2008 年金融危机后，美国对 P2P 网络借贷平台采取非常严格的监管措施，其严格程度至少和对银行的监管相当。2008 年以后美国 P2P 网络借贷平台主要采取两种运营模式，一种是直接借贷(direct lending)，是平台从机构贷款人或者合格贷款人处获取资金后直接放贷给借款人。另一种是平台借贷(platform lending)，是由第三方银行为每一笔贷款发行一份证券，平台实际担任证券承销商的角色，将证券卖给贷款人。对于直接借贷，美国要求 P2P 网络借贷平台在哪个州展开业务就需要获得该州的经营牌照，并遵守该州与借贷相关的各种法律。对于平台借贷，则应接受证监会监管。

英国模式中，监管当局主要是金融行为监管局(Financial Conduct Authority，FCA)，该局要求 P2P 网络借贷需要有相关牌照。在 FCA 接手之前就已经在运营的平台，可以凭持有的公平交易办公室牌照(office of fair trading, OFT)展开临时业务，并重新向 FCA 申请牌照。FCA 接手后才成立的平台则必须获得 FCA 牌照才能经营。同时，英国 P2P 行业协会在 P2P 监管规范化的过程中发挥了重要的作用。另外，英国模式提出了用监管沙盒来测试创新产品的方法，这一方法可以在创新和防范风险之间达到较好的平衡。

不管是被定位为信息中介还是信用中介，P2P 网络借贷都应该是一个小众业务。在英国和美国，P2P 网络借贷的规模非常小，在中国也不应该是例外。在征信系统、信用文化不发达的环境里，只有极少数的平台能做好信息中介，它们在贷款人眼中有一定的信誉，对借款人有有效的信用评估手段和催收办法。如果做信用中介，就需要达到金融中介资质能力的要求，并接受诸如资本金、流动性和规模扩张等方面的法律监管。

在 P2P 网络借贷发展的初期，中国采取非常宽容的监管态度。从 2007 年到 2015 年，监管部门对 P2P 网络借贷没有出台明确的监管文件，既不表态 P2P 网络借贷必须做信息中介，也不说 P2P 网络借贷不能做信用中介；既不设定资质要求，也不发金融牌照。金融牌照没有在 P2P 网络借贷行业体现出应有的稀缺性。这样就吸引了一大批缺乏资质、不负责任的平台进入这个行业，它们既不懂技术，也不懂金融。直到 2015 年 7 月，十部委印发《关于促进互联网金融健康发展的指导意见》，才明确网贷平台的信息中介定位。但是，在大部分平台不具备做"信息中介"条件的情况下，监管部门虽然要求平台是信息中介，但也没有提出相应的具体条件和整改要求。

监管态度的模糊，让 P2P 网络借贷平台开始野蛮生长。为了发展业务，许多 P2P 网络借贷平台开始做各种增信，从资金池到各种担保、兜底，因此形成了业内普遍的额度转换、期限转换、风险转换，实际就是做成了信用中介，将风险几乎全部都集中到了平台上。对于违约的借款人，要么野蛮催收，要么完全不催收，通过快速扩大资金周转量来维持平台的运转。这样一来，即使原本很多做得还不错的平台，最后也被迫变成了"庞氏骗局"，只有吸引越来越多的资金，平台才能正常运转。而为了吸引更多的资金，平台甚至开始提供投资担保甚至虚假承诺。

2015—2017 年建立起的监管框架对 P2P 网络借贷平台提出了很多要求，主要集中在三点。首先是信息中介的定位。如果严格要求平台信息中介的定位，并停止增信，那么绝大部分平台都不可能合规。其次是虽然后续明确了银监会、保监会与地方政府共同承担监管责任，但职责分工仍然不够清晰。最后是备案制。即便定位为信息中介，监管部门也应该设立统一的准入门槛，并发放金融牌照。备案标准迟迟没有公布，截止期限一推再推，直接导致了 P2P 网络借贷行业的泡沫破灭，投资者对整个行业的信心崩溃，从 2018 年年初开始，大量资金流出，年中流出资金达到峰值。因为投资者无法判断平台的质量，不清楚哪些平台可以生存、哪些平台只能退出，所以资金流出就成为一个系统性的问题。开始的时候，失血比较严重的都是经营时间比较短、规模比较小的平台，但到 2018 年年中，经营时间比较长、规模比较大的平台也逐渐成为问题平台，直至最终明确要求"三降"而宣告行业衰亡。

也就是说，在 P2P 网络借贷行业经历了八九年的野蛮生长之后，逐渐明确的合规条件是绝大多数平台根本无法满足的。如果监管部门的目的是要帮助 P2P 网络借贷平台成为信息中介，那就应该为它们创造一些必要的外部环境，比如开放央行征信系统，或者协调开放一些民间的征信系统，建立"黑名单"制度，减少共债，遏制"老赖"持续拖欠债款。但可惜的是，监管部门在短期内并未采取这些措施。

3.4　媒体态度

对于 P2P 网络借贷这种尚未成熟的金融市场，信息对称对投资者的财务决策至关重要。由于监管不够完善、数据准确性和可比性较差、企业信息披露不够等原因，投资者缺乏投资理财方面的信息服务，只能依靠媒体来收集关于非成熟市场发展状况的信息。因此，与成熟金融市场相比，媒体在新兴金融市场中的影响力可能更大。

沈艳和王靖一（2021）通过考察媒体报道和新闻文本情绪评估了媒体报道在网络借贷市场的作用。他们的研究发现，媒体关注度和新闻文本情绪都会对交易量产生影响，且主要是因为媒体向投资者传达了关于市场长期趋势的信息。他们还发现，对小平台而言，被媒体报道本身比新闻是正面的还是负面的更重要，那么平台就可能通过炒作的方式吸引公众注意力，从而影响交易量。而大平台的交易量对新闻报道的情绪更敏感，这就对媒体报道中的客观性、公正性提出了更高要求。

媒体情绪对 P2P 网络借贷行业产生影响，主要是通过影响贷款人和借款人行为的机制。具体来说，沈艳和王靖一（2021）发现，媒体报道显示的行业情绪越差，会使贷款人的投资意愿越弱，不还款的借款者越多，新增借款人资质较差的可能性也越大。负面的媒体报道情绪和低的违约成本，加速了 P2P 网络借贷平台的衰亡。

4. 经验和教训

以上的分析表明，中国的 P2P 网络借贷行业是一个失败的金融创新案例。令人唏嘘的是，这个行业本来有非常好的普惠金融基因，但最后方向走偏了。就其失败的原因看，本章总结了四点，分别是数字基础设施不够完善、业务模式不可持续、前期监管态度过于包容、媒体情绪对市场产生消极影响。本节我们总结P2P网络借贷的兴衰历程对未来金融创新的启示。

可以思考的是,在哪些环节作出改变,P2P网络借贷的发展就可能走出一条不同的发展道路。

第一个场景是,2007年拍拍贷上线的时候,如果监管部门就将其纳入监管框架之中,之后凡是想做P2P网络借贷业务的都必须达到一定的资质要求,特别是要具备风控的能力。无论P2P网络借贷的定位是信息中介还是信用中介,平台数量可以得到控制,业务发展不会这么快,平台质量会相对比较高,业务模式也会比较规范,就不会出现后来鱼龙混杂的局面。

第二个场景是,如果监管部门真的看到P2P网络借贷普惠金融的价值,而愿意支持其健康发展,那就可以积极为P2P网络借贷创造一些有利的发展条件,比如说建设信用文化、打击逃废债等。这就有可能减少一些贷款人、借款人和平台的极端行为。

第三个场景是,如果2016年出台《网络借贷信息中介机构业务活动管理暂行办法》之后当机立断地采取处置措施,比如制定优质平台的标准,而对于大部分达不到这一标准的平台,除了给予适当的调整期限,还可以采取一些措施稳定市场情绪,比如迅速建立P2P网络借贷行业的借贷信息系统,尽可能地保障贷款人的合法权益,即使平台倒了,借款人的债务和贷款人的债权也不会随之消亡。

当然,站在旁观者的角度,监管方的态度也可以理解。我国过去实行的是分业监管模式,即证监会监管证券业,银监会监管银行业,保监会监管保险业。到了中国数字金融元年(2013年),P2P网络借贷行业飞速成长之际,政府工作报告很快肯定了互联网金融的发展前景。在这种状况下,监管部门也就没有采取严格的监管措施。2015年下半年开始,P2P网络借贷问题平台出现的速度加快,但对于这一新生事物,各监管部门都没有监管经验,存在相互推诿监管责任的可能性。如果将所有平台都定位为信用中介,那么监管部门根本无法在监管其他金融机构的同时,兼顾对五千多家P2P网络借贷平台的监管。这就导致监管机构即便知道信用中介的定位并不合适,也没有更合适的解决办法。但是,P2P网络借贷行业的衰亡伴随着大量贷款人的损失,未来如何从监管角度防止这样的悲剧再次重演,是一个值得思考的问题。

要梳理 P2P 网络借贷的兴衰对于金融创新发展与监管的启示,就需要对以下几个问题进行深入思考与回答。第一,谁来监管新业务/新行业?第二,如何在一种商业模式给公众造成巨大损失之前,判断它是否具有可持续性?第三,新业务/新行业在起步阶段需要采取哪些措施来防范未来可能出现的风险?

第一个启示是,功能监管可能更适用于金融科技企业。功能监管是指,不论何种金融机构,对金融活动按照其性质进行监管,对具有相同功能和法律关系的金融产品按照相同规则进行监管。例如,无论是提供资金,还是提供渠道,只要机构从事的是信贷业务,都要在统一的框架下接受监管。

具体对金融科技平台的监管而言,P2P 网络借贷的发展可能提供了如下启示。一是功能监管的目标不应局限于持牌经营机构。对于新的金融业务,只要其业务模式具有金融业务的性质,都应该将其纳入监管范围内。二是功能监管应基于产品维度而非机构的资产负债表维度,这样就对表外业务具有独特的监管效力。三是针对金融科技平台,还应加强行为监管,以法律合规和消费者保护为重点,着重关注关联方交易、平台垄断、数据产权和个人隐私等问题。

第二个启示是,加强数字基础设施迫在眉睫。如果平台无法有效识别借款人的信用风险,也就无法进行高质量的大数据风控。加快征信系统的建设,建立收集个人信息的标准,以明确应当如何收集数据,如何构建用于分析数据的算法,如何识别数据源的真实性、及时性和有效性,从而促进真实信息共享,保护数据隐私。

第三个启示是,需要大力发展监管科技,以跟上创新步伐,改变监管落后于创新的被动局面。2019 年以来,中国人民银行借鉴英国"监管沙盒"而设立的"金融科技创新试点"是发展监管科技的重要尝试。这一监管科技的创新至少在三个方面不同于传统的金融试点。首先,金融科技试点侧重于创新测试。处于金融创新前沿的企业,需要判断它是否真的有创新之处,并防范相应的风险,而传统的试点侧重于测试发达国家的成熟企业是否也能进入中国市场。其次,金融科技试点提供了宽松的创新环境。传统金融试点的重点是提供宽松的市场环境,主要是选择部分地区或特定行业,对试点单位或地区给予税收、工商登记等方面的优惠政策。最后,金融科技试点涉及监管机构和企业之间的动态互动与协作,而传统的金融试点侧重于静态干预。综上所述,金融科技创新试点与传统金融试点相辅相成,共同促进金融创新。

第四个启示是,发展未成熟金融市场时,需要进行恰当的舆情管理,提高信息透明度。为了让媒体在新兴金融市场发展中发挥恰当的作用,监管部门、媒体、企业和投资者均可有所作为。对监管部门来说,要坚持"实事求是"这一原则,容许新闻媒体全面、客观报道有关市场的正面或负面信息。在政策鼓励一项新兴产业发展时,要避免出现一窝蜂正面报道的现象,更要欢迎对弊端、困难、问题的讨论。在行业出现一些动荡、危机,或投资者出现恐慌情绪时,又要容许媒体报道探讨行业发展中的可取之处,避免引发市场不必要的动荡。同时,监管部门可以将被监管机构的新闻信息透明度作为新金融业态表现的一项评估标准。通过制定明确规则,惩罚通过媒体炒作、发布虚假新闻来影响投资者决策的机构。在未成熟市场的发展过程中,需要拓宽信息传输渠道,使投资者可以获得类似于成熟金融市场中的公司年报、研究报告、投资者论坛报告等信息,从而提高非成熟市场中的信息透明度,促进市场稳健发展。

P2P 网络借贷的命运已成定局,值得庆幸的是,P2P 网络借贷在整体金融行业中的比重还非常小,即使 P2P 网络借贷消亡了,也不至于影响整个金融市场的稳定。但 P2P 网络借贷行业发展的一些经验与教训,却值得我们再三琢磨。如果这些经验和教训可以帮助中国避免在其他金融领域重蹈覆辙,那过去十几年的经历也就不算完全没有意义了。

参考文献

黄益平,2016.互联网金融解决了普惠金融的痛点[J].企业观察家,5:49-51.

李苍舒,沈艳,2018.风险传染的信息识别:基于网络借贷市场的实证[J].金融研究,461(11):98-118.

沈艳,李苍舒,2019.网络借贷风险缓释机制研究[M].北京:中国社会科学出版社.

沈艳,王靖一,2021.媒体报道与未成熟金融市场透明度:中国网络借贷市场视角[J].管理世界,2:35-50.

王靖一,黄益平,2018.金融科技媒体情绪的刻画与对网贷市场的影响[J].经济学(季刊),17(4):1623-1650.

谢平,邹传伟,刘海二,2012.互联网金融模式研究[R].北京:中国金融四十人论坛.

第六章
中国的数字信贷：三种不同的业务模式

黄益平[*]

---

[*] 黄益平,北京大学国家发展研究院教授、副院长,北京大学数字金融研究中心主任。

1. 前　言

　　促进普惠金融，尤其是为中小企业提供贷款，是全球面临的长期挑战。由于金融体系受银行主导和金融抑制等多种原因，该挑战在中国尤为严峻。英国大约有一半的中小企业可以获得银行贷款，而在中国，这一比例还不到五分之一（黄益平，邱晗，2021）。中小企业贷款面临的两个主要障碍是获客难和风控难。中小企业往往数量多、规模小、位置分散。因此，传统银行通过设立大量实体分支机构的方式来触达中小企业会产生极高的成本。银行通常采用三种方法评估信用风险，分别是查看财务数据、要求抵押资产和关系银行。然而，大多数中小企业既没有全面的财务数据，也没有足够的抵押资产。虽然关系银行在识别信用风险方面很有效，但大规模推广的成本较高、难度较大。

　　十多年来，中国政府采取了多项措施改善对弱势企业和家庭的金融服务。2015年12月31日，国务院印发了《推进普惠金融发展规划（2016—2020年）》。回过头看，中国在普惠金融方面已经取得了很大的成就，在金融机构内设立专门业务单元、为中小企业贷款设立担保基金，以及央行提供定向流动性支持等政策都发挥了重要作用。但最重要且最超预期的突破发生在数字金融领域。中国的一些数字金融业务，如数字信贷、移动支付、在线投资等，已经覆盖了数亿客户，且中国在某些业务领域的创新已经处于国际领先的位置。

　　数字信贷是指利用大科技平台、大数据、人工智能、云计算等数字技术提供的信贷业务。这些技术工具提高了信贷服务的可得性，也有助于风险评估。例如，数字平台的长尾特征意味着平台建立之后提供服务的边际成本接近于零，大数据分析则提供了一种新的信用风险评估方法。通过这些技术，数字信贷可以迅速覆盖大量借款人。这在人类历史上是前所未有的创新，普惠金融才因此真正成为可能。2020年新冠肺炎疫情期间，由于数字信贷的"无接触"特点，中国的几家互联网银行可以持续地向中小企业提供贷款，不仅在困难时期为中小企业解决了资金问题，而且成为宏观经济的重要"稳定器"。

　　中国的数字信贷至少有三种不同的商业模式：P2P借贷、大科技信贷和数字供应链(digital supply chain，DSC)金融。P2P借贷是指个人通过数字平台直接向他人借钱，而不通过金融机构这一中介平台(Bachmann et al.，2011；黄益平等，2016)。大科技信贷是指大型科技公司基于大科技平台的生态系统和大数据风控模型提供的信贷服务(Cornelli et al.，2020；Huang et al.，2020a)。数字供应链金融则是基于企业在供应链上的生产和销售,通过数字技术为企业提供贷款(白燕飞等，2020；宋华，2020)。

中国的数字信贷业务有失败的教训，也有值得总结的经验。中国的第一家P2P借贷平台拍拍贷成立于2007年，P2P业务在随后几年里急剧扩张。2015年年底，监管机构发布了监管细则后，P2P问题平台开始有序退出，P2P业务规模逐渐缩减，并最终于2020年年底清零。大科技信贷始于中国电子商务巨头阿里巴巴于2010年推出的"阿里小贷"业务。虽然贷款规模相对有限，但从贷款笔数来看，大科技信贷已成为中小企业和个人贷款的主要渠道。近年来，中国的大科技信贷模式也推广到了阿根廷、印度、韩国甚至美国的大科技公司。但根据一项研究估算，中国的大科技信贷规模仍处于全球领先的地位(Cornelli et al.，2020)。与P2P借贷和大科技信贷相比，数字供应链金融尚处于发展初期。多家领先的大科技公司都提供数字供应链金融服务，其中，物流地产巨头普洛斯的子公司普洛斯金融利用数字技术提供多种融资服务。

总而言之，中国的三种数字信贷模式"命运"各不相同——P2P借贷已经衰亡，大科技信贷发展成熟，数字供应链金融正在兴起。相较而言，大科技信贷为超过10亿人提供融资，对推进普惠金融也非常重要。但大科技信贷的规模通常很小，贷款期限也很短。虽然大科技信贷已经服务了大量的中小企业，但在信用风险评估中关注企业家的软信息和行为信息主要基于消费贷款的商业逻辑。而数字供应链金融只能触达与生产或销售过程相关的中小企业，其潜在的客户数量远小于大科技信贷。然而，通过动产抵押或交叉验证交易的真实性，数字供应链金融能够为服务业和制造业的中小企业提供单笔金额更大的贷款。

本章要探讨的核心问题是为什么有些数字信贷业务在中国成功了，而有些却失败了？具体而言，各类数字信贷业务结局不同最重要的原因是什么？是技术、管理还是监管？通过比较可以得出结论，归根结底，无论是查看财务数据、要求抵押资产还是关系银行，任何可持续的贷款业务都应该建立在审慎的信用风险管理之上。审慎的信用风险管理意味着贷款过程中具有较强的消除信息不对称的能力，从而控制逆向选择和道德风险问题。最重要的是，数字金融机构需要确认，借款人不仅有能力，而且有意愿偿还贷款——这是对所有数字金融创新有效性的终极考验，而这需要数字金融机构和金融监管机构的共同努力。

2. 为什么个人和中小企业贷款困难？

传统金融行业有一个普遍的二八法则，即前20%的客户，通常是最赚钱的公司和最富有的家庭，贡献了大约80%的市场收入。而这20%的客户为剩余80%的客户（主要是中小企业和低收入家庭）提供金融服务通常难度很大且无利可图，这也解释了为什么普惠金融难以推进。

联合国大会将2005年定为"国际小额信贷年"（International Year of Microcredit），以鼓励更多的中小企业贷款。随后几年里，中国政府也作出了很多努力，批准并设立了一大批小额信贷公司。据中国人民银行统计，截至2020年年末，全国共有小额信贷企业7 118家，贷款余额8 888亿元。同时，政府还采取多种措施，鼓励商业银行向"弱势借款人"提供更多贷款。另外，2020年年末普惠金融贷款余额为21.53万亿元人民币，同比增长24.2%，而全国总贷款余额为172.75万亿元，同比增长12.8%。其中，中小企业贷款余额15.1万亿元，农业生产贷款余额5.99万亿元。

尽管已经取得了一些进展，但我国中小企业贷款困难的问题仍然存在。除了在获额、风控上存在困难，可能还有两个中国特有的原因：贷款决策中的所有权歧视和国家对贷款利率的干预。

2018年年末，中国正式登记的中小企业总数为1 807万家。最近一项研究表明，已注册和未注册的小企业总数约为9 770万（Wang et al., 2020）。首先，触达如此庞大的借款人群体是非常困难的，更何况一些商家没有固定的营业地点。传统银行必须设立许多分支机构才能触达全国各地的客户,但这显然会产生高昂的成本,再考虑到大多数中小企业贷款规模很小,银行可能很难从为其提供的金融服务中获益。

其次,评估中小企业的信用风险也存在困难。信息不对称是金融交易面临的核心挑战。信用风险评估的目的是确保贷款发放给合适的借款人,并最终得到偿还。银行通常采用三种方法来评估信用风险。第一种方法是查看财务数据,包括资产负债表、利润表和现金流量表等。这种方法通常只适用于大公司,因为大多数中小企业没有系统的财务数据。第二种方法是将借款人的固定资产作为抵押品,以缓解逆向选择和道德风险问题。这种做法在中小企业中较为普遍,但大多数中小企业往往没有足够的固定资产可供抵押。第三种方法是关系银行,即银行的信贷专员全面监控借款人的经济活动,依靠"软"信息而非"硬"财务数据作出贷款决策。这种信用风险评估方法非常有效,一般来说,关系型贷款的平均不良贷款率低于正常贷款。但是,这种方式成本高而收益较低,很难大规模推广。

在中国,向中小企业提供贷款还有两个额外的障碍。一是所有权歧视,因为几乎所有的中小企业都是私营企业,银行会出于商业利益歧视中小企业。如果国有企业的贷款有坏账风险,政府很可能会注入更多资金,或让其与更好的公司合并重组,来帮助其走出困境,银行最终有可能收回贷款。但是,如果中小企业贷款存在坏账风险,收回贷款的可能性就很低了。另外,中小企业的运营和发展一般也不如大的国有企业稳定。因此,银行大多不愿意向中小企业放贷。

二是国家对贷款利率的干预。金融交易定价的一个非常重要的原则是获得的回报应该能够覆盖进行该笔交易的风险。大公司和初创企业的融资成本不同,主要是因为其风险水平不同。中国中小企业的平均寿命约为五年,显然,中小企业的风险更大。然而,近年来,中国监管机构要求商业银行不仅要增加对中小企业的贷款,还要降低贷款利率。虽然大银行可以自行覆盖中小企业贷款业务的风险,但这对于小银行就很难了。

如果中小企业贷款难是普遍现象,为什么直到最近才成为中国的热点问题?一个有力的解释是,中国经济增长的模式正在从投入驱动转向创新驱动。现在,中小企业的生产总值占 GDP 的 60% 以上。这意味着如果不改善中小企业融资条件,将严重危及中国的创新、就业和经济增长。中国目前的金融体系以银行为主,且政府干预较多,这足以支持曾经的投入驱动式增长。然而,中国现在已经失去了低成本优势,增长需要更多地依赖创新和产业升级,金融体系也需要跟上。对中小企业的贷款严重不足,既推动政府制定了解决中小企业融资难问题的各种政策,也为本土金融创新创造了动力,比如 P2P 借贷、大科技信贷和数字供应链金融。

3. P2P 借贷的失败

2006 年,孟加拉国格莱珉银行创始人穆罕默德·尤努斯获得诺贝尔和平奖。当时在微软担任技术经理的顾少丰听说了这个消息,想知道这种小额信贷模式在中国是否适用。2007 年,他与上海交通大学的另外两名校友一起创建了拍拍贷,这是中国第一家 P2P 借贷公司。与 2005 年在英国成立的 Zopa 和 2006 年在美国成立的 Prosper 相比,拍拍贷也是全球小额信贷领域的先驱之一。2017 年,拍拍贷在纽约证券交易所上市,但它的故事并不止于此。

在 2007 年之后的几年里,P2P 借贷仍然是一项非常小的业务。从 2013 年政府开始强调金融创新的重要性起,P2P 借贷被公认为是推行普惠金融的重要模式。由于个人可以直接向其他人借款,无须金融中介,所以效率更高。许多未被银行贷款业务覆盖的个人现在可以从该平台借款,而其他人也可以通过放贷进行小额投资。这种模式使得全国各地的 P2P 借贷平台如雨后春笋般涌现。

然而,这项新的贷款业务存在一个问题:如何进行信用风险管理?P2P 借贷起初的定义是纯粹的信息中介,而不是像银行一样的信用中介。这意味着平台不能提供包括担保在内的任何信用中介服务。因此,借款人和贷款人在很大程度上可以独立在此类平台上进行交易。由于没有任何有效的信用风险评估手段,这种贷款模式最终在中国以失败告终。更糟糕的是,如果借款人拒不还钱,贷款人对此毫无办法。有一种极端现象被称为"反向挤兑":一些人故意在实力较弱的平台借款,如果以后平台倒闭,他们就不需要偿还账款(张皓星,黄益平,2018)。

为了生存和业务扩张,P2P 平台运营商开始承担起信用中介的角色。成立于 2009 年专门从事大宗交易的红岭创投首先开始为贷款人提供担保,其他公司也逐渐开始投资担保、募资、汽车招标等业务。随后,P2P 借贷行业迅速发展,2015 年 P2P 贷款余额已超过 1 万亿元。几乎所有平台都从事信用中介业务,但是没有一家处于监管之中。随之而来的问题在 2015 年开始暴露,当时有一千多个平台倒闭。2015 年年底,最大的 P2P 借贷公司之一"e 租宝"倒闭,牵连了近 100 万的贷款人。

黄益平等(2016)对"哪些 P2P 借贷平台更可能失败"这一问题进行了实证分析。他们发现,具有以下特征的平台往往很难生存:信息缺失、经营历史较短、注册资本较少、产品种类较少、利率极端和提供担保。这项研究虽然没有列出导致平台失败的全部原因,但它确实揭示了许多平台的创立和运营是存在风险的,这是市场参与者和监管层应该认真思考的问题。由于金融风险的潜在影响巨大,金融业是受监管最严格的经济部门,但在 P2P 借贷发展初期显然是缺乏有效监管的。

2015 年 P2P 借贷行业的风险暴露非常迅速,中国银监会于当年 12 月开始征求各界意见,随后于 2016 年 8 月发布了《网络借贷信息中介机构业务活动管理暂行办法》。这一文件中最重要的一点是,明确了 P2P 借贷平台只能作为信息中介。实际上,这直接关上了中国 P2P 借贷行业的大门。然而,由于担心金融风险和社会稳定问题,监管机构没有立马终结 P2P 借贷业务,而是给予了一段缓冲期。在这期间,各平台尝试了各种方式进行业务转型。2020 年年底,P2P 网贷平台数量终于清零,其间有很多平台倒闭,一部分主动退出,另一部分包括拍拍贷等在内的平台则进行了转型。

总体来看,中国 P2P 行业的兴起和衰落是一次失败的实践,很多贷款人多年的储蓄随 P2P 平台的衰亡而损失惨重。但这段惨痛的经历至少给了我们两个重要的教训。第一,不能妥善管理金融风险的金融交易应当被禁止。仅仅把钱借给无法从银行借款的人是远远不够的,在此基础上做好风险管理才是关键。如果没有任何有效的评估信用风险的方式,那么该笔贷款就不是"负责任的贷款"。显然,在 P2P 平台成立之初,贷款人无法获取借款人的征信记录,几乎没有任何有效的信用风险评估方法。

第二,造成 P2P 借贷行业混乱的主要因素是缺乏有效的金融监管。2007—2016 年其实是监管"真空期",因为业务性质尚不明确,监管部门可能很难在初期果断采取行动。因而,监管的态度在初期倾向于"放开"而不是"控制",且当时监管主体的责任分工不明确。这造成的结果是,很长一段时间内,没有监管机构主动承担责任,也没有相应的行业规则,甚至最终对 P2P 借贷行业的"清理"也是由执法机构而非监管机构执行的。

4. 通过大科技信贷为中小企业提供贷款

阿里巴巴于 2003 年成立了网上购物平台——淘宝。为了支持淘宝网店的发展,阿里巴巴与商业银行合作,希望银行为在淘宝上销售产品的网店提供贷款。阿里巴巴向银行推荐了一批有前景的网店,但银行几乎拒绝了所有网店的贷款申请,因为没有一家网店符合信用风险评估的条件。2009 年,阿里巴巴决定自行向网店提供贷款,任命了一名年轻的员工胡晓明负责此项目,该员工于 2018 年成为蚂蚁金服总裁。2010 年,阿里巴巴又推出了所谓的"3—1—0"网络借贷模式,即借款人可以在 3 分钟内完成在线申请表的填写,如果获得批准,贷款金额将在 1 秒内进入借款人的账户,其间 0 人工干预。

现在的"大科技信贷"也是由此演变而来,即大型科技公司利用其大科技平台的生态系统和大数据技术,来支持信用风险评估,从而为借款人提供贷款(Frost et al., 2019;黄益平,邱晗,2021)。虽然大科技信贷模式目前已被全球许多大科技公司接纳,但中国仍是最大的大科技信贷市场,如图 6.1 所示。腾讯旗下的微众银行和蚂蚁集团旗下的网商银行是两家领先的大科技信贷提供商,各自拥有约 2 000—3 000 名员工,但每年各自可以发放超过 1 000 万笔贷款(截至 2021 年)。在 2020 年新冠肺炎疫情期间,减少人员流动和适度封城是阻止病毒蔓延的唯一有效措施,此时这些大科技信贷服务商凭借其无接触优势继续向个人和中小企业提供贷款,并充当了经济稳定器的角色。这是历史上第一次,普惠金融真正成为现实,大科技信贷服务商可以以惊人的速度同时向大量客户提供贷款。同时,微众银行和网商银行的平均不良贷款率均低于 2%,远低于传统商业银行中小企业贷款的不良贷款率。

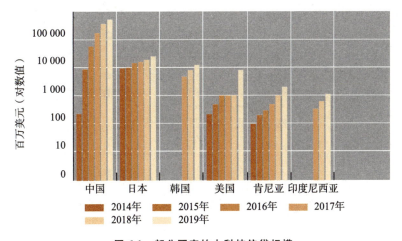

图 6.1　部分国家的大科技信贷规模

资料来源:Cornelli et al. (2020)。

与 P2P 借贷不同,大科技信贷采用了一个新的信用风险管理框架,其中包含两个重要支柱:大科技平台及其生态系统、大数据信用风险评估模型(见图 6.2)。简而言之,平台帮助贷款人获取客户和积累数据,而模型则负责识别具有偿还贷款能力和意愿的借款人。

腾讯和阿里巴巴等大科技平台及其生态系统的第一个优势是具有长尾特征。在承担了建立大科技平台的固定成本后,额外为客户提供服务的边际成本几乎为零。此外,它们建立了全面的生态系统——几乎可以覆盖用户日常生活的方方面面,例如购买商品、支付电费、预订出租车、捐款、转账、投资金融产品等。平台及其生态系统不仅吸引了大量用户加入该"俱乐部",而且能让用户长久地留在俱乐部中。因此,获客不再是一件难度大、成本高的事情。

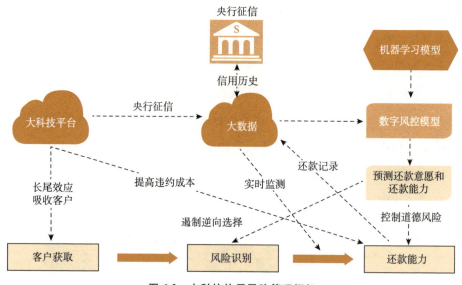

图 6.2 大科技信用风险管理框架

资料来源：黄益平和邱晗（2021）。

大科技平台及其生态系统的第二个优势是可以积累数据。用户在使用社交媒体、电商平台或搜索引擎时会在平台上留下数字足迹，累积的数字足迹将成为大数据的一部分。大数据可用于监测借款人的活动和行为。大科技平台拥有的实时数据对管理信用风险非常有价值，因为它可以帮助大科技信贷提供者及时调整其贷款决策。这对于商业银行来说几乎是不可能实现的，因为它们的数据有一定的滞后性。除了实时监测风险之外，更重要的是，大数据还可以用于信用风险评估。

大科技平台及其生态系统的第三个优势在于其贷后管理。由于所有借款人都在大科技公司的系统上交易，因此平台可以通过设计激励机制来鼓励还款，减少道德风险问题。

大科技信用风险管理框架的第二个支柱是大数据信用风险评估模型。应用非财务数据分析信用风险的方式起初并不被看好，Berg 等（2019）的开创性分析表明，即使是来自在线家具店的简单数字足迹也能有助于信用评估。Huang 等（2020a）的研究是第一项使用网商银行的大数据进行信用风险评估模式比较的研究。首先，他们采用了"赛马"的分析框架，在该框架下对比信用风险评估的大数据模型与传统模型。大数据模型结合了大数据和机器学习方法,而传统模型则依赖于传统的数据和信用计分卡方法。该文以模型对贷款违约预测的准确性作为模型有效性的评价标准。其次,该文使用了2017年3月至8月期间网商银行授信的超过180万笔贷款交易数据。该文将样本分为两个时期,一个是3—5月,用于对比不同模型;另一个是6—8月,用于检验模型的稳健性。

评估信用风险评估模型有效性的常用指标之一是AUC(area under the curve),即ROC(receiver operating characteristic)曲线下的面积(Berg et al., 2019)。AUC大于0.6说明模型的表现尚可,AUC大于0.8说明模型预测效果非常好。根据Huang等(2020a)的研究,传统数据模型的AUC为0.72,该表现已经相当不错(见表6.1)。但大数据模型的AUC更高,为0.84。这意味着,对于相同的样本,大数据模型在预测贷款违约方面比传统模型更有效。这些结果与观察到的大科技信贷不良贷款率低于传统商业银行的现象一致。

表6.1 不同模型的AUC指标

	积分卡方法	机器学习方法
传统数据模型	0.72	0.80
大数据模型	0.76	0.84

资料来源:Huang et al.(2020a)。

大数据模型相对于传统数据模型有效性更高可能源于数据和方法的优势,虽然数据和方法对有效性的贡献程度可能受样本影响,但是与计分卡方法相比,机器学习能够更好地捕捉大量变量之间的相互作用(在传统数据模型中将计分卡方法替换为机器学习方法,可以将AUC从0.72提高到0.80)。与传统数据相比,大数据还包含了两类独特的信息:实时数据和行为数据(在计分卡方法中将传统数据替换为实时数据和行为数据,可以将AUC从0.72提高到0.76)。

大数据风控模式一个更重要的贡献是,它可以在控制贷款质量的前提下,为大量未被银行覆盖的"白户"提供服务。在Huang等(2020a)研究的180万笔交易中,只有大约7%的客户以前从银行获得过借款,其余的93%从未与银行进行过任何信用交易。可见,大数据风控的应用标志着普惠金融的巨大进步。

目前大科技信贷服务商与传统银行之间的直接竞争并不大。大多数大科技信贷客户的贷款规模都小得多,并不会被传统银行业务所覆盖。因此,至少就目前而言,大科技信贷服务商和传统银行相辅相成。当然,这种现状有可能会随着时间的推移而改变。

5. 正在崛起的数字供应链金融

银行可以利用中小企业的生产或供应过程中与核心企业的联系来提供贷款,这并不是一项新业务。供应链金融也是普惠金融的一种重要形式,尤其是对中小企业非常具有普惠价值。这些中小企业既没有系统的财务数据,也没有足够的抵押资产,无法满足传统银行对信用风险评估的要求。但它们作为供应链的重要组成部分,可以让银行通过数字供应链为其提供贷款。例如,一家大型汽车公司会有许多汽车零部件供应商,如果银行能够通过汽车公司获得这些中小企业供应商的采购、生产、销售和现金流信息,那么它们就可以向这些中小企业提供贷款。

中小企业供应商与核心企业之间的产品和资金信息有多种用途:一是帮助银行触达潜在借款人;二是可以利用大数据进行信用风险评估,预测贷款违约率;三是精准监控资金流向和时间,促进资金的有效使用,降低资金成本;四是有利于还款管理。

近年来,蚂蚁集团、京东数科等多家大科技龙头企业纷纷尝试利用数字化技术发展数字供应链金融业务。到目前为止,比较有代表性的案例是一家新兴金融公司——普洛斯。普洛斯是物流、房地产、基础设施、金融和相关技术领域的全球领先的投资管理和基础建设公司。它在自己的平台上直接接入供应链,为提供数字供应链金融服务奠定了领先基础。实际上,通过一些适当的调整,该做法可以复制到其他供应链中。目前,普洛斯已经可以提供动产抵押融资、应付账款和应收账款融资、设备融资租赁等一系列数字供应链金融服务(见图6.3)。

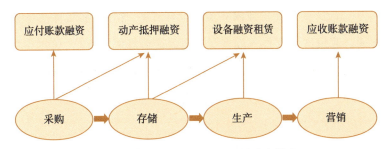

图 6.3 不同的数字供应链金融融资模式

供应链融资的关键点是要确认动产和交易的真实性。如果无法保证信息的准确性和可靠性，从事借贷业务可能会面临极大的风险。借款人声称的交易真的发生了吗？数据准确吗？能否可靠地监控动产？这些问题都无法获得确切的答案。

数字供应链金融模式可持续的一个重要条件是客户的商业可持续性，这也是所有信用风险评估的底线。数字供应链金融利用区块链等数字技术，实时监控商业流量（商品、交易和现金流）进行风险评估，并且通过建立现金流闭环以确保借款人按时还款。这种商业模式能够帮助那些账面盈利的中小企业利用外部资金扩大业务规模。即使中小企业没有系统的财务数据，如果有盈利的独立业务，数字供应链金融仍然能发挥作用。对于这些中小企业来说，银行通常不会向它们提供贷款。但是，只要交易本身是盈利的，交易的真实性可以得到验证，现金流处在闭环之中，数字供应链金融就可以向其提供信用支持。

传统的供应链融资面临几个重要的障碍。其中一个障碍就是动产和交易的重复计算。2012 年，中国钢铁贸易融资大范围崩溃时，多家钢铁企业抵押的钢材数量超过了其总产量。另外，还有一些企业为了获得多笔银行贷款，用同一笔交易反复融资。

数字供应链金融试图通过三个关键的数字技术工具来解决这些问题，分别是物联网、区块链和大数据。首先，物联网就像大科技平台一样，将贸易往来、生产过程、仓储活动和运输网络等线上和线下经济活动连接起来。理想状态是所有经济活动都受到实时监控，所有信息都被系统记录。其次，区块链技术应用于被称为"节点"的计算机或服务器的对等网络,这些计算机或服务器同时监控信息传输。应用区块链技术最重要的是保证信息的真实性,任何条目都需要经过多方验证,任何一方都不能伪造记录。一些动产一旦用作抵押,就不能再用于其他用途。最后,结合外部数据源,记录在系统上的数字足迹可以形成大数据,用于信用评估和贷款违约率预测。

数字供应链金融的运行机制可以通过动产抵押案例来解释(见图6.4)。中小企业可以使用存放在仓库中的货物来贷款。金融机构在收到贷款申请后,首先会核实货物的质量和数量。如果贷款申请获得批准,则金融机构将全天监控仓库货物变动情况,直至企业偿还贷款。万一出现企业不还款的情况,金融机构应尽快取得货物,并以合理的价格进行处置。动产抵押的逻辑与不动产抵押贷款非常相似,但动产更加难以监控、评估价值和处置。这就是传统动产抵押贷款风险相当高的原因。然而,借助数字技术,可以有效降低监控风险、虚假抵押风险和违约风险。

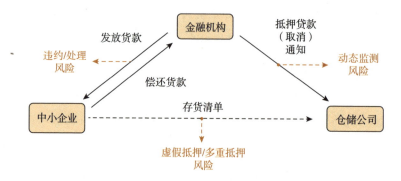

图 6.4　数字供应链金融:动产抵押的案例

资料来源:Gong and Liu (2020)。

6. 三种模式的评估和对比

中国的三种数字信贷模式都经历了非常艰难的发展历程,有两个关键因素同时促进了这些业务的发展。一方面,金融服务需求缺口较大,尤其是中小企业和低收入家庭的金融服务需求难以得到满足。以上三种数字信贷模式,无论是P2P借贷、大科技信贷或数字供应链金融,最初都是为了填补传统金融市场未覆盖到的区域。三种业务模式起初都给市场带来了革命性的变化,它们将金融服务拓展到传统金融机构几乎无法触达的中小企业和低收入家庭。因此,三种模式一出现在市场上,就受到各个参与方的欢迎。监管部门在初期也采取了较宽容的监管态度,对其普惠价值表示认可。

另一方面,数字技术让数字信贷模式的变革成为可能。在大科技平台、大数据、人工智能和云计算出现之前,很难想象金融机构能够以如此快的速度发放规模如此之大的中小企业和个人贷款,同时还能保证较低的不良贷款率。如果没有数字技术,这些新的信贷模式就难以得到推广。

三类数字信贷业务的发展轨迹截然不同(见图6.5)。P2P借贷最初被视为一种"社会主义"金融,因为它为个人借款人和个人贷款人提供了直接交易的机会。如果双方能够在没有任何金融中介的情况下成功完成交易,那么双方的效率都会得到提高。从平台数量来看,经过2007—2012年的初始发展阶段,P2P借贷平台在此后的三年中突然激增。政府于2016年制定了该行业的初步监管框架,并进行行业整顿,P2P借贷平台在2020年彻底消失。

图6.5 三种数字信贷业务模式的比较

P2P借贷走向衰亡很重要的一个原因是,行业内缺少可行的信用风险评估框架。P2P借贷并不是全新的金融模式,非正式借贷或场外交易也可以看作是P2P借贷的一种形式。在许多情况下,非正式借贷效果很好,因为其风险评估是有效的。中国P2P借贷的问题在于大量借款人和贷款人同处于一个平台,而双方以前从未见过面,将来也可能永远不会见面。如果没有任何其他风险评估手段作支持,那么这个模式是无法持续的。

截至目前,大科技信贷是三种模式中最成功的。依靠大科技平台和大数据,大科技信贷服务商触达的借款人规模在人类历史上可谓前所未有。大科技信用风险管理也是一项重大的金融创新,这使贷款提供者可以利用大数据进行信用风险评估,而不必依赖财务数据或抵押资产。虽然这是一种全新的风险评估方式,但实际上,它类似于传统的关系银行业务。在关系银行中,银行的信贷专员通过密切监控借款人的经济活动,来获取软信息。而在大科技平台,部分大数据可以被看作数字化的软信息。

然而,数字技术在推动大科技信贷业务发展的同时,也可能产生复杂的影响。一方面,它使得实现普惠金融成为可能。中国的几家大科技公司都拥有超过10亿的用户,这意味着金融服务几乎可以通过智能手机和互联网覆盖所有人。另一方面,"责任金融"的重要性也在逐渐凸显。向任何想借钱的人提供贷款并不是目的,贷款给真正有资金需求、有还贷能力的人,才是"负责任"的金融。目前,大多数大科技信贷的借款人是个人。虽然贷款人也向中小企业提供贷款,但这些中小企业大多是家族企业,其能否获得贷款还是更多地依赖于中小企业的企业主个人身份,而不是整个企业的经营状况。此外,一个敏感的业务领域是消费贷款领域。消费贷款是普惠金融的一种重要形式,尤其是针对低收入家庭的消费贷款。但是,如果以"不负责任"的方式持续扩大借贷规模,可能会出现高杠杆和高违约率等重大风险。归根结底,唯一可持续的消费驱动力是收入,而不是银行贷款。

如今,许多大科技信贷所面临的一项重要挑战是贷款人资产负债表的规模受限。数字技术使贷款人能够触达大量借款人,但资金总量难以跟上。受限于不允许远程开立银行账户的监管约束,贷款人无法吸收存款,这是目前造成大科技信贷业务模式存在监管争议的最重要原因。大科技信贷提供者通常使用资产支持证券(asset-backed security,ABS)来筹集资金,但这容易推升其杠杆率。它们也与其他银行合作发放贷款,但出资比例需达到30%。这些监管政策是有道理的,但目前大科技信贷所面临的问题需要更加系统地加以解决,简单地强迫大科技贷方降低杠杆率、提高出资比例只会导致其业务量萎缩。

尽管供应链融资已经存在很长时间了,数字供应链金融仍然是一项新兴的业务。相较于P2P借贷和大科技信贷,建立供应链网络也更耗费资源和时间。但数字供应链平台不同,尽管一些关键部分比较容易复刻,仍需要针对不同的核心企业或生态系统搭建数字供应链平台,这意味着数字供应链金融业务的发展需要更多时间,且可能无法达到大科技信贷的规模。

当然,数字供应链金融也有明显优势。一方面,通过数字供应链融资的借款人都是直接参与产品生产和供应过程的中小企业,其中很多是制造企业。而大科技信贷的中小企业借款人大多来自服务业。由于贷款决策基于真实的业务活动或交易,因此数字供应链融资方式的贷款规模可能比大科技信贷大得多。另一方面,出于同样的原因,数字供应链金融的信用风险管理框架可能也更可靠。

目前,数字供应链金融还需要克服一些监管障碍。它们需要获得哪些金融牌照来开展贷款业务?它们可以通过哪些方式与商业银行合作?数字供应链金融机构与商业银行在合作中如何进行恰当的职责分工?这些问题都有待进一步解决。

7. 政策启示

过去十多年的数字信贷业务发展可能是中国最重要的金融创新之一,为实现普惠金融探索了一条可行的道路。在某些领域,中国甚至已经处于国际领先地位。例如贷款申请和批准的在线流程、基于非传统数据的信用评分、大科技信贷的雏形都是在中国首次出现的。

迄今为止,三种商业模式中大科技信贷最成功,数字供应链金融正在兴起,P2P借贷已经退出历史舞台。同时,这三种模式本质上都源于早已有的一些业务——P2P借贷来自场外交易市场(点对点)、大科技信贷来自关系银行(软信息)、数字供应链金融来自供应链融资(生产或供应过程)。它们的一个共同点是,都在尝试应用数字技术来升级商业模式,在扩大规模的同时控制风险。是否拥有有效的信用风险管理框架是决定这些模式成败的关键。大科技信贷之所以成功,是因为大数据支持的信用风险评估模型对于有小额贷款需求的个人或中小企业来说非常可靠——至少比传统银行的风险评估模型更可靠。从理论上说,数字供应链金融的风险管理非常有效,因为它直接嵌入生产和供应流程,并使用了数字技术确保准确性。但是,数字供应链金融的各类业务模式的具体风险评估方式差异很大。信用风险管理方法在应用于不同业务和不同平台时的稳健性还有待观察。

不难理解,贷款模式的可行性取决于信用风险管理的有效性。然而,探索为什么数字技术只适用于某些商业模式?这是个很有趣的问题。也许有人会认为,对于大多数P2P借贷平台来说,除了创建应用程序,并没有真正应用数字技术。但是,为什么一个没有有效信用风险管理的商业模式曾经吸引了如此多借贷双方的参与呢?这背后有许多监管方面的问题。第一,为什么监管部门一开始没有对P2P借贷行业设定准入门槛?众所周知,任何金融交易都需要受到监管。第二,为什么监管层没有试图制定P2P借贷的基本操作规则?如果明确P2P借贷平台担任金融中介的角色是违法的,那么可能许多投资者起初就不会参与其中。第三,为什么监管机构没有强加"了解客户"(know your client,KYC)要求?在没有人确切知道P2P借贷是否可行时,监管机构至少应该能够看到这项业务所涉及的风险。

事实上,在大科技信贷和数字供应链金融的案例中也存在类似的问题,但后果没有那么严重。不同的是,大科技信贷和数字供应链金融的贷款人对待信用风险时更加谨慎和专业,而个人投资者对P2P借贷的金融风险缺乏充分理解。但这并不意味着大科技信贷或数字供应链金融没有问题。从2020年年底开始,金融监管机构加快了对所有数字金融交易监管的步伐。所有金融交易都必须处在监管之下,这是第一个政策启示。监管体系需要进行改革,要同时关注机构和交易本身。而在P2P行业扩张时期,谁负责监管P2P借贷这一问题一直未能明确,这是为什么其未能得到监管的主要原因,同时也是监管体系改革的一个关键点。

第二个政策启示是,数字时代的金融监管也需要创新,以平衡金融创新与行业稳定。如果监管机构不确定新的金融创新是否会带来严重风险,但看到创新的一些益处,可以采用"监管沙盒"的方式,在监管机构的密切关注下,允许金融产品或商业模式新的尝试。如果结果令人满意,则可以颁发牌照。否则,监管机构可以随时停止实验。如果将"监管沙盒"方法应用于P2P借贷,P2P借贷行业可能也不会陷入后来的混乱局面。令人欣喜的是,中国人民银行已经开始了这一政策实践。

同时,金融监管也需要应用数字技术。对于数字信贷业务而言,提交资产负债表信息、现场和非现场检查等旧的监管方法不足以及时发现潜在风险。监管者需要采用新的监管和监督技术来及时发现并化解金融风险。

第三个政策启示是,监管机构应与数字金融机构合作,促进数字金融的健康发展。目前来看,数字信贷仍是向低收入家庭和中小企业提供贷款最成功的商业模式,因此,应在保证金融稳定的情况下调整监管政策以促进普惠金融。第一,目前,大多数大科技信贷和数字供应链金融服务商使用当地的小额信贷牌照,但它们的业务是遍布全国的。第二,没有稳定的资金来源,这严重影响了数字金融机构服务中小企业的能力。监管机构或许可以考虑允许远程开立银行账户,由中央银行向数字金融机构定向提供流动性,并允许和规范其通过其他渠道募集资金。第三,探索数字金融机构和银行之间的合作可能是一种可行的方式,但需要控制道德风险。

最后一条政策启示是,就目前而言,数字金融行业的监管重点应该是监管不公平行为,而不是反垄断。由于长尾特征,大科技平台具有天然的高集中度,这也正是大科技信贷推动普惠金融发展的原因之一。然而,在数字金融行业,市场份额往往不是判断是否垄断的合适标准。由于规模和范围经济产生的收益既可以与消费者共享,也可以由平台独自享有,前者是比较理想的结果,而后者则可能是垄断的征兆。最关键的标准应该是行业是否有可竞争性:如果新进入者仍然可以与现有参与者竞争,那么市场份额过大就不是监管方应当关注的最核心问题。当然,监管机构关注不正当竞争行为一直以来都是很重要的,尤其是利用大平台对借款人非合理定价的情况。

参考文献

Bachmann A, Becker A, Buerckner D, et al., 2011. Online peer-to-peer lending: a literature review[J]. Journal of Internet Bank and Commerce, 16(2): 2-18.

Berg T, Burg V, Gombović A, et al., 2019. On the rise of fintechs: credit scoring using digital footprints[J]. Review of Financial Studies, 33: 2845-2897.

Cornelli G, Frost J, Gambacorta L, et al., 2020.Fintech and big tech credit: a new database[Z]. Working Paper. Basel: Bank of International Settlement.

Frost J, Gambacorta L, Huang Y P, et al., 2019. Bigtech and the changing structure of financial intermediation[Z]. Working Paper. Basel: Bank of International Settlement.

Gong Q, Liu Y, 2020. Digital supply chain financing[Z]. Working Paper. Beijing: Peking University.

Hua X, Huang Y P, 2020. Understanding China's fintech sector: development, impacts and risks[J]. European Journal of Finance, 10: 1-13.

Huang Y, Zhang L, Li Z, et al., 2020a. Fintech credit risk assessment for SMEs: evidence from China[Z]. Working Paper. Washington DC: International Monetary Fund.

Huang Y, Wang X, Wang X, 2020b. Mobile payment in China: practices and its effects[J]. Asian Economic Papers, 19(3): 1-18.

Wang J, Guo F, Li Y, 2020. Estimation of total number of individual businesses in China and evaluation of impact of COVID-19[Z]. Working Paper. Beijing: Peking University.

白燕飞,翟冬雪,吴德林,等,2020.基于区块链的供应链金融平台优化策略研究[J].金融经济学研究,35(04):119-132.

黄益平,沈艳,王靖一,2016.个体网络借贷及其监管的分析与思考[J].比较,83(2).

黄益平,邱晗,2021.大科技信贷:一个新的信用风险管理框架[J].管理世界,37(02):12-21.

宋华,2020.数字平台赋能的供应链金融模式创新[J].金融会计,4(08):55-63.

张皓星,黄益平,2018.情绪、违约率与反向挤兑:来自某互金企业的证据[J].经济学(季刊),17(04):1503-1524.

第七章
中国的智能投顾和数字化财富管理

黄卓*

---

* 北京大学国家发展研究院副教授,北京大学数字金融研究中心副主任,《经济学》(季刊)副主编。作者感谢王萍萍、赵越和沈绍炜的助研工作。

1. 中国智能投顾市场的发展

智能投顾,也称"自动化的数字投资咨询程序",是基于网络算法为客户提供自助式的财富管理服务的一种工具,在投资咨询服务的整个过程中,尽量减少或者不需要人工的参与。自 2008 年 Betterment 推出全球首款智能投顾产品以来,智能投顾逐渐受到个人投资者的欢迎。2019 年,美国智能投顾的资产管理规模(asset under management,AUM)达到了 7 500 亿美元。中国也在 2014 年推出了首个智能投顾产品。

相比于人工投顾,智能投顾具有五大优势(见图 7.1)。第一,费率低,智能投顾的费率不超过 1%,平均费率在 0.5% 左右,有的甚至不收费。第二,投资门槛低,智能投顾的投资门槛要远远低于人工投顾。第三,服务范围广,借助数字和人工智能技术,智能投顾可以为体量巨大的长尾客户服务。第四,极致的客户体验,智能投顾可以为客户提供更加个性化的投资服务,展示更加透明的投资过程和更加友好的用户交互界面。第五,避免认知偏差,智能投顾基于一套科学的算法为投资者提供投资决策服务,在一定程度上可以避免投资者的认知偏差。正是由于上述优势,智能投顾确立了其独特的市场定位,即吸引那些资金有限但有投资意愿的个人投资者。

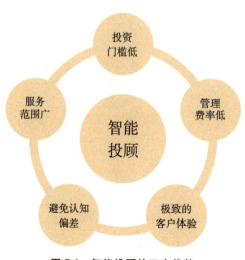

图 7.1 智能投顾的五大优势

随着金融科技的蓬勃发展和财富管理需求的不断增加,智能投顾作为一种新兴的商业模式自 2014 年在国内兴起以来一直保持着高速发展的趋势,目前,国内的大型科技平台(如蚂蚁集团)、传统投资管理公司(如证券公司、基金公司)、商业银行和第三方财富管理公司均有智能投顾产品。

1.1 智能投顾的发展历程

智能投顾在中国的发展大体可分为三个阶段。

第一阶段:2014—2016 年的探索期

在智能投顾发展的早期,相应的监管条例尚不清晰。智能投顾主要涉及三类牌照,分别是证券投资咨询牌照、资产管理牌照和基金销售牌照。持有证券投资咨询牌照的机构只能为客户提供投资建议;持有资产管理牌照的机构除了可为客户提供投资建议,还可以协助客户进行资产管理;持有基金销售牌照的银行、第三方财富管理公司可以销售共同基金、信托、对冲基金和保险等金融产品。

与美国相比,中国的投资咨询业务在财富管理中的占比极低。目前证监会所发放牌照的数量极其有限,对于涉及投资咨询、资产管理和金融产品销售的监管十分严格,申请牌照的复杂性和高门槛使得上述三种牌照的获得十分困难。

2014 年,由于缺乏相关牌照,一些初创的金融科技公司通过人工智能为投资者提供财富管理服务,并试图在财富管理领域复制 P2P 模式,以从监管中套利。随后,第三方财富管理公司和 P2P 平台也纷纷加入了智能投顾市场,以吸引更多的个体投资者,并希望将来监管机构能够放松牌照的要求,或者自身能在申请牌照时获得一些先发优势。

第二阶段:2016—2019 年基于销售端的收费模式

随着互联网金融监管的日趋严格,智能投顾的监管框架在 2016—2017 年也逐渐形成。吸取了 P2P 的经验教训,中国人民银行、银监会、证监会、保监会、外管局等监管部门在此期间下发了一系列关于金融机构资产管理业务的指导意见,《关于规范金融机构资产管理业务的指导意见(征求意见稿)》指出:"金融机构运用人工智能技术、采用机器人投资顾问开展资产管理业务应当经金融监督管理部门许可,取得相应的投资顾问资质,充分披露信息,报备智能投顾模型的主要参数以及资产配置的主要逻辑。"根据监管要求,没有获得牌照的非金融机构不得从事智能投顾业务。

商业银行、基金公司、证券公司基于不同的战略需求纷纷推出智能投顾产品。一些机构想通过智能投顾来吸引客户,还有一些机构将智能投顾纳入了公司的发展战略,以提升运营效率及客户满意度。

2016年年底招商银行推出的摩羯智投是国内商业银行首次推出的智能投顾产品,引起了市场的广泛关注。招商银行作为国内商业银行财富管理的先行者,2016年,其资产管理规模达到了2.3万亿元。摩羯智投通过招商银行App向5 000万用户推送智能投顾服务,并将起始投资额度设定为2万元,远低于私人银行1 000万元的投资门槛。摩羯智投首先根据调查问卷来评估客户的风险承受能力和投资目的,然后通过人工智能算法从数百个投资产品中筛选出一个适合客户的投资组合,并提出投资建议。一般来说,智能投顾所推荐的投资组合大都是复合型的,里面既包含权益类产品(被动指数基金和主动股票基金),也包括债券(政府债券和商业债券)和大宗商品。当市场环境发生变化时,智能投顾会重新调整投资组合策略,而投资者只需在手机上点击几次"确认"就可以完成投资策略的调整。仅在推出一年之后,摩羯智投的申购规模就突破了100亿元人民币。

与美国的智能投顾相比,中国智能投顾的发展受到了两方面的约束。第一,中国的智能投顾只能给用户提供投资建议,不能代替客户进行投资操作。第二,智能投顾主要从基金公司获得佣金,无法从用户的投资收益中获取报酬。同时,共同基金和证券公司也无法依据客户的收益来获取佣金。

基于交易的收费模式容易产生以下两个问题。首先,可能产生利益冲突,智能投顾可以向投资者推荐佣金率较高的产品,或者提高投资者交易次数,以从基金销售公司获得更高的佣金。其次,用户体验不佳,投资策略的每次调整都需要客户的确认,这在一定程度上有损客户体验感。

第三阶段:2019年至今基于咨询端的收费模式

智能投顾发展的一个重要里程碑是2019年证监会启动的公募基金投资顾

问业务试点。从客户利益出发，推动智能投顾的收费模式从销售端向咨询端的转变将给财富管理行业和智能投顾市场带来全新的发展机遇。

基金投顾试点机构不仅可以为客户提供个性化投资组合策略，而且可以代替客户进行投资决策，并完成基金的申购、赎回等操作。试点将推动智能投顾逐渐向咨询收费模式转变，例如，一些试点机构的收费上限不能超过客户资产净值的5%。

自试点计划启动以来，共有3批共18家公司取得了试点资格（见表7.1）。其中5家基金公司在2019年10月成为首批试点机构。2019年12月，腾安基金、盈米基金、蚂蚁基金成为第二批试点机构。2020年2月发布的第三批试点名单中包括了3家商业银行和7家证券公司。虽然试点机构可以向客户收取管理资产净值的5%作为咨询费用，但目前大多数机构的收费标准都低于0.5%。

最近，由国内金融科技巨头蚂蚁集团和全球领先的资产管理公司Vanguard共同推出的全新理财服务"帮你投"在支付宝上线。"帮你投"旨在服务于支付宝和蚂蚁财富平台的12亿用户，所设定的最低投资门槛为800元人民币，并以年化总资产0.5%的标准收取服务费用。"帮你投"上线100天时，资产管理规模就达到了约22亿元人民币，用户数超过了20万，其中50%以上的客户年龄都在30岁以下。

投资顾问的试点可以看作中国金融市场面向世界全面开放所作出的重要努力。预计未来会有更多的国外机构参与到中国资产管理和智能投顾行业的竞争中。

表7.1 中国公募基金投资顾问业务试点

批次	类型	机构名称
第一批 （2019.10）	基金公司	华夏基金
		易方达基金
		南方基金
		嘉实基金
		中欧基金

（续表）

批次	类型	机构名称
第二批 （2019.12）	独立销售机构	腾安基金
		蚂蚁基金
		盈米基金
第三批 （2020.2）	银行	中国工商银行
		平安银行
		招商银行
	证券公司	国联证券
		中金公司
		华泰证券
		申万宏源证券
		中信建投
		银河证券
		国泰君安

1.2　中美智能投顾的比较

投资建议个性化、门槛低、费率低、用户界面友好是中美两国智能投顾的共性，基于两国资本市场发育程度、监管框架和投资习惯的差异，智能投顾也存在以下差异（见表7.2）。

监管框架。美国对于智能投顾的监管框架是清晰且成熟的，所有智能投顾产品在推出之前，都需在美国证券交易委员会进行登记，并且与传统投顾遵循相同的法律规定，如1940年的《投资顾问法》和1934年的《证券交易法》。而中国智能投顾的监管还处于起步阶段，未来监管的变化将取决于共同基金投顾试点的情况。

投资标的。美国智能投顾的投资标的主要是交易费用低、透明度高、流动性强的交易型开放式指数基金（exchange traded Fund，ETF），中国智能投顾更多地投向主动型和被动型共同基金。随着中国ETF市场的快速增长，这种情况可能会很快改变。

投资目标和投资周期。美国智能投顾的客户群体比较重视风险和收益的平衡,同时注重投资组合的多样化和税收规划。而中国投资者则更加注重投资回报,且投资周期较短。

收费方式和市场主体。美国智能投顾产品主要由知名资产管理公司、财富管理公司和金融科技公司提供,它们通过收取咨询费赚取利润。中国智能投顾产品则主要由众多类型的金融机构提供,它们通过收取销售佣金或咨询费赚取利润。

市场集中度。美国智能投顾产品大都来自著名的资产管理公司(如 Vanguard,Charles Schwab)和金融科技公司(如 Betterment,Wealthfront),目前,Vanguard 和 Charles Schwab 这两家公司在美国智能投顾市场上占据领先优势。中国智能投顾的市场份额则由基金公司、债券公司、商业银行、大型金融科技平台和第三方财富管理公司共同享有,市场集中度相对较低。

表 7.2 中美智能投顾的比较

	中国智能投顾	美国智能投顾
监管框架	起步阶段	成熟且清晰
投资标的	以公募基金为主	以 ETF 为主
投资目标	收益最大化,避免大的损失	风险收益均衡、分散配置、税收优化
投资周期	中短期	中长期
收费方式	销售佣金或咨询费	咨询费
市场主体	众多类型的金融机构	知名资产管理公司、财富管理公司和金融科技公司
市场集中度	低	高

1.3 从智能投顾到数字化财富管理

虽然智能投顾发展迅速,但就产品数量和资产管理规模而言,智能投顾在中国财富管理市场中所占的份额依然较低。虽然目前中国财富管理市场的发展不够完善,但数字技术的出现为中国财富管理的发展提供了弯道超车的机会。

2. 驱动因素

本部分主要阐述驱动中国智能投顾和数字化财富管理发展的三大因素：财富管理市场潜力巨大、线上投资习惯的形成，以及财富管理需求的多样化。

2.1　财富管理市场潜力巨大

在过去的四十多年中，随着中国经济的高速增长和财富的大量积累，中国已成为全球第二大资产管理市场。2019 年，中国的个人可投资资产（不包含房地产）达到了 150 万亿—250 万亿元人民币①，可见财富管理市场的潜力巨大。

中国人民银行 2019 年发布的《中国城镇居民家庭资产负债状况调查》显示，中国家庭总资产中，房地产占比高达 59%。就流动性资产而言，72% 的资产是银行存款或者理财产品，20% 的资产是股票，剩下的则是共同基金和债券。相比于美国和日本，中国投资者在权益类资产上的投资比重明显偏低。

房地产最具吸引力的投资时代已经终结。主要原因有两点，其一，近几年，房地产市场受到了严格的管控，中央政府坚持"房子是用来居住的，不是用来炒的"，并出台了限购、限售、限贷等多项政策来控制房价的涨幅。第二，截至 2019 年 10 月，中国城镇家庭的住房拥有率达到了 96%，其中 58% 的家庭拥有 1 套住房，31% 的家庭拥有 2 套住房。因此，未来几年内，中国的住房需求将会放缓，人口老龄化和较低的租售比可能会进一步放缓住房需求。

利率的稳步下降和监管政策的趋严使银行存款和理财产品的吸引力不断下降。对银行理财产品承诺保本保息是中国财富管理市场长期存在的一个问题。银行通常与信托、共同基金和证券公司等非银行机构合作，以次级贷款为基础，推出一些理财产品，这些理财产品的投资门槛一般在 1 万—5 万元人民币，而且会有一个相对固定的收益率和投资期限。投资者购买理财产品一方面是由于其收益率比存款高，另一方面是由于投资者坚信到期时可以保本保息。

---

① 根据波士顿咨询公司、陆金所、易信和中国人民银行的报告估算。

根据《中国金融稳定报告（2020）》，截至 2019 年年底，银行理财产品的规模达到了 79.4 万亿元人民币，占中国资产管理规模的 30.5%，而共同基金占比只有 18.6%。

2018 年 4 月 27 日，中国人民银行、中国银行保险监督管理委员会、中国证券监督管理委员会、国家外汇管理局联合下发了《关于规范金融机构资产管理业务的指导意见》（简称《资管新规》），旨在规范金融机构资产管理业务，统一资产管理产品监管标准，有效防范系统性金融风险。《资管新规》要求银行理财产品要区别于银行存款，新发行的理财产品须为净值型产品，不再保本保息。《资管新规》为银行机构设立了 2—3 年的缓冲期，以消化现有的理财产品，并将其财富管理业务和存款业务进行分离。截至 2019 年年底，已有 16 家商业银行获批成立了理财子公司。《资管新规》下，新推出的银行理财产品收益率波动可能较大。

综上所述，我们预计中国的投资者会重新进行资产配置，由房地产、银行存款、银行理财产品逐渐向股票、债券和共同基金等风险性稍高的资产进行转换。

2.2 线上投资习惯的形成

中国数字金融的发展可追溯到 2004 年年底支付宝的上线。不管是从技术还是从交易量来看，中国在数字支付和线上借贷领域都处于世界领先的地位。

微信支付和支付宝已成为人们日常生活的一部分。目前，微信支付和支付宝占中国移动支付市场 90% 以上的份额，它们不仅可以为人们提供数字支付、消费贷款、投资、保险等金融服务，而且可以提供餐饮、住宿、旅游、医疗等生活服务。

2013 年支付宝推出了由旗下天弘基金管理的余额宝，用户既可以利用账户中的余额购买货币基金来赚取收益，也可以将账户中的资金用于网络购物、转账等消费场景。区别于传统的货币市场基金，余额宝可随时赎回，并直接用于支付。其超低的投资门槛（1 元人民币）吸引了几乎所有的支付宝用户，特别是那些没有货币市场基金投资经验的用户。

起初，余额宝因其超高的收益率导致大量资金从银行转出，从而迫使部分商业银行提高了存款利率。2014年,余额宝的平均年化收益率达到了4.83%,是银行活期存款利率的10倍以上。在余额宝推出的1年时间内,就拥有了1亿的用户,资产管理规模达到了5 740亿元人民币。由图7.2可知,2017年其资产管理规模达到了峰值(接近1.6万亿元人民币),2019年其用户数量超过了6亿。

除余额宝外,支付宝还增加了"财富集市"功能。"财富集市"里涵盖了由一百多家基金公司、证券公司、保险公司、银行和其他持牌金融机构打造的投资门槛相对较低的理财产品,支付宝用户可以从包括共同基金、银行存款、保险在内的六千多种投资产品中进行筛选,形成多元化的投资组合。

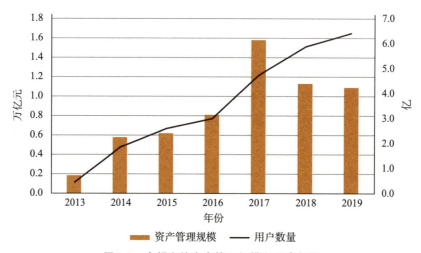

图7.2 余额宝的资产管理规模和用户数量

资料来源:蚂蚁集团年报。

随后,腾讯、京东和其他大型科技平台也在各自的App上推出了一系列货币市场基金和理财产品来参与线上理财市场的竞争。这些产品的推出培养了年轻人线上理财的习惯。相比于他们的父母一辈,现在的年轻人对智能投顾和数字财富管理产品的接受度更高。财富管理可能成为继数字支付和线上借贷之后金融科技改变的另一重要领域。

2.3 财富管理需求的多样化

按照可投资资产规模进行划分,可将投资者划分为呈金字塔分布的四类。

最下面一层,可投资资产在1万美元以下的投资者人数最多,在金融领域他们被称为普惠客户或长尾客户;倒数第二层为可投资资产为1万—10万美元的中产阶级;再上面一层是大众富裕阶层,他们的可投资资产为10万—100万美元;最上面一层为高净值客户,他们的可投资资产均在100万美元以上。中国银行业协会的数据显示,2019年,中资银行的私人银行客户数量超过了100万,资产管理规模达到14.13万亿元人民币。

不同人群对财富管理有不同的需求。对于长尾客户来说,他们的风险承受能力较低,更注重资产的保值,因此他们的资金主要投向银行存款或货币基金(如余额宝)。而高净值客户则更倾向于能够获得专业投资建议的私人银行服务。对于中产阶级和大众富裕阶层来说,其财富管理需求相对复杂,他们往往愿意选择风险和收益共存的投资方式,如银行理财产品、共同基金或股票等,一些大众富裕阶层的投资者则会购买相对复杂的金融产品,如对冲基金、私募股权基金、信托或衍生产品。除资产增值外,越来越多的投资者开始关心子女教育、健康、养老等资金需求,他们对财富管理也提出了更高的要求。

3. 财富管理中的人工智能和数字技术

3.1 财富管理的全业务流程

如图7.3所示,财富管理的全业务流程分为五个步骤:获客、评估客户需求及风险偏好、制定投资策略、执行交易和投资组合再平衡、风险管理。其中,前三步为咨询端,以客户为中心,后两步为资产管理端,以产品为中心。投资策略的制定是平衡客户风险偏好与投资目标的关键。商业银行、大型科技平台和第三方财富管理公司在咨询端具有优势,而共同基金和证券公司在资产管理端则更具优势。

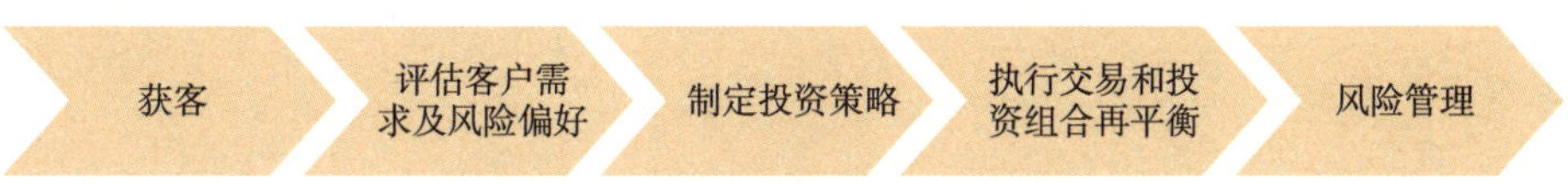

| 获客 | 评估客户需求及风险偏好 | 制定投资策略 | 执行交易和投资组合再平衡 | 风险管理 |

图7.3 财富管理的全业务流程

数字技术（如移动互联网、大数据和云计算技术）和人工智能深刻改变了财富管理的业务流程。自20世纪50年代哈里·马科维茨（Harry Markowit）提出"均值—方差"投资组合模型以来，许多研究者将定量模型和数据分析应用于资产配置、交易执行和风险管理中。计算机算法和机器学习模型可被用于金融数据分析、投资组合构建和资产配置中。文本分析法可通过对公司的年度报告和社交媒体帖子的分析来捕捉市场机会。云计算技术则使得高频交易和实时风险监控成为可能。

财富管理行业在过去主要依赖大量的人力来获取客户和服务客户，而智能投顾的出现从根本上改变了这一格局。除此之外，还有以下两个主要的商业模式在财富管理中得到了广泛运用。

机器人投顾+人工投顾。传统的第三方财富管理机构和证券公司大都采用这种模式来为客户服务。机器人投顾主要用于为客户构建投资组合，而人工投顾则负责与客户进行沟通。这种模式在提高人工投顾工作效率、降低服务成本的同时，又保留了有温度的客户体验，提高了客户满意度。计算机算法还可以用来追踪和评估投资顾问的服务能力。

财富科技平台。大型金融科技平台为传统财富管理机构提供技术解决方案，在帮助它们通过平台获取客户的同时，也满足了投资者的多元化财富管理需求，其中一个典型的案例是蚂蚁金服在2017年推出的"蚂蚁财富"App。作为余额宝和财富集市的升级版，蚂蚁财富为财富管理公司提供了一系列的业务方案，包括产品筛选、适用性评估、营销、沟通和投资咨询服务等，不仅降低了财富管理机构的成本，而且提高了其运营效率。截至2020年6月30日，蚂蚁财富的资产管理规模达到了40 990亿元①。

3.2 人工智能和数字技术为财富管理赋能

人工智能和数字技术可以从多个方面为财富管理赋能，这在客户咨询端体现得尤为明显。

---

① 资料来源：蚂蚁集团年报。

3.2.1 降低成本,实现普惠财富管理

人工智能和数字技术使长尾客户获得财富管理服务成为可能。过去由于传统客户服务模式成本过高,长尾客户无法获得财富管理服务。在移动互联网时代,智能营销技术、人机交互、机器学习模型在客户端的应用极大地提高了财富管理机构的获客能力,并帮助其及时捕捉客户需求。依托这些技术,智能投顾和数字化财富管理具备了普惠特征。

3.2.2 优化资产配置,实现风险—收益均衡

财富管理的核心是把合适的产品与服务匹配给合适的客户。实现这一目标的前提是要对客户的风险承受能力、投资目标和投资周期有准确、全面和动态的把控。除以问卷形式了解客户外,现在的一些算法还可以综合很多外部信息,更准确地分析客户特征,确保客户和产品的有效匹配。中国领先的金融科技公司陆金所升级的 KYC 系统,有效避免了大约 30% 的无效匹配。

智能投顾和数字化财富管理通常采用"均值—方差"模型或更复杂的财务模型来构建投资组合,计算机算法在模型中加入更多的资产类型,从而在一定程度上避免人们的行为偏差。此外,计算机算法还可以对投资组合进行实时监控,并根据市场情况的变化及时进行调整。

3.2.3 打造用户友好型产品,提升客户满意度

受到互联网企业的启发,数字财富管理机构开始注重用户体验和用户友好型产品的开发。通过 App 的不断升级,让投资者享受一站式的财富管理服务。通过人工智能技术打造的个性化投资者社区,让投资者可以获得专业化提升。

远程交互技术使财富管理突破了时间和地域的限制。2020 年年初,新冠肺炎疫情导致的"社交封锁"使远程交互技术的价值进一步凸显。在此期间,宜信财富加快了其数字化战略的步伐,充分利用远程技术为客户提供线上财富管理服务,如在线开户、合格投资者认证和投资者教育等。2020 年 2 月,在宏观环境十分不利的情况下,宜信财富的资产管理规模和新客户数分别环比增长了 8% 和 23%。

4. 智能投顾改变投资者行为

4.1 减少投资者的行为偏差

行为金融学的研究表明,在进行投资决策时,个人投资者受情绪和认知局限的影响会表现出一定的行为偏差。本节将列举一些常见的行为偏差,并讨论其对财富管理的影响。

过度自信和过度交易。过度自信是指投资者高估自己的知识、能力和判断的准确性。过度自信的投资者常常会采取积极的投资策略,从而导致过度交易,这一点在发展中国家的投资者身上尤为明显。2017年,我国股票和股票型共同基金的平均换手率分别为428%和297%,远高于美国的116%和26%。

投资种类单一。多元化的资产组合可以在保证一定收益的同时有效分散风险。在实际的操作中,投资者的投资策略往往不够多元化,例如,有些投资者往往反复购买他们熟悉的几只股票。

羊群效应。羊群效应是指投资者的行为往往受其他投资者的影响,并模仿他人决策的一种现象。大量投资者在牛市时高价买入股票,在熊市抛售,从而导致市场崩溃。实证研究表明,中国股票市场上的个人投资者和基金经理的操作都具有一定的羊群效应。

重视收益,忽略风险。"均值—方差"投资组合模型强调风险与收益的均衡。而在实践中,投资者往往过分关注收益,而忽视风险,从而使投资组合中高风险资产的比重过高。

上述几种行为偏差都有损投资效率和投资收益。依据计算机算法来确定投资策略的智能投顾在很大程度上可以减少人为因素的影响,从而有效避免行为偏差。D'Acunto等(2019)通过印度的数据研究发现,智能投顾可以帮助投资者提高投资组合的多样性,从而降低了投资组合的波动率,提高了收益率,减少了投资者的行为偏差。Rossi and Utkus(2021)通过分析美国的智能投顾产品发现,智能投顾通过增加国际权益资产和固定收益投资的方式有效影响了美国本土投资者的偏好。

4.2 智能投顾案例分析①

通过对中国智能投顾的案例分析发现，智能投顾可以有效降低投资者的换手率，而且这种效应在二、三线城市的男性和缺乏经验的年轻投资者身上更为明显。

本部分的数据来自某基金公司与某大型商业银行在 2018 联合推出的智能投顾产品，该智能投顾的最低投资金额为 1 万元。我们从中随机抽调了 7 427 个客户，并获取这些投资者的性别、年龄、教育程度和所在城市等个人信息。样本中 64.84% 为女性，52.19% 的投资者居住在北京、上海、广州和深圳。为了比较投资者在使用智能投顾前后换手率的变化，我们同时获取了这些投资者 2010—2019 年的投资交易记录。

图 7.4 展示了男性和女性使用智能投顾前后换手率的差异。使用智能投顾以后，男性的换手率下降了 28.90%，远高于女性 15.96% 的降幅。相比于女性投资者，男性投资者更自信，交易也相对频繁，我们的研究发现，智能投顾可能进一步降低男性投资者的行为偏差。

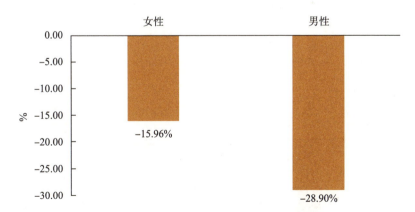

图 7.4 智能投顾对不同性别投资者换手率的影响

图 7.5 显示了不同年龄段投资者换手率的变化。智能投顾对 16—30 岁以下投资者的影响最大，他们的换手率下降了 63.80%，其次是 30—45 岁和 45—60 岁

---

① 本案例来自与沈绍炜合作研究的《智能投顾投资者的投资交易行为分析》一文中。

的投资群体。有趣的是,智能投顾使60岁以上投资者的换手率提高了16.93%,其原因可能是智能投顾给老年人带来更多的操作便利性。

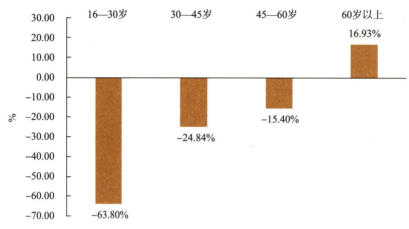

图7.5 智能投顾对不同年龄段投资者换手率的影响

图7.6显示智能投顾对投资者行为的影响与其投资经验呈反比。对于投资经验小于1年的投资者,使用智能投顾后其换手率下降了97.69%,对于投资经验大于5年的投资者,使用智能投顾后其换手率增加了48.15%。这表明,对于经验丰富的投资者来说,智能投顾帮助其发现了更多的市场机会,从而增加了交易次数。

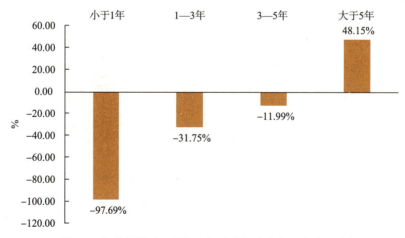

图7.6 智能投顾对不同投资经验的投资者换手率的影响

图7.7显示了不同地区投资者换手率的变化。智能投顾对居住在北京、上

海、广州的投资者影响较小,而对二、三线城市投资者的影响较大。这种差异可能是由于不同地区投资者掌握的金融知识有差异。

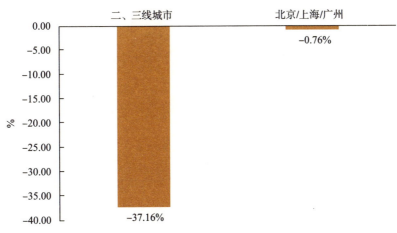

图 7.7　智能投顾对不同地区的投资者换手率的影响

5. 中国财富管理数字化的趋势

5.1　不同类型的市场主体开展差异化的竞争与合作

未来中国的数字化财富管理市场上,不同类型的财富管理机构根据各自在客户和技术方面的优势,将进行差异化的竞争与合作。

5.1.1　传统财富管理机构:开放合作与转型升级

传统财富管理机构(商业银行、基金公司、证券公司)将不断寻求与金融科技公司的合作,加快自身的转型升级。商业银行具有良好的客户基础,可以通过历史数据更好地了解客户特征、识别客户需求;基金公司与证券公司具有专业的投研能力,可以为客户提供专业的资产配置方案和多元化的投资策略。受传统业务模式的限制,金融科技创新、智能风险管理等方面的劣势使传统财富管理机构无法在市场中继续保持原有的竞争优势。为此,传统财富管理机构不断与金融科技企业进行深度战略合作,运用大数据、人工智能等技术全面升级财富管理的各个环节,以满足用户的个性化和数字化需求。

5.1.2 金融科技公司：不断输出数字科技并为金融机构赋能

金融科技公司借助大数据、人工智能、机器学习等先进技术不断进行技术产品输出，为财富管理行业提供服务和解决方案。由于缺乏客户群体和金融牌照，金融科技公司通过与传统金融机构战略合作的方式，为客户提供多元化的投资组合和个性化的资产配置方案。通过这种方式，部分金融科技公司所提供的智能化解决方案已覆盖了财富管理机构价值链的各个环节。

5.1.3 大型科技平台：打造金融生态系统

蚂蚁集团、腾讯金融科技、陆金所等大型金融科技平台不仅拥有先进的技术，而且拥有大量的客户群体和金融牌照，它们在与传统财富管理机构合作、为其提供产品和解决方案的同时，更加注重平台自身的发展和建设。大型金融科技平台依托平台用户优势，对各类技术和算法不断优化，最终与平台用户共建金融生态系统。

5.2 数字财富管理行业监管不断完善

2016年以来，金融监管部门下发了一系列针对金融科技行业和资产管理行业的重要规定，其中最重要的是2018年出台的《资管新规》。《资管新规》为资产管理业务制定了全面的监管框架，以及针对数字化财富管理业务的详细规定。未来中国数字化财富管理的监管将不断完善，主要体现在加强持牌经营、穿透式监管和沙盒监管等方面。

5.2.1 持牌经营

持牌经营是数字化财富管理发展的前提。如果财富管理市场没有资产管理牌照准入的要求，数字技术不仅无法真正为资产管理业务赋能，而且有可能扰乱市场秩序、扩散金融风险、危害投资者财产安全，甚至可能阻碍财富管理行业和金融市场的健康发展。2018年出台的《资管新规》明确指出，依托互联网公开发行、销售资产管理产品，须取得资产管理牌照或者资产管理产品代销牌照。《资管新规》的出台有效整治了无任何资质或牌照、偿付能力较低、风控水平差的中小型互联网金融平台,规范了财富管理行业。

5.2.2 穿透式监管

数字技术的发展助力财富管理实现了穿透式监管。财富管理行业的数字化转型,有助于财富管理机构拓展增量业务、优化服务流程、提升管理水平。《资管新规》全面确立了对资管产品进行穿透式监管的思路,要求将资产管理产品的资金来源、中间环节与最终投向连接起来,实现对金融机构业务和行为的全流程监管。运用穿透式监管可以不断提升财富管理行业对金融风险的甄别能力,切实保护投资者的合法权益。

5.2.3 沙盒监管

引入监管沙盒机制是为了平衡风险和创新。"监管沙盒"是在金融消费者权益得到保护、金融风险得到控制的前提下,监管部门通过合理放宽限制,在真实市场环境中测试创新业务的机制。"监管沙盒"可以在风险可控的范围内激发创新、提升效率。在创新性强的数字化财富管理项目纳入"监管沙盒",有助于在该项目大范围应用前了解其伴随的风险,降低产品面世后的监管协调成本。"监管沙盒"机制的引入有效激发了中国财富管理行业的创新与活力。

6. 挑 战

尽管中国财富管理的数字化转型时代已经开启,具有广阔的发展前景,但也面临一些重要的挑战,需要行业、学术界和监管机构的共同努力。

6.1 数据与隐私挑战

与传统财富管理服务相比,智能投顾和其他数字化财富管理产品需要收集大量的投资者信息,如投资者的风险偏好、投资目标等。在为客户制定个性化的投资策略时,可能还需要收集一些敏感信息,如年龄、教育背景、家庭资产和健康状况等。对于由多个机构联合推出的财富管理产品,财富管理机构之间还可能共享客户的一些私人信息。因此,建立完善的数据安全和隐私保护规则是财富管理行业健康发展的必然要求。

6.2 技术挑战

对于投资者而言,智能投顾和其他数字化财富管理所提供的服务是基于一些算法得出的,其计算过程是一个黑箱,这可能产生一些无法预测和解释的技术漏洞。而在现有的技术框架下,技术黑箱的可解释性和问责机制尚不清晰。对于财富管理机构而言,随着人工智能、云计算、大数据和区块链技术在财富管理中的应用,服务的客户数量不断增加,如何保证技术和系统的稳定性就显得十分重要。对于金融市场而言,当所有投资者都采用智能投顾给出的投资策略进行交易可能会加剧金融市场的波动。

6.3 投资者教育挑战

行业和学术界都意识到了投资者教育的重要性。只有投资者具备足够的金融知识、懂得平衡收益与风险、具备多元化和长期投资理念,他才能充分理解财富管理产品、理性应对市场波动。然而,长期受刚性兑付的市场环境和股市投机文化的影响,中国大多数投资者缺乏足够的金融知识,关注收益多于关注风险,从而使过度交易、羊群效应等行为偏差削弱了财富管理数字化的红利。

财富管理的数字化有利于提升中国投资者的教育水平。首先,用户友好的交互界面增加了产品与投资者的互动。其次,计算机算法通过对投资者交易历史的有效分析,可以及时提醒投资者避免行为偏差。最后,投资者教育可以融入数字化财富管理产品的设计中,让投资者在投资实践中获得一定的理财知识。

6.4 科技人才挑战

未来的财富管理行业是由数据和科技人才共同驱动的。技术人才短缺可能导致中国财富管理市场数字化转型遭遇瓶颈。与美国 Vanguard 和 Charles Schwab 等财富管理巨头相比,中国财富管理机构的科技人才占比极低。如果从技术员工比例和研发支出来看,资产管理规模为 2.2 万亿美元(截至 2021 年 3 月 31 日)的著名投行高盛集团可以看作一家科技公司。

未来财富管理行业的竞争是科技人才和技术的竞争。充分利用金融科技时代的数字化机遇,在高校中开设数字技术与量化分析等跨学科课程来培养先进的技术型人才,对我国财富管理行业的发展至关重要。

参考文献

D'Acunto F, Prabhala N, Rossi A G, 2019. The promises and pitfalls of robo-advising[J]. Review of Financial Studies, 32(5).

Rossi A G, Utkus S P, 2021. Who benefits from robo-advising? Evidence from machine learning [Z]. Working Paper.

第八章
商业银行的数字化

谢绚丽*

---

* 谢绚丽，北京大学国家发展研究院副教授，北京大学数字金融研究中心高级研究员。

中国现代的商业银行是从改革开放开始出现的。在多次改革后,国有大型商业银行实现了重组和上市,民营银行和外资银行的准入门槛明显降低。尽管我国一些商业银行目前在规模上位居全球前列,但竞争力却明显不足。具体来说,我国商业银行习惯在利率管制的市场中开展业务,它们的商业模式很大程度上依赖于利息差和大型企业客户。虽然改革使竞争加剧,但总体的游戏规则没有改变。

近年来,数字技术和移动互联网的发展催生了金融科技。金融科技使大型科技平台和众多掌握新技术的新企业,可以通过支付和贷款业务进入银行领域。金融科技公司凭借便捷和低成本的优势,不仅对商业银行业务构成了威胁,而且极大地改变了商业银行的竞争格局。

面对这一严峻挑战,商业银行采取了多种应对措施。它们舍弃了部分低价值资产。例如,2015—2019年,银行分支机构大规模关闭。与此同时,裁员也是银行降低成本的重要途径。此外,许多银行开通了线上业务办理渠道,如网上银行和手机银行等。

虽然渠道创新是早期的应对措施之一,但越来越多的银行逐渐意识到,金融科技的挑战不仅在于渠道,而且需要对整个业务进行数字化升级。为了实现这一目标,企业还需要加大研发力度、聘请有技术背景的员工、与科技公司合作等。此外,为了支持业务重构,银行内部组织结构也需要进行相应的改变。

总之,商业银行正在推进数字化转型。为了量化银行数字化转型的落实情况,北京大学数字金融研究中心开发了一套涵盖银行数字化各个过程的指数体系。

1. 中国商业银行业概况

第一家恢复成立的银行是中国农业银行,第二家是中国银行。到1987年,中国建设银行、中国工商银行和交通银行三家国有银行相继恢复成立。这五大国有商业银行构成了中国商业银行业的基础。

过去三十多年来,中国银行业在不断进行改革和转型。经过一系列重组,五大国有银行相继上市。随后,银行体系进一步扩展,相继成立了12家全国性股份制银行、信用社陆续改制为商业银行,以更好地满足区域性的金融需求。民营银行虽然能够在全国范围内开展业务,但只能通过互联网提供服务,体现了政府旨在利用互联网和金融技术满足小微金融市场资金需求的政策设计。2019 年,中国取消了对中资银行的外资持股比例限制,以降低外资银行的进入壁垒。截至 2020 年年底,全国共有 6 家国有大型商业银行(中国邮政储蓄银行自 2019 年起被纳入国有大型商业银行)、12 家全国股份制银行、134 家城市商业银行、19 家民营银行、1 485 家农村商业银行和 41 家外资银行,总资产共计 23.9 万亿元。① 商业银行构成了中国金融体系的重要组成部分。

虽然改革带来了市场竞争的加剧和中国银行业的快速发展,但行业仍旧遵循旧的游戏规则。这导致了几个严重问题:首先,虽然中国各银行的规模有所增长,但其金融服务能力还有待提升。这些银行严重依赖于利息收入,利息收入占各大国有银行收入的 70% 以上,这一比例远高于西方国家的银行,例如摩根大通的利息收入占比不到 50%。

其次,中国银行业仍面临较大的包容性挑战。根据世界银行的报告,2015 年,在中国,每 1 000 名成年人仅拥有 19 个银行账户,而世界平均水平为 52 个,美国为 91 个。② 这一差距表明中国银行业的金融服务仍处于供不应求的阶段。此外,由于银行更倾向为大型企业客户提供金融服务,中小企业的金融需求难以得到满足。

最后,由于银行业有严格的进入壁垒,银行可以利用自己的牌照优势获得丰厚的利润。因此,银行缺乏动机去增强核心竞争力,并发展以客户为中心的企业文化。随着改革的深入和利率市场化的逐步推进,行业资产收益率不断下降,不良贷款率不断上升。如图 8.1 所示,从 2011 年第一季度到 2019 年第三季度,银行平均资产收益率从 1.5% 左右下降到 0.9% 以下。③ 与此同时,不良贷款率却几乎翻倍,从 1% 左右增至近 2%。

综上所述,中国商业银行业亟须进一步改革和转型。那么,新兴金融科技的应用会成为其改革和转型的"锦囊妙计"吗?

① 资料来源:中国银行保险监督管理委员会。
② 资料来源:世界银行金融发展数据库。
③ 资料来源:中国银行保险监督管理委员会。

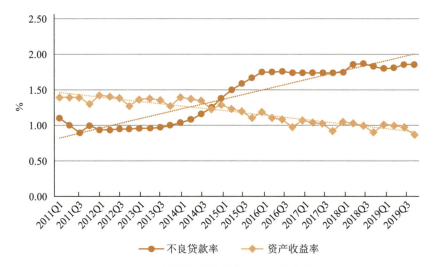

图 8.1 银行不良贷款率与资产收益率

2. 金融科技的出现及其对商业银行的影响

在过去十多年里,中国在金融科技方面发展迅速,同时国内金融市场服务供给明显不足。

数字支付引领了金融科技的第一次飞跃。互联网巨头阿里巴巴于 2003 年推出支付宝,为其电子商务的发展提供了重要支付工具。但是,支付领域真正的竞争开始于 2010 年,这主要是由于智能手机的普及使移动支付成为现实。阿里巴巴和腾讯两大科技平台公司将移动支付领域视为竞争高地,并通过提供巨额补贴来获客。截至 2019 年年底,两家公司占据了 90% 以上的第三方支付市场。2019 年,中国共 6.3 亿人使用数字支付,占中国网民的 85% 以上。然而,这些交易中只约 10% 是通过银行进行的。① 因此,银行的支付业务受到了极大的挑战。

类似的现象也存在于储蓄和贷款业务中。2013 年,蚂蚁金服推出了一个划时代的理财产品——余额宝。由于其较高的利率和极大的流动性,余额宝的出

---

① 资料来源:中国人民银行《2019 年支付体系运行总体情况》。

现对银行的储蓄业务构成了直接挑战。截至 2020 年 6 月,余额宝拥有 6.7 亿用户,管理资产规模超过 1 万亿元①,成为中国最大的公募基金。

如今,线上还可以进行贷款。蚂蚁金服通过支付宝推出了消费信贷业务"花呗"和小额信贷业务"借呗"。腾讯通过微信推出"微粒贷",并取得了巨大成功。这些线上产品在申请提交后的几秒钟内就可以发放贷款。它们所采用的基于线上大数据的信用评估方式,与银行传统的风控方式相比,是一种颠覆式的创新。

凭借极具竞争力的定价和便利性,金融科技很快开始普及,特别是那些金融需求无法被银行满足的年轻人和不太富裕的长尾客群。此外,在互联网时代成长起来的新一代客户更依赖线上金融服务,这使得实体银行分支机构的客流迅速减少。2018 年,银行分支机构数首次出现负增长,净关闭 1 005 家。2019 年,净关闭数增至 1 465 家(见图 8.2)。② 随着银行分支机构的关闭,银行的员工数也在减少。2016—2019 年,六大国有银行的员工数减少了 5.4 万余人。

图 8.2 银行线下分支机构的新建和关闭数量

---

① 资料来源:《天弘余额宝货币市场基金 2020 年中期报告》。
② 资料来源:中国银行保险监督管理委员会。

不难看出，商业银行的竞争格局已经发生了巨大的变化。在需求方面，Z世代（出生于1995—2009年，即互联网时代的人）是"数字原住民"，他们天生偏好科技产物。然而，传统商业银行并没有做好充分的准备为这些潜在客户提供服务。在竞争方面，金融科技正在模糊银行业的边界，商业银行不再具备从前的竞争优势。在这样的双重冲击下，商业银行应该如何应对挑战？

3. 商业银行的数字化转型

金融科技带来的竞争压力迫使商业银行进行转型。有些银行将金融科技的出现视为一种威胁，另一些银行则在其中看到了机会。笔者通过构建数字化转型指数来量化不同商业银行数字化转型的进程。该指数由三个维度（子指数）组成。第一个维度是管理层对金融科技的认知，即认知转型，这是通过对银行年报内容的文本分析获得的。笔者通过统计一系列关键词在银行年报中出现的频率来衡量这一指标，如互联网、数字化、金融科技、智能、大数据、电子银行、云计算、区块链、普惠金融、开放银行等。这些关键词出现的频率越高，银行管理层对金融科技的认识就越强。

第二个维度关注银行的组织转型。这一维度的具体指标包括是否设数字金融相关部门，具有技术背景的董事和高管成员占比，以及是否与科技公司达成联盟或合作。

第三个维度衡量银行的数字化创新，即产品转型。这个维度由数字金融研发能力、产品布局、渠道建设构成。数字金融研发能力包括数字金融专利数量，以及专利中发明专利的占比。数字金融产品布局包括互联网理财、互联网信贷、电子商务产品的开发情况。数字金融渠道建设包括对手机银行、微信银行的开发情况。

最后，将这三个子指数标准化，形成一个总指数。表8.1列出了指数的结构。

表 8.1　中国商业银行转型指数

一级指标	一级指标权重	二级指标	具体指标	具体指标权重
认知转型	6.60%	数字金融关键词提及频次	年报正文每万字中,关键词(互联网、数字化、金融科技、智能、大数据、电子银行、云计算、区块链、普惠金融、开放银行等)提及的次数	100%
组织转型	47.40%	组织架构的数字化	是否设置数字金融相关部门	14.94%
		管理人才的数字化	具有技术背景的董事在董事会中所占比例	26.56%
		管理人才的数字化	具有技术背景的高管在高管团队中所占比例	24.89%
		投资合作的数字化	是否与科技公司达成联盟或合作	33.61%
产品转型	46.00%	数字金融研发能力	数字金融专利数量	38.94%
		数字金融研发能力	数字金融专利中,发明专利的占比	26.93%
		数字金融产品布局	互联网理财、互联网信贷、电子商务产品的开发情况	23.23%
		数字金融渠道建设	对手机银行、微信银行的开发情况	10.90%

笔者收集了 2010—2018 年中国商业银行的数据,包括全部的国有银行、股份制银行、城市商业银行和民营银行,以及 51 家农村商业银行和 24 家外资银行。在删除缺失数据后,最终样本为 228 家银行。这些银行的资产占中国商业银行业总资产的 97% 以上,具有较强的行业代表性。根据这些数据,笔者对指数进行了统计,结果如图 8.3 所示。

可见,中国商业银行的数字化程度显著提高,指数从 2010 年的 7.6 升提升至 2018 年的 39.4,增幅超过 400%。此外,虽然近十年来数字化水平保持着增长趋势,但不同年度的增长率存在很大差异。

图 8.3　银行数字化转型指数

3.1　数字化的时间异质性

在早期,只有银行意识到数字化的重要性。数字化指数的第一个增长高峰出现在 2013 年,增长率高达 53.7%。这一年,阿里巴巴推出了在市场上一鸣惊人的余额宝。在这段时间,智能手机和移动互联网的发展为手机银行和微信银行的发展提供了基础。余额宝的成功也在商业银行业掀起了波澜,一些有远见的银行迅速制定了数字化战略。例如,中国工商银行在 2014 年启动了"e-ICBC"战略,该战略的核心是开发三个线上平台:融 e 购、融 e 联和融 e 行。其中,融 e 购是一个电子商务平台。虽然许多人可能会质疑银行开展电子商务的多元化战略的有效性,但其目标并不是复制阿里巴巴的成功,而是想借此收集个人和企业消费数据,补齐银行的数据短板。融 e 联是一个社交平台,供用户进行在线交流,也有人称之为"工行微信"。融 e 行是中国工商银行的直销银行,也是国有银行中首家直销银行。这三个平台结合了信息流、资金流和商品流,为工行提供了全面的数据,有利于其通过这些数据捕捉用户行为,并开发具有创新性的金融产品。

2014 年,国务院政府工作报告中首次提到了"互联网金融"。互联网金融的关注度达到了一个新的高峰,上千家公司进入P2P行业,年增长率超过200%。然而,问题和风险也在发酵。2016年,其中一家P2P平台"e租宝"资金链断裂,被判定为金融诈骗。随后,其他多家P2P平台也出现了相似的问题。政府迅速收紧了对该行业的管制,并制定了一系列新法规。与此同时,银行数字化指数的增长率从2013年最高的53.7%,降至2014年的40.2%,并于2016年进一步降低至15.2%。

然而,技术发展并没有停止。人工智能、区块链、云计算、大数据等技术逐渐成熟,为金融业的创新提供了新的机遇。2017年,中国人民银行成立金融科技委员会,重点关注金融业对新技术的应用。这一强劲而积极的信号扭转了数字化指数增长率的下降趋势,同年达到21.8%的增长率高峰。

这种数字化的动态变化也体现在银行年报的关键词中。使用Python中的词云图功能,笔者在图8.4中展示了银行年报中最常提到的关键词。该图显示,随着时间的推移,银行对数字化战略的关注点也发生了变化。在2010—2012年,"电子银行"是主导概念。当时,大多数银行的数字化方式是利用信息系统提供银行服务。2013—2015年,"互联网"成为最受欢迎的关键词,表明银行的目标逐渐转向通过互联网提供银行服务。在2016—2018年,"智能""大数据""普惠"等新兴关键词占据了主导地位,这表明银行数字化的重点已经从互联网转向了金融科技。

图8.4　银行年报数字金融关键词词云图

总体而言,由于金融科技的成熟性和合法性,银行的数字化进程似乎与金融科技的发展紧密交织在一起。从2020年开始,政府开始大力鼓励数字化创新。2020年,中国人民银行强调,金融机构要加快数字化进程。2021年,《中华人民共和国国民经济和社会发展第十四个五年规划和2035年远景目标纲要》

(简称"十四五"规划)将数字化作为中国发展的长期目标之一。在这样的背景下,每家银行都应该将数字化作为战略性目标。

3.2 数字化的地区异质性

正如中国经济发展的特征一样,银行的数字化转型也呈现出地区间不均衡的特点(见图 8.5)。将中国划分为东部、西部、中部、东北部四个地区,可以看到,2010—2014 年,东部地区在银行数字化方面较领先,西部和东北部地区则相对落后。近年来,这一差距略有扩大。2015—2017 年,中部地区银行数字化发展较快,赶超东部地区。

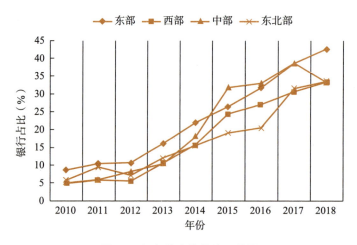

图 8.5 银行数字化的地区差异

银行数字化的区域差异也反映了区域经济发展以及数字金融发展的差异。根据北京大学数字普惠金融指数,早期数字金融在东部地区是发展最快的。这表明,银行数字化程度可能与该地区金融科技发展水平有关。有两种机制可以解释这种关系。第一种是需求机制,金融科技的发展水平越高,说明更多的用户有金融科技的接触经历,用户对数字化服务的需求带动了银行的数字化。第二种是竞争机制,前沿金融科技产品的推出表明科技公司能够提供功能更全、体验更好的金融科技产品,这对银行的竞争优势构成了直接威胁,迫使银行作出改变。

3.3 不同类型银行数字化的异质性

尽管数字化转型是大势所趋,但各银行在数字化程度、战略和进程方面存在显著差异。图 8.6 显示了不同类型银行数字化指数的差异。数据显示,国有银行全程引领着数字化转型,股份制银行数字化的步伐稍落后于国有银行,而城市商业银行和农村商业银行等中小型区域性银行则相对滞后。在数字化转型中,规模经济的优势是显而易见的。

图 8.6　不同类型银行的数字化指数

4. 商业银行数字化转型战略

在本节中,笔者将详细从认知、组织和产品三个方面介绍银行的转型策略。此外,笔者还将介绍银行在财富管理和贷款方面进行数字化创新的具体案例,并分析数字化对银行绩效的影响。

4.1 管理者认知与银行数字化

管理者对公司有着重要的影响。由于决策并非完全理性,管理者在很大程度上依赖于他们的认知地图（cognitive map）来过滤和处理信息。因此，管理认知在组织变革中起到核心作用。

新技术，尤其是颠覆性技术，与公司的现有技术具有明显差异。这些技术在一开始可能并不成熟，它们可能面向不同的客群、需要采取不同的商业模式。银行作为金融行业的在位企业，可能无法正确地判断新技术的价值。因此，它们可能无法及时对市场环境的变化作出反应。认知惯性被认为是在位企业面对颠覆性技术时转型失败的重要原因之一。

尽管管理者认知是决定企业战略的一个重要因素，但正确识别和衡量管理者认知有一定难度。近年来，随着大数据和机器学习技术的发展，对管理者撰写文本内容的分析，已成为衡量管理者认知的一种新方法。已有研究使用文本中提到新技术的频率来衡量管理者对新技术的关注程度，这是管理者认知的重要组成部分，也是组织变革的动因。笔者遵循这个方法，统计管理层对金融科技相关关键词的提及频率。频率越高，说明管理层对新兴金融科技和数字化的认知越充分。结果如图 8.7 所示。

图 8.7　管理者对数字化的认知

从不同类型银行对数字金融的认知差异来看，国有银行较早就意识到了数字化的重要性。与国有银行相比，股份制银行早期对数字化反应迟缓（2012年及之前几乎没有关注），但在 2016 年之后，它们迅速赶上并与国有银行保持同步。城市商业银行和农村商业银行对数字化的关注度则明显低于国有银行和股份制银行。管理层对数字化不及时或者有限的关注,可能会阻碍银行的转型。

4.2 组织变革与银行数字化

组织变革是银行数字化的重要战略支撑。与管理者认知的模式相似,大银行也是组织变革的行业领导者(见图8.8)。然而,由于组织架构的僵化,国有银行的优势并不明显。相比之下,股份制银行在组织变革方面更积极。

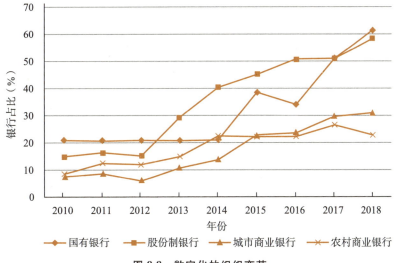

图 8.8 数字化的组织变革

笔者将组织变革分解为三个方面。第一,建立一个新部门或新委员会,可能会有助于数字化战略的协调。一方面,新部门或新委员会可以促进部间的协作;另一方面,它可以在企业中发挥信号作用。传统商业银行的创新能力往往受到旧的组织架构和部门利益的制约,因此,组织架构上的变革将有助于传统商业银行更顺利、更有效地实施数字化转型。

笔者的数据表明,越来越多的银行正在设立新的部门来引领数字化转型工作。拥有数字金融部门的银行比例从2010年的20%上升到2018年年底的76%。具体来说,从2010年到2012年,大部分数字化战略由个别部门(如信息技术部、零售业务部等)执行,银行很少将重点放在数字化上,样本中只有20%的银行设立了专门的数字金融相关部门,且主要是国有银行和股份制银行。

2013年以后,设立专门数字金融部门的银行比例逐渐增加。2015年,超过50%的银行设立了数字金融相关部门。从那时起,数字金融部门的设立成为"主流"做法。

第二,必须由具备信息技术背景的管理者来制定和实施数字化战略。随着信息时代的到来和数字技术的普及,信息技术在银行经营中的重要性日益增强。具有信息技术背景的管理者可以更好地理解金融科技,并将技术更好地融入金融服务。实证分析表明,拥有具备信息技术背景管理人员的银行,在数字化方面有更好的财务绩效。

根据笔者的数据,具有信息技术背景的管理者出现在银行高层管理团队和董事会中越来越普遍。截至2018年年底,约45%的银行聘用了至少一名具有技术背景的经理担任高管或董事。从高管团队看,2010—2016年,高管具有信息技术背景的银行比例保持在17%—21%,波动较小。而到了2017年和2018年,这一比例上升到30%以上。从董事看,2010—2014年度具有信息技术背景的董事占比为12%—13%,这一比例自2015年开始上升,2018年达到23.4%,近期的比例增长主要来源于城市商业银行、农村商业银行、民营银行的贡献。然而,在笔者样本中,仍有超过半数的银行没有任何具有信息技术背景的高管或董事会成员。银行在相应领域管理人才的缺乏,可能成为它们从事数字化工作的障碍。

第三,除了内部的调整,外部的联盟或投资也是发展新业务的途径。通过与科技企业开展合作,商业银行可以将其金融服务与科技企业的技术和数据优势结合起来。

截至2018年,1/4的银行与科技公司建立了这种外部合作关系。在2010—2013年,只有少数几家银行开展了与数字金融相关的合作和投资。2014年开始出现上升趋势,其间蚂蚁金服等金融科技公司也开始崛起。2015—2018年,对外合作逐渐升温,主要集中在国有银行、股份制银行和城市商业银行。从合作数量上来看,多数银行每年只与金融科技公司开展一两次合作,只有少数几家银行在一年内与金融科技公司进行了多次合作或投资。例如,招商银行在2015—2016年进行了6次合作,华夏银行在2016—2018年则进行了至少5次合作,兴业银行和中信银行在2014—2018年进行了10次以上的合作。

由此看来，股份制银行在对外合作方面更积极，与科技公司的互动也更开放。总的来说，股份制银行和一些规模较小的银行（如上海农村商业银行和北京银行）是数字金融相关合作的"先行者"，而国有银行在这方面相对保守。多数商业银行需要更开阔的视野，以在新的数字时代通过构建生态系统来创造价值。

4.3 产品数字化创新与银行数字化

2010—2018年，产品的数字化指数呈上升趋势（见图8.9）。国有银行和股份制银行的产品数字化水平高于其他小型银行，这主要得益于它们在技术和专利方面的大量投资。

图8.9 数字化的产品创新

产品数字化的第一个战略是开发线上渠道，例如手机银行和微信银行。随着消费者行为的线上化，银行也不得不开发线上渠道，以和客户保持联系。2010年，仅有约28.3%的银行推出了手机银行。但到2018年，90%以上的银行拥有手机银行（见图8.10）。2018年，中国建设银行、中国工商银行和中国农业银行的手机银行用户数均超过了3亿。

2010—2012年，只有一些大型银行开发了手机银行。2013年后，手机银行和微信银行的发展进入"快车道"。到2016年，超过70%的银行同时拥有手机银行和微信银行，这一比例在2018年上升至81.3%。同时，也有部分银行只开发了微信银行,没有开发手机银行。考虑到手机银行所需投资较大、用户黏性较低,微信银行等"轻量级"渠道可能成为未来的发展趋势。

图 8.10　银行线上渠道覆盖率

产品数字化的第二个战略是加大研发投资,提升银行核心技术能力。2019年,各大国有银行平均在研发领域的投资达数百亿美元,约占其收入的2%。招商银行作为领先的股份制银行,将3.72%的收入投资于金融科技研发,在行业中处于较高水平。随着研发的增加,近年来,专利申请的数量也在增加(见图8.11)。

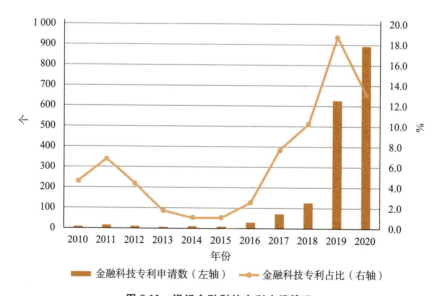

图 8.11　银行金融科技专利申请情况

除了移动渠道和专利布局,银行还推出了线上金融产品。笔者主要关注三类数字金融产品:线上储蓄/理财,线上信贷/贷款,电子商务。如图 8.12 所示,截至 2018 年,约 1/3 的银行推出了这类数字金融产品,相比于 2010 年增长显著。但是,数字金融产品在整个行业的覆盖率仍然较低。

图 8.12　银行线上产品覆盖率

4.3.1　理财业务的数字化创新

虽然此前商业银行已经推出了线下理财产品,但这些产品通常都有投资门槛,且投资期限固定、取款灵活性低。这种产品设计对于资金有限、喜欢上网的年轻消费者没有吸引力。虽然这部分客户目前可能不是最富裕的客群,但他们恰恰是未来潜力最大的群体。因此,这类客群的理财需求构成了商业银行新的业务增长路径。用人工智能替代人工服务可以降低管理成本和进入门槛。此外,投资者还可以在网上购买自己喜爱的理财产品,存取款的自由度也很高。这一创新深受年轻消费者青睐,商业银行也纷纷效仿,推出了自己的数字理财产品。

在 2010—2013 年,仅有 10% 左右的银行开发了数字理财产品,且以股份制银行和城市商业银行为主。2014 年后,受余额宝的冲击,银行开始意识到这类产品的重要性,数字理财产品的覆盖率达到了 20%。

以招商银行的"摩羯智投"为例,这是一款融合招商银行十余年财富管理实践和基金研究专业知识的产品。它使用机器学习技术,自动监控和分析市场信息，进行基金筛选、资产配置和风险分析。在中国，智能投顾出现于 2014 年，并在 2016—2017 年间迅速发展。在招商银行推出摩羯智投之后，兴业银行和工商银行也相继推出了自己的智能投顾产品。

摩羯智投的出现看似偶然，实则有一定的必然性。一方面，投资者不成熟，且缺乏长期投资和分散风险的意识。另一方面，财富管理的咨询服务仍然严重依赖人力，导致成本高、效率低。招商银行凭借在新兴金融科技方面的优势，推出摩羯智投时引起了极大的市场反响。

摩羯智投并非仅仅提供单一产品或简单的基金产品组合，还提供一整套金融服务，包括 KYC、投资组合构建、投资组合跟踪报告、风险预警提醒、动态风险调整等，上述服务都集成在招商银行的手机银行中，客户只需在手机上操作即可实现大多数功能。人工智能服务大大提高了效率，降低了服务门槛。

此外，摩羯智投还提供了较完善的个性化售后服务。例如，给用户提供月度运营报告，这样投资者就可以直观地监控他们购买的投资组合的市场表现。当市场剧烈波动或出现重大事件时，如果客户的投资组合偏离最优状态，摩羯智投也会为客户提供动态调整投资组合的建议，客户可以使用"一键优化"进行调整。

基于招商银行的品牌效应和庞大的客户群，截至 2018 年 5 月底，摩羯智投用户数突破 15 万，基金规模突破 110 亿元，确立了在智能投顾市场中的领先地位。

4.3.2　信贷业务的数字化创新

基于金融科技的高效信贷业务，是数字时代银行的发展必由之路。但这也是一个巨大的挑战，因为银行传统的风控模式主要依赖于抵押品。平安集团旗下的壹账通处于数字信贷领域的创新前沿。

2017 年，壹账通发布了一款名为"Gamma"的智能贷款产品。Gamma 在客户获取、审查、批准和系统开发方面对传统贷款模式进行了改进。比如智能双录技术，以及人脸识别、声纹识别、指纹识别、在线文档验证四位一体的技术，大大优化了现有贷款模式下复杂低效的客户身份认证流程。数字技术让工作人员不用再面对面审查、核实和签订合同等，实现了整个贷款过程的无纸化。

Gamma 还将该技术集成于线下终端中。该终端可以在银行机构、零售商店、大型工厂等多种场所中使用。因为机器是非现金设备，不需要印刷耗材，所以风险和管理成本相对较低。如果客户需要贷款，就可以在机器上完成面签。如果面签通过，就可以立即获得贷款，整个过程无须人工干预。此外，Gamma 可以在现场查验实体证书，避免盗用他人资料进行贷款的欺诈行为，并记录面签过程，符合监管要求。该产品在二线城市具有明显优势，因为二线城市的传统贷款申请门槛相对较高，走完贷款流程可能需要半个月、甚至一个多月。

目前，中国政府鼓励金融机构着力推广普惠金融。然而，线上金融服务的发展伴随着较高的欺诈率。据统计，50%的网上不良贷款源于欺诈，另外50%属于信用风险。信用风险会随着借款人的收入、经济周期的变化而变化，银行可以采用一些先进的风控模型，将违约率降到最低。然而，反欺诈技术需要应对不断升级的欺诈手段。因此，反欺诈技术的开发和优化对于推出线上信贷产品的银行来说非常重要。

Gamma 旨在为银行解决这个问题。Gamma 的核心技术之一是由壹账通自主开发的微表情辅助系统。微表情辅助系统开发团队的负责人是毕业于麻省理工学院的博士，团队成员中还有许多来自海内外著名大学的研究生。基于面部识别的基础技术，该研究团队邀请了复旦大学心理学教授和公安部刑侦专家共同建立了一个模型。该模型能够通过远程摄像机识别面部表情的微小变化，来推测借款人是否有欺诈倾向。例如，如果借款人在面签时撒谎，会存在一系列的表情变化。他们一开始可能会感到惊讶，然后脸红、神态尴尬、露出傻笑，整个过程可能在半秒到一秒钟之内完成。然后，机器可以通过面部特征库读取相关信息并提供反馈。在该系统正式投入使用前，壹账通团队使用了平安集团过去积累的十万多段面签视频，不断对该模型进行多个不同维度的训练。这些积累的大数据使得 Gamma 能够进行更充分的机器学习，从而使模型得到优化。据专家评估，目前 Gamma 的贷款面签比人工面签的效率高80%。随着数据的进一步积累，Gamma 将进一步优化。考虑到贷款业务中的验证过程量很大，而且高级面试专家数量有限，Gamma 可以为经验不足的面试官提供风险提示，来疏解业务量过大的压力。

总体而言，金融科技可以极大地简化贷款申请流程，大大提高贷款效率。

比如,过去小额贷款的审批时长可能需要几小时甚至几天,应用金融科技后,审批时间大幅缩短到3—5分钟。这种效率的提升节省了大量的人力、物力,并为客户提供了更好的贷款体验。同时,金融科技的引入还提高了贷款决策的一致性和识别欺诈风险的能力。它不仅可以直接帮助金融机构降低贷款运营成本,而且能提升金融机构的市场拓展能力和提供普惠金融的能力。

4.4 数字化对银行绩效的影响

数字化是否有利于银行绩效的提升?笔者发现,如果使用资产收益率(return on assets,ROA)和净资产收益率(return on equity,ROE)来衡量,银行的数字化对银行绩效有着积极且显著的影响。此外,这种积极影响在管理人员大多具有技术背景的银行、总部位于数字金融发展水平较高城市的银行中更为明显。进一步研究表明,数字化降低了银行风险,有助于银行业务创新、提高市场份额。这些结论表明,数字化转型对中国银行业能力提升和可持续经营发挥了关键作用。

5. 商业银行数字化的障碍与挑战

尽管数字化普及和发展的速度如此快,但商业银行仍面临着许多亟待克服的困难。

首先,数字化不仅仅是从线下渠道转向线上渠道,它还应该是整个组织的变革。笔者的数据显示,大多数银行一直通过开发手机银行来推进数字化转型。然而,这一策略的有效性受到质疑,因为用户通常很少使用手机银行。大多数用户每月可能仅使用一次手机银行来支付信用卡账单,因此手机银行的用户黏性较低。例如,虽然一些手机银行声称拥有庞大的下载量,但它们的活跃用户量可能非常有限。在中国,只有招商银行和中国工商银行的手机银行月活跃用户超过1亿。这一数字仅为微信支付或支付宝每月活跃用户的1/10。真正的数字化意味着培养数字化能力、创造数字化产品,甚至重塑价值链、重新定义商业模式。例如,科技公司利用大数据、区块链和物联网进行风险控制,这些都对原来以抵押品为基础的风控模式进行了升级。当然,这类数字创新需要持续的技术投资来保持核心竞争力。

其次,小型银行在数字化时代相对落后,面临较大挑战。笔者的数据显示,区域性银行在数字化的各方面都比较落后。它们无法进行大规模的研发投入,难以形成规模效应。此外,规模较小的区域性银行也很难吸引技术人才,因为这些人才大部分集中在大城市。更糟糕的是,区域性银行逐渐失去本地市场,且逐渐被科技公司和大型银行所取代。区域性银行需要在这个新的数字时代找到自己的出路。

最后,数字化还需要银行进行组织内部的转型。然而,在数字化的三个维度中,组织转型是落后于认知转型和产品转型的,但银行数字化转型需要更强的组织适应性(见图8.13)。

图8.13　银行数字化转型子维度

例如,数字化往往依赖技术人员的工作。然而,银行在薪水和职业发展空间上难以与科技公司竞争。传统的银行往往是一个多层次的组织架构,这可能导致效率低下。由于工资分配往往基于工作职级,而不基于个人贡献,所以薪酬制度对年轻员工的激励也较低。此外,多数传统银行部门员工数量多,但部门领导级别的职位非常有限,年轻员工成长空间不大,这进一步降低了年轻员工的工作积极性。

无论是工资、工作环境,还是工作氛围,银行的条件都不如科技公司,因此,拥有技术能力的员工更倾向于在科技公司工作。此外,除了在招聘方面的劣势,银行也没有形成一个完整的、长效的培训机制。因此,即使招到了优秀的技术员工,也可能导致严重的人才流失。上述问题造成了银行技术人才短缺,也制约了银行的技术转型。

此外,在数字时代,技术创新日新月异,产品升级迭代的速度越来越快。传统银行职责分工的决策链长、流程复杂,已不能适应产品创新的新要求,迫切需要进行相应的变革。银行需要向科技公司学习并实践敏捷开发等技术,跟上创新的步伐。此外,银行还应采用扁平化的层级结构,组建跨职能团队,营造创新文化,以适应新时代的变化。

例如,民生银行科技部 2016 年启动了"轻组织"改革,原有的部门架构被分散的任务型团队所取代。所有员工都可以竞争团队领导的职位,打破了原有的职级制度,薪酬制度由工龄工资改为绩效工资。此外,民生银行还成立了研究中心和创新孵化器,鼓励学习和实践。"轻组织"改革的目标是构建灵活高效的组织结构,形成人力资源库,提高资源配置效率。

各个部门被分成许多小单元,每个团队只有七八个人。团队里的每一个年轻人都可以成为一个项目的负责人,打破了原有的管理壁垒,形成了分散的组织架构。在项目中,员工还可以根据项目需要越级汇报。

此外,奖金完全取决于员工的工作表现而非资历,以此激励那些工作努力的员工。改革后,奖金可达到员工全年工资总额的 55%。换言之,如果一个人职位很高,但没有绩效贡献,那么他将不会得到奖金。

民生银行也开始实行弹性工作制、项目积分制、公开竞争机制。员工可以根据自己的实际情况安排工作,不需要再遵循传统的工作方式。

重组后的三个月内,民生银行的业绩增长了 10%。为了进一步释放创新活力,民生银行在 2018 年将科技部独立出来,成立了一家独立的金融科技公司。这被认为是摆脱母公司僵化组织结构的一种做法,因为新的子公司可以从头开始,重新规划员工人数和薪酬政策。

截至 2020 年年底,已有 12 家银行成立了金融科技子公司,其中包括 5 家国有银行、6 家股份制银行、1 家城市商业银行。然而,设立一家新的子公司可能在某些方面有所帮助,但这并不能完全解决母行数字化道路中的根本问题。组织变革仍然是重中之重。

6. 商业银行业的未来及政策启示

6.1 未来方向

在过去的十年里，银行已经从实体机构转变为网上门户，并进一步转变为手机银行。银行业的未来将是开放式银行，这意味着银行将成为无边界的、融入每一种生活场景的服务提供商。由于开放性银行是由应用程序编程接口（application program interface，API）技术支持的，所以又称为"API 银行"。例如，当在线视频网站用户想要开通 VIP 账户以跳过广告时，就可以使用一个基于银行系统的虚拟钱包。用户可以使用存款利息支付 VIP 费用或发放一笔小额的消费信贷。

这种新的开放式银行有两个优点。首先，用户将更便捷地获得银行服务，因为用户可以随时随地访问银行网站。普惠金融可能更容易实现，因为开放式银行服务突破了实体银行的边界限制。开放银行业务将客户的访问范围扩展到银行实体网点和线上应用程序之外。这不仅解决了手机银行使用频率低和缺乏用户黏性的问题，而且为没有固定客户群和线下分支机构的民营银行提供了一条新的发展路径。例如，民营银行之一新网银行就采用了开放银行的模式来实现快速增长。新网银行注册资本为 30 亿元人民币，股东包括新希望集团、小米科技、红旗连锁。与网商银行和微众银行相比，新网银行的股东中并没有大型互联网企业。然而，这一明显的"劣势"反而给新网银行的业务发展带来了更大的空间。具体而言，新网银行向滴滴、中国移动、京东、字节跳动、美团等知名互联网平台开放，满足客户在出行、旅游、消费等多种生活场景下的金融需求。例如，滴滴的"滴水贷"、中国移动的"和包贷"、京东的"京东白条"等线上信贷产品均由新网银行提供。通过嵌入这些在线平台，新网银行能够获得客户，并实现金融服务和生活场景的融合。

其次，各方之间可以合作打造一个创新生态系统。创新生态系统是指，多个公司通过协作，将其产品组合起来，打造统一的、面向客户的创新解决方案。创新生态系统的特点是能够提供任何一家公司都无法单独提供的产品或服务。

就金融业而言,传统银行和科技公司在资源和能力上具有高度互补性。一方面,传统银行拥有深厚的金融知识、庞大的客户群和金融交易数据。然而,它们的技术能力可能有限。另一方面,科技公司拥有全面的用户行为数据、大量的活跃用户和最前沿的技术,但金融服务能力有限。传统银行和科技公司之间的合作将实现双赢,为客户创造更大的价值。

对于小型区域性银行来说,开放银行可能是一个转型的方向。它们可以通过与其他银行或技术公司建立联盟,来发展自己的数字银行业务。例如,壹账通开发了一种新的业务模式,将平安银行的技术能力、金融产品和运营专业知识传输给其他中小型银行。壹账通已帮助了 42 家中小银行开拓直销银行和手机银行业务。帮助中小银行开拓直销银行和手机银行业务只是第一步,因为这种关系还涉及随后的产品设计、运营和维护。壹账通不仅为这些小银行带来了有竞争力的金融产品,而且向它们传输了平安银行的营销和产品能力。截至 2019 年年底,它们的客户已覆盖了中国 99% 的城市商业银行。

6.2 政策启示

商业银行的数字化除了受到金融科技企业的挑战和客户需求的拉动,也得到了政府的大力支持。2017 年 5 月,中国人民银行成立金融科技委员会,旨在加强金融科技研究规划和统筹协调。2017 年 6 月,中国人民银行发布《中国金融业信息技术"十三五"发展规划》,强调加强金融技术研究与应用,开展金融业新技术应用试点,从政策角度推动银行创新。

2019 年 8 月,中国人民银行正式发布《金融科技(FinTech)发展规划(2019—2021)》,指出金融科技是促进金融转型升级、为实体经济提供金融服务、发展普惠金融的重要路径,并提出"到 2021 年,建立健全我国金融科技发展'四梁八柱',进一步增强金融业科技应用能力,实现金融与科技深度融合、协调发展。"

2020 年,中国人民银行金融科技委员会第一次会议强调,金融机构要加快数字化转型,继续提升技术应用能力。2020 年 10 月,中国人民银行党委书记、中国银保监会主席郭树清强调,"各金融机构必须加快数字化转型",国务院办公厅 2020 年 43 号文《全国深化"放管服"改革优化营商环境电视电话会议重点任务分工方案》通知鼓励商业银行利用大数据等技术建立风险定价和风险控制模型。可见,金融科技的应用和商业银行的数字化得到了有力的政策推动。

商业银行的数字化可以视为银行业整体改革的重要部分。由于利率市场化尚未实现、银行业壁垒依然存在,数字化有助于提升商业银行的竞争力,为未来实现改革目标提供支撑和新的可能性。

然而,数字化也给监管机构带来了巨大挑战。首先,小型银行的数字化可能需要更多的指导。中国有成千上万的农村信用合作社和村镇银行,这批银行的数字化进程相对滞后。政策制定者应认真考虑这些银行的发展目标和发展战略,并出台改革方案。例如,其中一些区域性银行在数字化过程中与互联网公司合作,通过互联网提供信贷和储蓄产品。2021年2月,中国银保监会发布《关于进一步规范商业银行互联网贷款业务的通知》,要求商业银行必须独立开展网络贷款风险控制工作,禁止商业银行将此项工作外包给互联网公司。此外,区域性银行也不得在注册地以外开展业务。在这样的政策背景下,如果小型区域性银行不能通过互联网实现规模扩张,也不能依靠技术合作伙伴提升数字化能力,那么它们可能需要重新制定数字化战略。

其次,随着银行业的数字化程度和开放程度越来越高,银行的业务边界也越来越模糊。监管机构需要扩大监管能力,关注日益复杂的银行交易。这就要求监管机构加深对数字金融的理解,并监督该行业在合规范围内不断创新。

最后,数据是数字金融的基石,但数据的使用和交易仍然存在很大的模糊性和风险。一方面,薄弱的银行技术系统可能通过 API 成为被攻击目标。另一方面,在开放银行交易中,数据所有权仍然是一个复杂的问题。这就要求决策者推动完善数字金融的基础设施,包括对于数据所有权和交易的新法规,以及一个共享的征信平台。以这些基础设施为基础,银行业可以在数字化的浪潮中实现更加稳定、深远的发展。

第九章
数字鸿沟和涓滴效应

张勋*

---

* 张勋,北京师范大学统计学院教授,北京大学数字金融研究中心特约高级研究员。

在过去的几十年里,信息和通信技术(information and communication technology, ICT)得到了空前的发展。然而,这种快速发展给中国和其他发展中国家带来了严重的数字鸿沟(主要指能够访问互联网的人与无法访问互联网的人之间的信息不对称),可能进一步导致收入分配不公和潜在贫困。为了减轻这种不利影响,一种常用的方法是为弱势群体分配更多的公共资源。在本章中,我们提供了另外一种可能的选择,即利用数字金融的快速增长来填补数字鸿沟。事实上,数字金融的发展高度依赖于互联网,其发展可能有助于缓解数字鸿沟的负面影响。与传统金融相比,数字金融提供了更便宜、更透明和更包容的金融服务,并且改变了人们参与经济活动的方式,这有助于创造就业机会和经济增长。数字金融的红利不仅能惠及使用互联网的群体,而且能覆盖无法访问互联网的群体,这就是数字金融发展产生的涓滴效应。本章还讨论了涓滴效应的局限性。例如,互联网的发展可能不会对工资性收入产生涓滴效应。除此之外,某些群体更可能受到数字鸿沟的不利影响,例如老年人和人力资本水平较低的人群。本章在结尾处给出了一些政策建议。

1. 信息和通信技术的发展

众所周知,电报、电话、无线电和计算机的发明使远距离通信成为可能。更重要的是,互联网的出现标志着一个新时代的开始,它主要充当信息供给的平台和手段,能够突破人与人之间地理位置的限制,使人与人即使相隔千里也能相互交流。如今,信息传播的边际成本已经相当低了,互联网使人们能够轻易实现图片和视频等信息的共享和传递,而这些信息通常比文字更易于理解。

商业互联网的爆炸性增长始于 1995 年,而在此之前,互联网主要被用于技术和军事领域。从 1995 年开始,互联网的商业化迅速扩大了其用户数量,美国商务部的一份报告显示,在 1995—1998 年,互联网用户数量增加了 5 000 万,相比之下,有线电话、无线电话、计算机和电视分别用了 75 年、38 年、16 年和 13 年才实现了相同的用户增长数量。有鉴于此,美国、欧盟委员会和日本在 1998—2000 年提出了加快互联网普及速度的战略,这被认为是 21 世纪增强竞争力的关键因素。因此,在政府的支持和技术、市场、全球化力量的推动下,互联网在全球范围内以前所未有的速度发展。图 9.1 表明,互联网用户数量正以指数级速度增长。统计数据显示,2017 年互联网用户数量攀升至 36.8 亿,几乎占当时世界总人口的 49%。

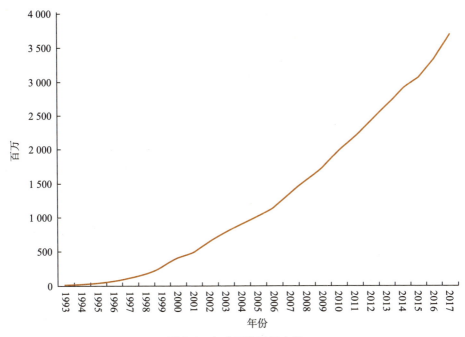

图 9.1　全球互联网用户数

资料来源:《世界发展指标》。

在互联网及信息技术发展的推动下,城市化随着时间的推移明显存在着加快的趋势。图 9.2 显示了部分国家的城市化率从 10% 增长到 50% 的所需年数。那些城市化始于 16 世纪的先行者,比如葡萄牙、波兰、瑞士、瑞典、法国、英国和丹麦,完成这一进程大约花费了四百多年。对于从 19 世纪中叶开始城市化的国家(如罗马尼亚、挪威、希腊和德国),时间缩短到了约 100 年。而对于较晚开始城市化的亚洲国家(如中国、印度尼西亚和泰国)以及非洲国家(如喀麦隆、科特迪瓦和利比里亚),所需时间仅仅为 60 年左右。需要强调的是,这一加速现象并非只存在于高速发展的经济体(如中国和印度尼西亚),在像多哥和安哥拉这样的不发达国家,也同样存在城市化加速的趋势。另一个例子也可以证明城市化的加速,即伦敦经过了 130 年才从一个 100 万人口的小城市成长为 800 万人口的大城市,而曼谷和首尔完成同样规模的人口扩张分别仅用了 45 年和 25 年的时间(WHO,2010)。

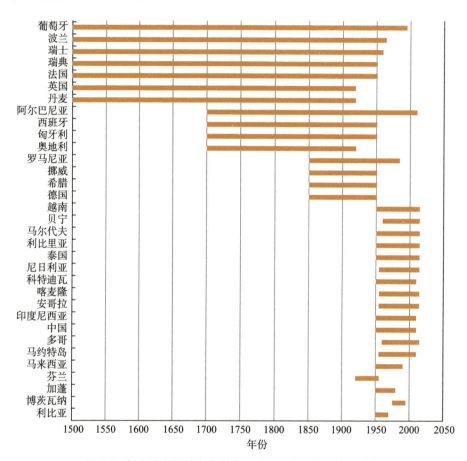

图 9.2　部分国家的城市化率从 10% 增长到 50% 的所需年数

注:城市化率定义为城市人口与总人口之比。

互联网的发展也带动了数字经济的兴起,这种联动在中国尤为明显。根据中国国家互联网信息办公室的统计,2015 年中国电子商务交易额达 20.8 万亿元人民币,在 2011—2015 年,年均增长率超过了 35%,到了 2019 年,电子商务交易额进一步攀升至 34.81 万亿元人民币。在电子商务交易中,2015 年网上零售额约为 4 万亿元人民币,2019 年这一数字上升到 10.63 万亿元人民币,位居世界第一。在全球经济增长放缓的背景下,电子商务的快速增长引起了人们的关注。

随着数字经济的兴起,数字金融也在中国蓬勃发展。在过去的十年中,传统的金融机构改善了家庭的借贷约束状况,数字金融的出现使中小企业和低收入人群获得金融服务成为可能。数字金融已经为此前无法获得金融服务的大规模群体提供了低成本的服务,此举有利于普惠金融的发展。

有两个例子能够说明数字金融在人们生活和经济发展中的作用。第一,数字金融的发展为人们提供了一种更便捷的支付方式,从而刺激了电子商务的发展,特别是在线零售交易,现如今大多数的中国家庭都可以通过京东、淘宝等在线购物平台进行购物。第二,数字金融的发展有助于创新创业,尤其是对存在借贷约束的居民而言,数字金融的发展能够帮助提高他们获取信贷服务的机会以及成为企业家的能力和机会。在数字金融发展之前,为了从传统金融机构借款,个人必须要拥有良好的信用记录以进行信用评定。但是,大多数发展中经济体的居民根本就没有任何信用记录。因此,传统的融资方法通常不能解决这些创业者的启动资金问题,这在发展中经济体中尤为突出。在当代中国,即使没有信用卡,居民也可以使用手机来完成大部分交易,包括线上或线下购物、餐厅就餐、支付水电费等。更重要的是,大多数手机交易记录都可以成为居民信用体系的一部分,从而能够帮助居民通过数字金融渠道借款。因此,数字金融的发展有利于居民的创新创业。

综上所述,互联网的发展带动了数字经济和数字金融的出现和发展,它们已然成为中国经济增长的新引擎。

2. 数字鸿沟及其影响

2.1 数字鸿沟:一些事实

随着 ICT 和互联网的快速发展,逐渐出现了数字鸿沟问题。这个问题不仅广泛存在于发达国家和发展中国家内部,而在发达国家和发展中国家之间,数字鸿沟的问题则更严重。

2.1.1 全球范围内的数字鸿沟

图 9.3 显示了全球互联网覆盖率的地理分布。该图显示了 1996—2017 年

各地区的互联网覆盖率,在此期间ICT行业经历了前所未有的发展,特别是在北美地区、欧洲和中亚地区。但全球互联网的渗透情况在地理上极不平衡:截至2017年,北美地区、欧洲和中亚地区的互联网覆盖率分别为87.8%和74.65%,远高于其他地区的互联网覆盖率。这两个地区之间的经济差异相对较小,因此这两个地区之间的互联网覆盖率的差距在2010年后逐渐缩小。

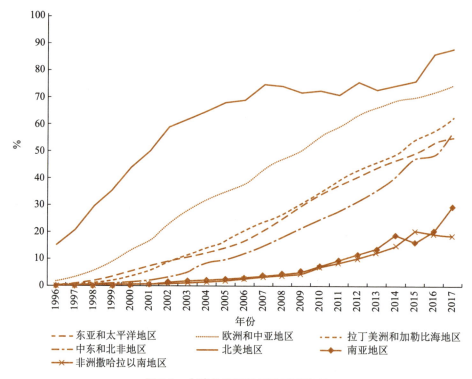

图9.3 全球各地区的互联网覆盖率

资料来源:《世界发展指标》。

注:互联网覆盖率定义为能够访问互联网的人数占总人口数的比重。

互联网覆盖率的第二梯队包括拉丁美洲和加勒比海地区、东亚和太平洋地区、中东和北非地区。尽管这些地区的互联网覆盖率仍然远远落后于互联网发展较快的地区,但日本、中国、印度、韩国和新加坡等国家仍具有互联网普及和发展的潜力。正如我们近些年所观察到的,在中国,数字经济和数字金融发展迅速,且态势蓬勃。

尽管南亚地区的互联网覆盖率已开始增加,但南亚地区和非洲撒哈拉以南地区的互联网覆盖率却是最低的。截至 2017 年,非洲撒哈拉以南地区的互联网覆盖率仅为 18.7%,约为北美地区互联网覆盖率的 1/5。此外,从变化趋势上来看,我们发现高水平和低水平互联网普及率地区的差距正在扩大,导致互联网和数字金融发展不平衡问题进一步加剧。因此,地区之间的数字鸿沟是一个亟待解决的严重问题。

2.1.2 不同收入水平国家(地区)之间的数字鸿沟

为了探索不同收入水平国家(地区)之间的数字鸿沟问题,我们使用了世界银行的世界发展指标数据库,计算了人均 GDP(按美国 2010 年不变价格)的基尼系数和互联网覆盖率的基尼系数,结果见表 9.1。首先,世界各国(地区)人均收入的不平等程度有所下降,2000 年人均 GDP 的基尼系数为 0.675,这一系数在 2015 年降至 0.641。其次,与人均 GDP 相比,各国(地区)之间互联网覆盖率的不平等程度下降得更多,2000 年互联网覆盖率的基尼系数为 0.698,但这一系数在 2015 年降至 0.338,表明欠发达国家(地区)的互联网覆盖率正在提高。最后,尽管各国(地区)之间的互联网普及的不平等程度有所降低,但是到 2015 年基尼系数仍高达 0.338,这表明数字鸿沟问题仍然存在。

表 9.1 人均 GDP 和互联网覆盖率的基尼系数

指标	2000 年	2005 年	2010 年	2015 年
人均 GDP(按美国 2010 年不变价格)基尼系数	0.675	0.661	0.654	0.641
互联网覆盖率基尼系数	0.698	0.577	0.452	0.338

资料来源:《世界发展指标》。

在表 9.1 中,我们直接比较不同收入水平的国家(地区)之间的数字鸿沟。这可以看作是"北方"和"南方"之间的数字鸿沟的比较,也就是比较高收入国家(地区)和低收入国家(地区)之间互联网普及程度的差异。表 9.2 的结果表明,2000—2015 年人均 GDP 急剧增加,2000 年,高收入国家(地区)和低收入国家(地区)的人均 GDP 分别为 25 102.88 美元和 323.89 美元,并在 2015 年迅速攀升至 39 730.92 美元和 860.57 美元。此外,高收入国家(地区)的占比从77.50%下降到46.17%,这一现象反映出近年来收入不平等现象正在缩小。同时,两类国家(地区)的高互联网覆盖率和低互联网覆盖率由29.91%和0.08%提高到79.37%和12.24%。互联网覆盖率差距的扩大表明,尽管高收入国家(地区)和低收入国家(地区)之间的收入差距正在缩小,但两者之间的数字鸿沟有逐渐扩大的趋势。

表 9.2 各收入组间的收入差距和数字鸿沟

组别	2000 年	2005 年	2010 年	2015 年
人均 GDP(按美国 2010 年不变价格)				
高收入(美元)	25 102.88	33 172.20	38 650.14	39 730.92
中高收入(美元)	1 878.12	2 953.44	6 089.42	7 695.50
中低收入(美元)	565.86	859.90	1 542.65	1 886.73
低收入(美元)	323.89	423.57	734.20	860.57
高收入占比(%)	77.50	78.32	52.64	46.17
互联网覆盖率				
高覆盖率(%)	29.91	57.81	71.54	79.37
中高覆盖率(%)	2.37	10.76	31.88	50.16
中低覆盖率(%)	0.52	3.66	10.45	22.62
低覆盖率(%)	0.08	0.97	4.98	12.24
高覆盖率占比(%)	29.83	56.84	66.56	67.14

资料来源:《世界发展指标》。

接下来,我们考察高收入国家(地区)间的数字鸿沟问题。尽管高收入国家(地区)之间经济发展水平的差异相对较小,但它们之间也存在一定程度的数字鸿沟。以互联网在最初的 20 个 OECD 国家中的互联网覆盖率为例,图 9.4 显示,2017 年卢森堡的互联网覆盖率高达 97.36%,而意大利的互联网覆盖率仅为 63.08%,比卢森堡低了约 34 个百分点。这种差异表明,经济发展水平的差距无法完全消除高收入国家(地区)之间的数字鸿沟,其他未知的因素正在影响着数字鸿沟的形成。

最后,我们探讨低收入国家(地区)间的数字鸿沟问题。与表 9.1 相似,我们计算了人均 GDP(按美国 2010 年不变价格)和互联网覆盖率的基尼系数。如

表9.3所示,2000年,低收入国家的人均GDP基尼系数为0.233,而互联网覆盖率基尼系数为0.579,互联网发展的差距远远大于经济发展水平的差距。2015年,人均GDP基尼系数为0.208,而互联网覆盖率基尼系数为0.418。

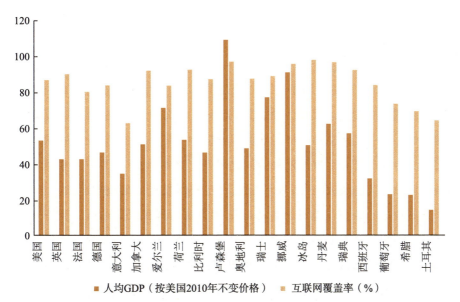

图9.4　最初的20个OECD国家之间的收入差距和数字鸿沟(2017年)

资料来源:《世界发展指标》。

表9.3　低收入国家(地区)人均GDP和互联网覆盖率的基尼系数

指标	2000年	2005年	2010年	2015年
人均GDP(按美国2010年不变价)基尼系数	0.233	0.233	0.243	0.208
互联网覆盖率基尼系数	0.579	0.567	0.554	0.418

资料来源:《世界发展指标》。

综上所述,收入差距和数字鸿沟在总体上有所减小,这表明整个世界更紧密地联系在了一起。但是,如果我们查看国家(地区)层面的分析结果就会发现,一些国家(地区)正在快速发展数字化和互联网,而大多数低收入国家(地区)在这一领域仍处于边缘或孤立状态,因此,高收入国家(地区)和低收入国家(地区)之间的数字鸿沟仍在扩大。此外,我们发现低收入国家(地区)的数字鸿沟仍然是一个十分严峻的问题。一方面,它比全球性的数字鸿沟更严重;另一方面,它也大于国家(地区)内部收入的不平等程度。换句话说,互联网的普及可能得益于高收入国家(地区)、中上收入国家(地区)和中低收入国家(地区)对互联网发展的重视,而对于低收入国家(地区)来说,要与世界建立紧密的联系,还有很长的一段路要走。

2.2 数字鸿沟的决定因素

我们都知道,数字鸿沟不是外生给定的,并且数字鸿沟很可能对经济和社会发展造成负面影响。因此,我们必须知道是什么导致了数字鸿沟,以减轻其负面影响。数字鸿沟是由经济和社会因素的不平等决定的,讨论数字鸿沟的决定因素就等同于讨论互联网发展的决定因素。通常情况下,影响互联网发展的因素可以归结为三类:①经济发展是推动互联网发展的最根本因素。一方面,经济发展构成了经济体建设通信基础设施的初始禀赋;另一方面,经济发展也刺激了人们相互联系的需求。②人力资本是互联网发展的前提。受过高等教育的人对于通过互联网获取信息有着更高的要求。③开放性是互联网发展的推动力。开放的经济体更愿意接受外界的信息和技术,也更愿意提升互联网发展水平。

2.3 数字鸿沟的影响

毫无疑问,数字鸿沟的存在会对无法使用互联网的个人产生负面影响,这种影响包括非经济影响和经济影响。一方面,无法使用互联网可能会给人的生活带来不便。例如,为了切断新冠肺炎疫情的传播,中国各省要求每个人在进入公共场所时扫描二维码,以表明本人健康状况和行程记录,尽管此举措在很大程度上有效控制了疫情,但是也扰乱了许多不会使用智能手机的老年人的生活,这可能导致他们无法乘坐公共汽车或进入超市,给他们的生活带来了极大的不便。

另一方面,数字鸿沟也会产生负面的经济影响。研究表明,当部分群体被剥夺获得各种服务和机会的权利时,数字鸿沟可能会使收入分配的不公平进一步恶化。例如,在过去,求职者获得就业信息的途径是类似的。但数字鸿沟的出现使那些无法上网的人在就业市场中处于不利地位。同样,数字鸿沟还造成或加剧了培训、教育、借贷等方面的不平等。更严重的是,数字鸿沟也可能会使无法上网的低收入人群失去赚钱的机会,从而加剧贫困问题。

许多国家已经意识到数字鸿沟的存在及其负面影响。美国是互联网应用和普及程度最高的国家,也是第一个关注互联网发展不平衡的国家。自1995年7月以来,美国国家电信和信息管理局至少报告了四次国内数字鸿沟情况。此外,美国还将数字鸿沟问题视为该国最重要的经济和人权问题之一。美国之所以如此重视这一问题,是因为美国希望通过大力普及互联网来全面提高美国在21世纪的国际竞争力。随着对数字鸿沟认识的逐渐加深,更多的国家政府、国际组织和领导人已开始意识到互联网的巨大潜力,因此,数字鸿沟很可能会进一步导致国家之间和国家内部的发展不平衡。

在表9.4中,我们简要说明了中国的数字鸿沟对就业、收入和消费的影响。我们比较了可以访问和不能访问互联网的群体中劳动年龄人口的就业比例。这里的就业不仅包括那些被企业雇用的劳动力,而且包括那些在其他部门从事自雇型劳动的劳动者。我们使用北京大学中国社会科学调查中心的2012—2018年中国家庭追踪调查数据(China Family Panel Studies, CFPS),这是在全国有代表性的个体、家庭和社区三个层面调查得到的数据。该调查每两年进行一次,调查范围覆盖了25个省/市/自治区,调查内容包括有关个人和家庭的经济活动、教育成果、家庭关系和健康状况等信息。

估算结果显示,可以访问互联网的群体就业率为89.4%,不能访问互联网的群体就业率为87.5%。两者之间的差异意味着,互联网的访问确实提供了更多关于工作机会的信息,从而增加了就业比例。此外,更多的就业机会使收入和消费进一步提高。不能访问互联网的群体的收入和消费水平较低,他们更有可能生活在贫困中。

表9.4 数字鸿沟对中国就业、收入和消费的影响

群体	就业率(%)	收入(元)	消费(元)
可以访问互联网的群体	89.4	23 903	68 863
不能访问互联网的群体	87.5	14 266	28 138

资料来源:CFPS。

我们发现,不能访问互联网的群体就业率较低,因此其收入可能会低于可以访问互联网的人。在表 9.4 中,我们进一步发现,不能访问互联网可能会导致消费水平的降低。数字鸿沟对消费造成负面影响可能有两个原因:一方面,不能访问互联网导致劳动者的就业机会减少,从而收入降低,而消费依赖于收入,因此,他们的消费就会更低;另一方面,数字金融尤其是互联网商业化带来的支付技术,可能会进一步拉开消费差距,这一影响在中国尤为突出。如今,我们不必携带现金或信用卡去购物、用餐,而是可以使用移动设备上的支付软件购买任何东西。这个影响消费的机制与收入无关,使用互联网可能会增加消费占收入的比例,即消费率会有所提升。

人们常常将发生美国次贷危机和欧洲主权债务危机的原因归咎于中国和其他净出口经济体储蓄过多。例如,本·伯南克(Ben Bernanke)认为全球储蓄过剩主要源于发展中国家积累的大量储蓄。艾伦·格林斯潘(Alan Greenspan)声称中国的高储蓄率是美国次贷危机的罪魁祸首,中国的高储蓄率导致了世界金融市场的低利率,进而使美国走上了过度消费和住房融资的道路。这些观点当然有待商榷。不过根据前文的分析,如果有更多的人可以使用互联网,则消费水平可能会提高,这至少说明缩小数字鸿沟有助于全球经济体的再平衡,从而真正实现可持续发展。

3. 数字金融发展的涓滴效应

鉴于数字鸿沟会对人们的生活和经济发展产生负面影响,但是,我们如何才能够填补数字鸿沟或减轻其不利影响呢?通常情况下,我们有两种选择,一种选择是直接提高互联网覆盖率或普及程度。换句话说,通过这种方式,我们可在分配公共资源时向那些无法访问互联网的弱势群体倾斜,例如建立通信基础设施,为这些弱势群体访问互联网创造条件。这种方式不仅能提高人们使用互联网的频率,而且能提高人们在线处理有效信息的能力,而在线处理有效信息就需要具有先进的互联网技术。

中国已经在帮助弱势群体方面作出了许多努力,大多数人现在都能够使用高质量的互联网。自 1994 年 9 月启动公用计算机互联网以来,中国在网络基础设施建设方面取得了重大突破。但是,速度慢、覆盖率低的互联网仍然限制了中国经济的进一步发展。直到 2013 年 8 月,中国国务院印发《"宽带中国"战略及实施方案》,该战略旨在加快互联网速度,并扩大中国互联网的覆盖范围。截至 2016 年,已有三批城市参与了"宽带中国"的试点,包括北京、上海和广州在内的 39 个城市成为 2014 年第一批"宽带中国"的试点城市,第二批和第三批城市名单分别于 2015 年和 2016 年宣布。如今,中国大多数城市都加入了该计划。"宽带中国"的技术路线为统筹接入网、城域网和骨干网建设,综合利用有线技术和无线技术,结合基于互联网协议第 6 版的下一代互联网规模商用部署要求,分阶段系统推进宽带网络发展。实施"宽带中国"战略以后,中国的宽带和移动网络的速度得到了极大的提升。

显然,中国试图通过分配公共资源来建设高质量的互联网基础设施,以确保大多数人能够访问互联网,并增强弱势群体与互联网的连通性。但是,这种方法需要大量的财政支出,尤其是当政府希望在偏远地区建设互联网基础设施时,这一支出的规模就尤其巨大。因此,这种做法并不具备可推广性,特别是对于财政资源有限的政府而言。

另一种选择是让市场驱动资源分配和经济活动,使弱势群体能从发展的涓滴效应中获益。在数字鸿沟存在的背景下,只有在互联网发展带来的经济效益(如增加就业、收入和消费)惠及那些无法访问互联网的人时,这种做法才是可行的,这就好比扶贫中的涓滴效应一样,贫困能够通过整体经济发展来减缓,而不一定完全需要依靠收入再分配。在某些情况下,我们观察到互联网发展所产生的涓滴效应,特别是数字经济的出现和发展,不仅使那些可以访问互联网的人受益,而且也对那些无法访问互联网的人产生了涓滴效应。

中国的农业合作社是可能产生涓滴效应的平台。农业合作社以农民个人意愿为基础,并通过所有制进行民主管理,它们建立的宗旨是增加大多数农民的收入,帮助他们消除饥饿、改善营养状况。农业合作社已经在促进中国农业可持续发展中发挥了十分重要的作用,中国有超过 120 万个农业合作社,平均每个村庄有两个以上。

农业合作社可以通过生产和销售影响农场绩效。农业合作社产生积极影响的第一个途径是,农业合作社可以增加农民获得更好的技术和生产资料的机会，并协助农民进行有效生产，从而提高农业生产技术效率；第二个途径是农业合作社向农民提供诸如销售渠道和市场价格之类的信息，使他们能够以更高的价格出售产品。这两种途径都要求农业合作社具有更大的信息优势，否则农民加入农业合作社的积极性将很低。农业合作社可以提升信息优势的一种方法是访问农民无法访问的互联网。当农业合作社访问互联网时，它们可以像农村电子商务平台一样运作，通过互联网更加有效地为农民提供销售渠道和市场价格等信息，帮助农民在线销售他们的产品，从而增加农民的收入。在此过程中，农业合作社必须能够访问互联网，但这并不意味着所有的农民都需要访问互联网：能够访问互联网的农民可以利用互联网来推广他们的产品，但是无法访问互联网的农民则可以通过农业合作社的电子商务平台来提升其农产品的销量。在这种情况下，只要是农业合作社能够访问互联网，互联网发展的收益，特别是农村电子商务平台所带来的收益，就能够形成涓滴效应，惠及那些无法访问互联网的农民。

接下来，我们将展示数据分析工作结果。首先，我们分析了数字金融发展对能够访问互联网和无法访问互联网的家庭的农业经营性收入的影响。为了衡量中国数字金融的发展，我们使用了北京大学数字普惠金融指数。该指数涵盖三个一级指标：数字普惠金融的覆盖广度、使用深度和数字化程度。

其次，我们将城市级层面的数字普惠金融指数与CFPS数据相结合，从总体上看，数字金融的发展将显著增加那些无法访问互联网的家庭的农业经营收入，且这种正向效应大于能够访问互联网的家庭，这表明互联网的发展可能对农业经营性收入产生了涓滴效应。至于数字金融的发展对能够上网的家庭的农业经营性收入影响较小的主要原因可能是，在互联网覆盖率高的地区，农业经营性收入总体较低。

这一结果表明，数字金融的发展可以提高农业生产率，而这反过来又将推动从农业部门向非农部门的结构性转变。数字经济和数字金融的发展还提高了非农就业的可能性，即使对于那些无法访问互联网的家庭来说，数字经济和数字金融的发展对非农就业也产生了涓滴效应。

鉴于数字经济和数字金融的发展对收入和就业产生了涓滴效应，我们希望在互联网的助力下，那些无法访问互联网的人们的消费也能增加，分析结果表明，这一群体的消费确实增加了。

综上所述，高度依赖互联网的数字经济和数字金融的发展可以帮助减轻数字鸿沟的负面影响。与传统金融行业相比，数字金融提供了更便宜、更透明、更包容的经济和金融服务，极大地改变了人们参与经济活动的方式，并进一步助力经济增长、创造就业机会，这些红利由所有公民共享，而这就是互联网发展所产生的涓滴效应。

4. 涓滴效应的前提和局限性

我们发现，数字经济和数字金融的发展可能会产生涓滴效应。那么接下来的问题就是，涓滴效应是否始终有效呢？在本节中，我们简要讨论了涓滴效应产生的前提和可能的局限性。

产生涓滴效应至少需要两个条件。第一，必须具有一定程度的互联网覆盖率。正如我们所讨论的，数字经济和数字金融的发展依赖于互联网的普及，因此，如果互联网的覆盖率很低，数字经济和数字金融就无法发展，那就更无从产生涓滴效应了。从中国的整体情况来看，近年来，中国的数字经济和数字金融一直在发展，特别是自"宽带中国"战略实施以来，中国的互联网覆盖率已经大大提升。

即便在数字鸿沟问题比较严重的中国农村，随着精准扶贫政策的实施，农村的网络扶贫行动取得显著进展，截至2020年年末，电信部门开通了十三万多个行政村的光纤网络。贫困地区通信的"最后一公里"被打通：截至2020年11月，贫困村通光纤比例和深度贫困地区贫困村通宽带比例均达到98%，同时，电子商务产业实现了对832个贫困县的全覆盖。这使得无法接触互联网的家庭仍可通过地方邮政和农业合作社提供的设施，展开电子商务活动。

第二，涓滴效应的产生还需要个人具备增收的能力。根据前文的讨论，我们发现数字金融的发展能够对农业经营性收入产生涓滴效应，那么其他类型的收入，特别是工资性收入会从中受益吗？毕竟，工资性收入是与个人增收能力最相关的收入类型。通过数据分析,我们发现互联网的发展未能对工资性收入产生涓滴效应:对于那些无法访问互联网的人,工资性收入与数字金融的发展呈负相关。这意味着,与那些可以访问互联网的人相比,那些无法访问互联网的人在劳动力市场上的议价能力随着互联网的发展而下降,究其原因可能是他们在劳动力市场上存在信息劣势。我们还分析了数字鸿沟对不同人群的影响,发现数字鸿沟主要影响人力资本较低的个人,其工资性收入随数字鸿沟的出现而减少;对于人力资本较高的个人,可能仍会受益于数字金融发展对工资性收入的涓滴效应。

5. 结论与政策建议

本章讨论了数字鸿沟的不利影响及解决方案,有以下几个关键结论:①尽管数字鸿沟在全球范围内正不断缩小,但低收入国家(地区)内部和国家(地区)之间的数字鸿沟问题仍然非常严重。②数字鸿沟不利于居民就业、收入增长,并可能进一步导致全球经济发展失衡。③可以通过建设通信基础设施来缓解数字鸿沟问题,但这将产生巨额财政支出,除此之外,利用数字经济和数字金融的涓滴效应也是缓解数字鸿沟的有效方法之一。④随着数字经济和数字金融快速发展,涓滴效应在缓解数字鸿沟上发挥了显著的作用,借助涓滴效应,无法访问互联网的人的收入、就业和消费情况均有所改善。⑤涓滴效应存在一定的局限性,因为互联网的发展可能不会对工资性收入产生涓滴效应,而人力资本较低的个人还可能受到互联网的负面影响。

基于以上的讨论,本章提出以下几点政策建议。第一,政府应加大力度在全国范围内完善通信基础设施,并推广智能手机等数字产品的应用,以此吸引更多人使用互联网;第二,由于数字经济和数字金融产生的涓滴效应会减轻数字鸿沟的负面影响,因此,我们建议进一步促进数字经济和数字金融的发展;第三,为了发挥正向的涓滴效应,应该了解其背后的机制,例如,农业合作社的建立和良好运作对于农业经营性收入的提高至关重要;第四,考虑到涓滴效应具有一定的局限性,应该采取一些特殊的社会政策,着重关注那些不能访问互联网、不能从互联网发展中直接受益的人;第五,除了数字鸿沟,还应当重点考虑隐私保护问题,尤其是对于那些可以访问互联网但缺乏网络安全意识的人。

参考文献

WHO, 2010. Unmasking and overcoming health inequities in urban settings[J]. Evolutionary Ecology, 10: 1-145.

Wan G, Zhang Y, 2017. Accelerating urbanization explained: the role of information[Z]. Working Paper. Shanghai: Shanghai University of Finance and Economics.

中国社会科学院农村发展研究所,2020.农村地区绿皮书:中国农村经济形势分析与预测(2019~2020)[M].北京:社会科学研究院出版社.

第十章
中国的央行数字货币：发展路径与可能影响

徐远[*]

---

[*] 徐远，北京大学数字金融研究中心高级研究员。

1. 引 言

自2009年比特币出现以来,人们意识到货币体系在逐渐重构。数字货币的想法最初起源于以技术为导向的加密货币社区,之后逐渐拓展到公共领域。后来,许多学者也公开承认当前的货币体系是不可持续的,将会发生深刻变革。例如,在2019年8月的杰克逊霍尔研讨会(Jackson Hole Symposium)的一场演讲中,前英国央行行长马克·卡尼(Mark Carney)公开发表观点,认为目前货币系统不可持续,将会有所变化。

到目前为止,学术界和政界都清楚诸如比特币(Bitcoin)、莱特币(Litecoin)和瑞波币(Ripple)之类的私人加密货币不太能成为未来货币体系的主流货币。原因至少有以下三条:首先,基于区块链的加密货币无法在短时间内处理大批量交易;其次,加密货币影响货币政策有效性的机制和渠道尚不清楚;最后,也是最重要的,货币发行权力必须掌握在政府手中(Yermack,2015;Böhme et al.,2015)。因此,尽管加密货币取得了巨大的突破,但它们并不能主导货币体系的未来。

面对这种快速的变化和挑战,全球中央银行逐步启动有关中央银行数字货币的研究项目。根据国际清算银行2020年1月发布的一项针对各国央行的调查,在被调查的66个央行中,有80%的央行已经在从事数字货币的研究和开发工作。其中,挪威、瑞典、芬兰、加拿大、英国、新加坡、中国的央行和欧洲央行处于较前沿的研究阶段。但是,美联储在2020年年初才正式开始对数字货币的研究,并重启了联邦数字货币(Fedcoin)项目。

本章的讨论可以分为两部分。第一部分,笔者将介绍外界对中国央行数字货币的已有认识,该部分所有的讨论都基于公开可得的信息,笔者仅做了信息的搜集和整理工作。第二部分,笔者将讨论央行数字货币未来可能的演变,很多内容基于笔者本人的推断和预测。笔者必须承认,这些推断和预测可能不够准确,数字货币未来的发展可能会与本文的预测截然不同。但是,鉴于央行数字货币的重要性和缺乏数据的现状,笔者认为这些推断和预测仍然是有价值的,尽管很可能不准确,但是可以为理解未来央行数字货币的发展提供一种思路和参照。

在详细介绍之前,我们先罗列中国央行数字货币的要点,方便读者后文的理解与理解。

(1) 本文的中国央行数字货币指的是央行的数字货币(digital currency,DC)和电子支付工具(electronic payment,EP)。本章中,数字人民币代指中国的央行数字货币,意为数字化、电子化的人民币,其面值将与传统人民币保持一致。

(2) 从技术上说,数字人民币是加密的字符串。鉴于现阶段的计算能力和数字人民币的加密技术,数字人民币的加密系统无法在短时间内被破解。因此,可以认为数字人民币的加密技术是非常安全的。

(3) 从货币角度看,应该将数字人民币归类为流通中的现金(M0),并可能逐步取代传统纸币和硬币。这也是它被正式命名为数字人民币的原因。

(4) 数字人民币通过由中国人民银行和金融机构(主要是商业银行,可能还有大型科技公司)组成的两层系统进行分发。

(5) 数字人民币有助于国内金融监管,例如反腐败和反逃税的责任追溯。它也可能有助于政策的实施,例如补贴等定向资金的投放。

(6) 在短时间内,数字人民币在人民币国际化中的作用不太明显。

本章其余部分安排如下。第 2 节简要回顾数字人民币研发的历史。第 3 节介绍数字货币、电子支付工具的特征,这部分根据公开信息汇编而成。第 4 节将数字货币、电子支付工具与其他数字货币(如比特币)进行比较。第 5 节讨论了数字货币、电子支付工具的一些潜在影响。第 6 节是全章的总结。

2. 中国央行数字货币的研发历程:一个简要回顾

中国人民银行最早于 2014 年开始研究数字货币。时任中国人民银行行长的周小川是央行数字货币的热情拥护者。为了推进数字货币研究,中国人民银行在 2017 年成立了中国人民银行数字货币研究所。

2019 年,央行数字货币的研发开始加速。当年 7 月,国务院正式授权央行数字货币的研发项目，并且由中国人民银行牵头开展。中国人民银行在研发过程中借用了诸多市场机构的资源和帮助，包括商业银行和大型科技公司（例如腾讯和阿里巴巴）。此外，三大电信运营商（中国联通、中国移动、中国电信）也参与了研发工作。

在之后的几个月，有关中国央行数字货币的热度逐渐上升，引起了市场的关注。同时，中国人民银行开始披露更多的关于数字货币的研发信息。例如，中国人民银行数字货币研究所所长穆长春在黑龙江省宜春市的一个论坛上宣布中国的数字货币已经处于成熟阶段，数字人民币已经"准备就绪"。中国人民银行副行长范一飞也公开介绍并推广数字货币和电子支付工具。根据官方统计，截至2019年8月21日，中国人民银行数字货币研究所已经发明了74项专利。阿里巴巴等大型科技公司也已获得与数字货币有关的多项专利权。

2020年4月，民众使用数字人民币的图片在互联网上广泛传播，中国人民银行已开始进行数字人民币的试点测试。最初，数字人民币测试是在选定的深圳、苏州、成都和雄安新区四个地区中进行的，2022年，数字人民币在北京冬奥会举办地进行了试点。

接下来，为推进测试进程，中国开始将数字人民币发放给随机选定的试点地区居民，但这一措施局限于部分试点区域。

2020年10月8日，价值1 000万元的数字人民币被随机发放给5万名深圳居民，每个被选中的居民能得到200元数字人民币。这笔钱可以在深圳3 389家线下商店中自由使用。未使用的数字人民币将在10月18日晚上24∶00被收回。四大国有商业银行（中国工商银行、中国农业银行、中国银行、中国建设银行）参与了此次试点。为了方便区别，四家银行设计了不同颜色的数字钱包。

2020年12月15日，在中国苏州，价值2 000万元的数字人民币被随机发放给10万名居民，试点规模扩大了一倍。未使用的数字人民币将在12月28日晚上24∶00被收回。在此次试点中，这笔钱除了可以在五千多家线下商店使用，还可以在京东商城使用。它还支持通过蓝牙（bluetooth）和近场通信（NFC）进行离线支付。此外,另外两个大型国有商业银行(交通银行和中国邮政储蓄银行)也参与了试点。至此,六大国有商业银行全部参与了数字人民币试点。正如我们即将要讨论的,商业银行将在中国的数字人民币系统中扮演重要角色。

在这两个实验中,共有15万居民在线下和线上商店中使用了总价值为3 000万元的数字人民币。这样的实验将有助于积累数据和开展进一步研究。此外,自2020年3月起,瑞典的央行数字货币e-Krona也已在试点地区进行了测试。

回顾过去,2020年标志着央行数字货币发行的开始。鉴于央行数字货币的重要性,这在人类货币历史上将是具有里程碑意义的一年。若干年以后,2020年的新冠肺炎疫情可能被人们遗忘,但央行数字货币将在许多国家发行,并极大地影响整个金融系统。如此看来,2020年最重要的事件很有可能不是新冠肺炎疫情,而是央行数字货币的重大进展。

3. 数字人民币的特征

根据中国人民银行领导的演讲和著作,笔者整理了一些有关数字人民币的特征事实。这部分的讨论大量借鉴了中国人民银行领导已发表的论文或报告,例如范一飞(2018)、姚前(2018)、Yao(2019),以及穆长春(2019)。

第一,数字人民币的本质是电子化的现金。从技术上说,它是加密字符串。利用非对称加密技术,数字人民币的加密系统非常难破解。可以认为,数字人民币是非常安全的。

从货币上来说,数字人民币可以被视为传统纸币的数字替代。因此,不难理解最终的命名是数字人民币,而不是之前已经使用过的数字货币和电子支付工具。现在,数字货币和电子支付工具这两个术语被用来指代数字人民币的研究计划。

数字人民币的目标是逐步取代传统的纸币。由于一部分人不使用智能手机,因此这种取代将是逐步的,对于老年人和欠发达地区(例如农村地区或中西部地区)的居民来说尤其如此。根据中国互联网络信息中心的数据,截至2019年年底,中国有9亿智能手机用户,剩下大约5亿中国人不使用智能手机。中国人民银行副行长范一飞也公开发表观点,认为数字人民币和传统纸币将在很长一段时间内共存。

第二,数字人民币是基于令牌(token)而不是基于账户的。正如之前提到的,数字人民币是加密的字符串。因此,必须将其存储在智能手机的应用程序中,并与账户相连。但是,令牌可以从账户中分离出来,因为令牌是独立的字符,可以直接由其他智能手机检验、接收(或拒绝)。当两个手机都处于离线状态(即未连接互联网)时,仍可进行支付和交易,即半基于账户式(semi-account-based)。也就是说,它虽与账户连接,但有时可以独立于该账户,这个特点有利于数字货币的广泛流通。

第三,数字人民币将通过双层系统进行分发和流通,双层系统分别是位于第一层的中央银行和位于第二层的商业银行。换句话说,数字人民币将支持现有的双层系统。中央银行向商业银行发行数字人民币,然后商业银行与家庭、企业等经济体进行交易。当商业银行从中央银行获得数字人民币后,它们需要存入100%的现金作为准备金。换句话说,数字人民币不会直接影响M0的供应量,但可能会进一步减少M0,因为数字人民币加速了货币流通速度,人们没有必要持有很多通货。

根据中国人民银行高层领导的公开讲话,非商业银行(例如大型科技公司和电信运营商)可能也会参与数字人民币的发行过程。如果这样,它们也需要在中央银行存入100%的准备金。但是,由于没有银行牌照,它们不能吸收来自居民的存款或向企业和家庭发放贷款,而只能提供支付业务。

这启示了我们引入数字人民币后的一些潜在影响。传统上,商业银行提供三类业务:支付、存款和贷款业务。经过近年来第三方支付的快速发展,支付业务可以很容易地从商业银行中分离出来。实际上,存款业务也可以从商业银行中分离出来,居民可以直接从专业机构(例如共同基金)那里购买投资服务或理财产品,实现存款目的。贷款业务也可以从商业银行中分离出来,只要拥有公司信用信息,就很容易进行贷款发放,大型科技公司(例如阿里巴巴)的贷款业务已相当成熟。随着数字人民币的引入,资金流向将得到更精确的记录,数据分析人员将可以得到更加完备的信息。贷款发行可能更多基于数据分析,而不是主观判断(例如私人关系)。

除了双层银行系统,还有一个单层银行系统的替代方案,即中央银行直接向居民发行数字人民币。这一方案在讨论后很快遭到否决。显然,由于中国人口众多,单层银行系统在技术上非常复杂且具有挑战性。建立一个能同时进行大批量交易的系统是非常困难的。例如,在 2018 年 11 月 11 日,阿里巴巴推动的一年一度的购物狂欢节,每秒交易量的峰值达到 54.4 万。阿里巴巴的奥星贝斯系统(OceanBase)每秒最多可支持 6 100 万笔交易。随着经济的快速发展,以及城市化和数字化的进步,未来的交易量可能会更大。因此,一个单层的银行系统很难满足技术需求。

除了技术难度,单层银行系统还有两个缺点。首先,它分散了中央银行的精力,尤其是制定货币政策的精力。在现代,中央银行从商业银行的日常业务脱离出来,专门从事货币政策制定和金融监控工作。采用单层银行系统不利于这种专业化分工。其次,单层银行系统还将中央银行直接暴露于数字人民币可能带来的未知风险之中。作为一个新兴事物,数字人民币可能仍然存在无法预料的风险。如果这样的风险扩散到整个货币体系中,可能会带来重大的金融危机。双层银行系统有助于消除或者降低风险。

第四,数字人民币发行时不会基于区块链,而会保持技术中性。随着比特币和其他加密货币的发展,区块链技术的优点已被广泛认可。从本质上说,区块链是一个去中心化、可追溯、不可篡改的分布式记账技术(distributed ledger technology, DLT)。这种技术可以在各方之间建立信任关系,这样的信任关系是建立在复杂的计算和存储系统之上的,这使得它不适合零售交易。而数字人民币发行时并不基于区块链。不仅仅是因为技术上不可行,而且也没有必要。中央银行、商业银行和其他大型科技公司在现代经济中并不是"陌生人",而是需要相互信赖的参与者。它们之间的信任关系可以简化部分计算和存储系统。

但是,在将数字人民币分发到货币系统时,商业银行和大型科技公司可以选择使用任何技术，包括区块链技术。这类似于现有的稳定货币，例如泰达币（USDT）。它也类似于脸书（Facebook）提出的一种新的稳定货币——天秤币（Libra，现已更名为Diem）。这种设计有两方面优点。第一，央行可以专攻货币发行和中央数据管理。第二，可以引发商业机构之间的良性竞争，促进技术进步。

4. 数字人民币与其他电子支付工具的比较

当我们讨论中国的电子支付工具时，经常提到的是支付宝和微信支付，数字人民币是这个家族的新成员。比较数字人民币和其他已有的电子支付工具，会帮助我们看清数字人民币的优劣势。数字人民币和其他数字货币相比，有以下三个主要的差异。

首先，数字人民币由中央银行发行，是由国家法定的官方货币。所有拥有设备的居民都必须接受数字人民币这一支付方式。在2020年10月23日，中国人民银行发布了修订版的《中国人民银行法》。在这次修订中，数字人民币成为和传统纸币、硬币正式一样的合法支付工具。这次修订后，只要有设备，任何人都不能拒绝接受数字人民币。

作为比较，其他形式的数字货币，包括微信支付和支付宝中的人民币都不是官方的货币。因此，人们可以选择是否接受微信支付或者支付宝。

基于科技的加密货币（例如比特币）并不是由中央银行或者政府机构发行的，它们产生于互联网社区的算法。政府无法控制它的发行量，因此，加密货币会削弱央行货币发行的主权。这也是为什么众多政府不推崇基于科技的加密货币的原因。只要现代的社会生活还是由政府组织，基于科技的加密货币的发展空间就是有限的。这里所说的基于科技的加密货币指的是不由中央银行发行的加密货币，包括比特币（Bitcoin）、莱特币（Litecoin）和瑞波币（Ripple）。

其次，数字人民币支持离线交易，而其他数字货币和第三方支付工具都要求交易双方有网络连接。离线交易通过蓝牙和近场通信实现，如今大部分智能手机都有这样的功能。未来，离线的交易可能占比并不大，但这一功能还是有必要的，因为数字人民币是一个官方货币，它必须考虑到人们在没有信号或信号较差地区使用的场景，这种情况很少，但也不是不存在。另外，值得一提的是，离线交易很有可能被限制为小额交易，这样在为使用者提供便利的同时也规避了风险。尽管这些交易是离线的，但当连接上互联网后，这些信息还是会被上传和记录。

最后，数字人民币支持半匿名交易，交易时不需要知道交易对手方的身份。交易全程由支付系统保护，这个系统可以验证交易真实性和避免多次支付的问题。这个过程和使用验钞机器验证纸币类似。与此相反，基于科技的加密货币通常支持完全匿名交易，尽管依然有可能探查到交易方的真实身份，但这也是比特币和其他加密货币大受欢迎的原因。

半匿名交易和完全匿名交易是完全不同的。半匿名交易中，匿名仅是针对交易双方而言，对于中央银行并不是匿名的。从技术层面上说，中央银行可以追踪所有的交易，并且能将数据存储到它们的数据库中。即使是离线交易的数据也会在设备上线时被同步到这个数据库中。理论上，使用数字人民币的所有交易都能被监控和记录。这些数据将会被如何使用尚不清楚。理想情况下，可以建立一个数据使用的规则，在保护交易隐私的同时最大化数据的使用价值。

将数字人民币和其他国家的央行数字货币进行比较也能得到一些启发。正如上文提到的，许多中央银行都开始研发央行数字货币，如美联储、英国央行、欧洲央行、日本央行和加拿大央行等。数字人民币和其他央行货币最重要的区别是数字人民币的发行不基于分布式存储技术或者区块链技术。中国人民银行对此的解释是分布式存储技术不能满足中国的海量交易需求。而且，区块链技术对于传统双层银行构架的冲击比较大，无法成为未来央行数字货币的主流技术路线。

在前文所提到的央行数字货币中，和数字人民币最相似的是英国央行在2015年提出的RSCoin。RSCoin也是一种基于双层银行系统运营的电子货币。有趣的是，大部分研究中的央行数字货币都会采用双层的银行系统。

5. 数字人民币的潜在影响

至此，我们已经对数字人民币的基本情况有了比较清晰的认识，现在我们开始讨论引入数字人民币后可能产生的影响。

有些人认为，由于大部分交易在线上完成，数字人民币对交易的冲击或影响将会很小。还有些人认为，由于支付宝和微信支付的便捷性和用户友好的特点，数字人民币很难被大众接受。事实上，在数字支付已经发展成熟的背景下，也有人质疑发行数字人民币的必要性。但有一些人认为，数字人民币会为当今货币格局带来根本的变化，并且助力人民币国际化，这是另一个极端。笔者的初步判断介于两者之间。笔者认为，尽管数字人民币在某些领域不会有明显的影响，但在另一些领域，数字人民币可能会有显著的作用。而且，要关注数字人民币的连锁反应，尽管这很难分析和衡量。至于人民币国际化，笔者认为，短期内的影响十分有限，但是长期可能会有影响。下面将详细论述数字人民币的潜在影响。

首先，数字人民币在交易支付上的影响可能比较有限。诸如支付宝和微信支付的电子支付工具普及度很高，人们转而使用数字人民币需要一个比较充分的理由。数字人民币钱包应该至少和微信支付、支付宝一样用户友好，否则人们使用数字人民币的动机将会很弱。因为数字人民币设计的初衷是代替现金，对于那些很少使用现金的人来说，他们甚至不需要知道数字人民币。

一个复杂的问题是数字人民币与第三方支付的关系，一些人认为二者是竞争的关系。这种观点有一定道理，从用户的支付服务角度来看，数字人民币和第三方支付都是支付工具，二者的关系是竞争性的。但是事实上，二者可以是垂直维度的合作关系，而不是水平维度的竞争关系。第三方支付可以盯住数字人民币，正如盯住纸币一样。这样一来，第三方支付的支付数据，也需要和央行的数据库对接和协调。总体上，数字人民币和第三方支付的关系更像是美元和稳定货币（例如泰达币）的关系。

其次，数字人民币对于金融监控和经济政策实施有显著影响。这是因为，所有的交易会被记录在央行数据库中,数字人民币可能在反腐败、反洗钱和反逃税中起到重要作用。

例如,数字人民币可以助力反腐败工作。政府可以要求所有公职人员在日常交易中必须使用数字人民币,这样可以追溯腐败链条,同时也能起到普及数字人民币、提升用户体验的作用。再举一个例子,数字人民币还可以用在补贴的发放上。在中国,发放给低收入人口或老人的补贴经常被挪用或者延迟发放。有了数字人民币之后,这些补贴可以直接发放到目标人群的手里,之后这些补贴的资金去向也可以被监控和分析。有了这样的数据库,可以更好地改进未来的货币政策和财政政策。

最后,数字人民币对人民币国际化的短期影响不大,未来可能会有影响。人民币国际化取决于人民币在国际社会的接受程度,特别是在邻国和贸易伙伴中的接受程度。如果国际社会接受了人民币,数字人民币可以降低交易成本,提升人民币在国际货币市场中的地位。但在此之前,数字人民币在人民币国际化中的作用是有限的。

历史告诉我们,人们对新的国际货币的接受速度是非常慢的。例如,大约在1870年,美国已经是世界上最大的经济体。但在1945年前,美元并没有正式取代英镑的国际货币地位,两者之间相隔了75年。2020年,中国的GDP仅为美国的2/3,超越美国至少还需要几年。即使以后中国成为全球最大的经济体,人民币成为国际货币也还有很长的路要走。在数字经济的新时代,我们目前尚不清楚未来国际货币体系将是什么样子。笔者推测,在之后很长一段时间,美元还会继续主导国际货币体系,并充当全球货币体系的锚。对于人民币国际地位最好的、也最实际的期待,是成为类似于欧元、英镑和日元的国际主要货币。如果中国经济进一步走强,在此基础上,人民币的国际地位才会提升。在短期内,人民币逐渐被邻国和贸易伙伴接受,并逐步扩大使用范围,是一个理性的期望,也是有可能实现的。

6. 小　结

在本章中，我们介绍了中国中央银行数字货币的发展历程、与其他电子支付工具的异同和潜在影响。

中国中央银行数字货币的正式名称为数字人民币。它将通过以中央银行、商业银行和大型科技公司的双层银行系统分发到货币系统中。数字人民币的发行不基于区块链技术，但在分发上是技术中立的，分发机构可以采取区块链技术。商业银行和科技公司将在基础设施的开发和运营、账户管理中扮演重要角色。

人们一直在争论数字人民币与现有电子支付工具的关系。它们可以是竞争对手，也可以是在货币服务垂直方向上的合作关系，这取决于未来的演化。引入数字人民币后，现有电子支付工具可以与数字人民币挂钩，就像它们与传统货币挂钩一样。人们可以选择是否使用数字人民币，数字人民币可以争夺电子支付的市场份额，也可以做底层的货币锚。

数字人民币可能会对国内金融监管产生重大影响，在反腐败、反洗钱、反逃税等领域中发挥重要作用。由于未来的银行系统将不断发展，数字人民币对货币政策的影响是渐进且深远的。当所有数据集中于一个大型数据集中，有权访问并分析数据的人就是未来的银行家。未来的银行业可能会分化为储蓄机构、支付机构和贷款机构。在目前这个阶段，很难预见这些变化将有多深刻、将会多快发生。

在人民币被国际社会广泛接受之前，数字人民币对人民币国际化的影响可能非常有限。人民币被国际社会接受后，数字人民币可以助力人民币国际化，但数字人民币本身并不会促使国际社会接受人民币。

参考文献

Böhme R, Christin N, Edelman B, et al., 2015. Bitcoin: economics, technology, and governance[J]. Journal of Economic Perspectives, 29(2): 213-38.

Yao Q, 2019. Central bank digital currency: optimization of the currency system and its issuance design[J]. China Economic Journal, 12(1): 1-15.

Yermack D, 2015. Handbook of digital currency[M]. New York: Academic Press.

范一飞, 2016. 中国法定数字货币的理论依据和架构选择[J]. 中国金融, 17: 10-12.

范一飞, 2018. 关于央行数字货币的几点考虑[R]. 第一财经, 2018-01-25.

范一飞, 2020. 关于数字人民币M0定位的政策含义分析[N]. 金融时报, 2020-01-26.

范一飞, 2020. 关于支付产业数字化谈几点认识[R]. 第九届中国支付清算论坛, 2020-9-24.

穆长春, 2019. 科技金融前沿:Libra和数字货币展望[R]. 得到App.2019-09-04.

姚前, 2018. 中央银行数字货币原型系统实验研究[J]. 软件学报, 29(09): 2716-2732.

第十一章
中国金融科技监管演进

龚强[*]

---

[*] 龚强,北京大学数字金融研究中心特约高级研究员。

1. 引　言

近年来,中国金融科技发展取得瞩目成果,数字技术与金融服务深度融合,全面应用于支付清算、借贷融资、财富管理、保险、交易结算等金融领域。金融科技不仅有效提高了金融服务的可获得性,而且极大提高了金融体系的运行效率。例如,微众银行和网商银行,采用纯线上运营,通过移动客户端远程开展业务,网商银行的"3—1—0"贷款模式——3分钟申请、1秒钟到账、0人工干预,充分体现了连接数字化、信息数字化和决策数字化的巨大优势,并惠及了难以获得金融服务的长尾客群。金融科技的普惠性为解决中小企业和低收入居民的金融排斥问题起到了重要作用。

尽管中国金融科技发展已取得一系列成果,但很长一段时间内,金融科技监管仍然以传统的事中监管和事后监管为主。同时,金融科技发展带来许多新的挑战,包括新型金融欺诈、侵犯隐私、监管套利等问题,具有广泛性、突发性、复杂性、动态性、交互性等特点。传统监管难以防范更复杂的新型风险,因而金融科技发展面临掣肘难题。P2P网贷机构频繁爆雷,名为首次代币发行(initial coin offering,ICO)、实为庞氏骗局,头部金融科技公司涉嫌垄断市场、数据、流量,联合贷款出资方与信息中介方频发委托代理问题,平台滥用用户隐私数据,大科技公司跨界经营造成风险外溢。以上这些问题引发了社会对金融科技发展的巨大争议。

具体而言,近期中国金融科技发展中的重大风险问题,包括但不限于以下四个方面:

1.1 P2P网贷机构跑路、爆雷频发

P2P网贷机构本来定位为金融信息中介,但在现实中,绝大多数机构开展了信贷和理财业务。据中国银保监会2020年统计,2006—2020年有一万多家P2P网贷机构上线,高峰时有超5 000家平台运营,年交易规模约3万亿元人民币,但坏账率极高。如2015年爆雷的"e租宝",涉案金额高达745.68亿元,共波及90.95万人。

1.2 助贷兜底风险、高杠杆的隐忧

在助贷模式中，电商平台、科技公司等第三方机构依托大数据成为信息中介，为商业银行引入有借款需求的客户，并且在没有能力把控风险的情况下承诺"兜底"。一旦助贷机构出现信用风险，将直接将风险传导至合作银行，甚至引发系统性金融风险。联合贷款中双方极不平等的出资比例让一些无担保资质的第三方机构放松了风险把控，不断加高的银行杠杆也给整个行业带来隐患。

1.3 名为虚拟货币、实为金融欺诈

自比特币造富第一批虚拟货币投机者后，各类新型虚拟货币层出不穷，由于它们大多数都披着"区块链""人工智能"等科技外衣，广大投资者被平台所承诺的高额返利吸引，未能识别出其"借新还旧"的庞氏骗局本质，动辄将数万元资金投入虚拟货币交易。以曾拥有"全球币圈第一大资金盘"之称的"Plus Token"为例，其本质为跨国网络传销，吸引了国内超 200 万人参与，还有来自日本、韩国、德国、英国等国家的约 100 万投资者，涉案资金逾 400 亿元。尽管有不少前车之鉴，但虚拟货币类金融诈骗案件数量仍呈指数形式增长，人均损失高达 13 522 元，居各类金融诈骗榜首。"太空链""英雄链"等都是以虚拟货币为名进行网络传销的典型骗局。

1.4 过度采集信息、违规使用数据

法律法规对于金融科技应用相关的数据尺度、数据边界和数据财产权益的归属尚未明晰，因而部分银行未经授权就采集客户信息，一些科技公司更是以"用户愿以隐私换取便捷"为借口，过度采集、使用企业和个人数据，将其用于暴力催收贷款。部分数据被非法盗卖流入黑市，一些支付软件、网购平台又存在隐私漏洞，不法分子趁机进行电信和网络欺诈，造成了严重的不良社会后果。

金融科技发展带来的问题和挑战，对中国金融监管体系不断提出新的要求，中国的监管体系也处在不断变革之中。中国金融监管部门早已于 2015 年

开始改革并完善适应现代金融市场发展的金融监管框架。彼时，由于金融科技具有金融和科技的双重属性，监管部门的权责归属不够明晰，导致问题出现后未能及时解决，严重损害了投资人的利益。中国金融监管主体在鼓励创新的基本导向下，不断加强风险防范，并在 2017 年 11 月成立了国务院金融稳定发展委员会，强化了中国人民银行宏观审慎管理和系统性风险防范职责，强调金融监管协调、补齐监管短板。2018 年 3 月，全国人民代表大会通过了"一行三会"转变为"一行两会"的决议，曾经"一行三会"各司其职，中国人民银行负责制定并执行货币政策，证监会监管证券业，银监会监管银行业，保监会监管保险业。调整后，银监会、保监会合并为银保监会，以更好地应对金融科技创新带来的综合性金融业务问题。

为探讨中国金融科技发展和监管的演变，本章选取了金融科技发展与监管中具有代表性的事件，并进行深入探讨，包括网络借贷从 P2P 模式发展到助贷模式的兴衰历程、虚拟货币炒作与金融欺诈、大数据征信乱象与金融消费者隐私保护不足等典型案例。随后，研究了监管沙盒对金融科技创新的促进作用，以及中国监管沙盒的机制设计，并提出了未来监管改革的可行方向。最后，我们对中国金融科技监管的演变与经验进行了总结与展望。

2. 互联网贷款监管：从 P2P 到助贷

P2P 网贷机构曾在中国遍地开花，高峰时期运营平台数量超 5 000 家、年交易量达 28 049 亿元人民币。但在规模疯狂扩张的背后，是庞氏骗局、自融资等巨大金融风险。2015 年，大量机构跑路、爆雷，投资者资金损失惨重。2016 年为中国 P2P 网贷机构监管元年，行业进行深度整顿，大规模整改和清退问题平台。2020 年 11 月，中国仍在正常运营的 P2P 网贷机构数量归零，标志着中国 P2P 网贷机构在经历了初创试验、迅猛扩张、野蛮发展、频发爆雷的 13 年历程后，正式退出历史舞台。在严格的监管下，少数合规平台也在积极谋求转型。例如，中国首家 P2P 网贷机构"拍拍贷"宣布，自互联网金融整治工作开展以来，其已完成存量业务的清零和退出，并向助贷业务转型。P2P 网贷机构经历了怎样的监管变革？它给中国金融科技发展留下了怎样的经验？转向助贷模式后又面临怎样的行业问题和监管约束？本节将在前文 P2P 网贷机构专题的基础之上，基于金融监管的视角对上述问题进行分析。

2.1 P2P 网贷机构在中国的发展与监管

2.1.1 从信息中介到信用中介的异化

最初，P2P 网贷机构担任着信息中介的角色。全球首家 P2P 网贷机构 Zopa 于 2005 年在英国诞生；2006—2007 年，美国两家最大 P2P 网贷机构 Prosper 和 LendingClub 先后成立。中国于 2008 年出现了第一家 P2P 网贷机构——拍拍贷，拍拍贷较完整地保留了 P2P 网贷机构的原有属性，即平台并不直接参与借贷，而是提供借款人和贷款人的匹配平台，撮合双方的借贷交易，通过收取手续费而获得盈利。

随后，由于市场需求持续扩大，P2P 网贷机构在中国开始了迅猛扩张、野蛮发展之路。2012—2015 年，P2P 网贷机构的数量始终以野蛮态势增长，2015 年达到鼎盛时期，全国有超过 5 000 家 P2P 网贷机构。然而，行业规模不断膨胀的背后，风险也在急剧滋生。为获取投资者信任，并扩大业务规模，P2P 网贷机构开始向投资者承诺，即使出现投资风险，投资者的本金和收益仍能得到刚性兑付。这种"刚性兑付"的承诺由当时的平台之一——红岭创投率先提出，并迅速被其他 P2P 网贷机构效仿，逐渐成为行业惯例。

然而，"刚性兑付"的承诺衍生出一种"灰色模式"。平台开始私自归集投资者的资金并建立资金池，一方面向投资者承诺刚性兑付，另一方面暗中周转资金，不断滚动发行产品，借短期资金放长期贷款。资金池的不透明性给平台自融资、挪用资金等一系列违规操作提供了机会，庞氏骗局的特征开始显现。2015 年，仅成立一年的"e租宝"平台爆雷，涉案金额高达 745.68 亿元，共波及 90.95 万投资者，其信用风险和网络效应的叠加，使得原本潜藏的金融风险迅速传染至整个行业，产生了巨大的负外部性，导致整个行业出现严重危机，监管迫在眉睫。

2.1.2 监管落地与行业清理

2015 年前后，大量 P2P 网贷机构爆雷对社会造成了严重的经济后果。为了保障行业良性发展和投资者权益，2016—2017 年，银监会及其他政府部门发布了四个重要监管文件，分别从总体要求、备案、存管、信息披露四个方面对 P2P 网贷机构进行了全面规范，总结起来为"1+3"（1 个《办法》+3 个《指引》）监管框架。

具体而言，"1 个《办法》"为银监会出台的《网络借贷信息中介机构业务活动管理暂行办法》，明确了网络借贷信息中介机构的总体经营要求和 13 条业务红线，包括不得为自身或变相为自身融资、不得吸收公众存款、不得归集出借人的资金设立资金池、不得直接或变相向出借人提供担保或者承诺保本保息等。

"3 个《指引》"包括以下三个重要文件，分别对 P2P 网贷机构的备案、存管和信息披露行为作出了规范要求。其一，2016 年年底，银监会等三部委发布《网络借贷信息中介机构备案登记管理指引》，强调了对 P2P 网贷机构行业的事中监管和事后监管，明确规定了 P2P 网贷机构备案登记的申请程序与相关要求。其二，2017 年年初，银监会发布《网络借贷资金存管业务指引》，针对 P2P 网贷机构资金挪用问题作出工作指导，明确规定 P2P 网贷机构的资金应交给商业银行实施分账存管。其三，2017 年 8 月，银监会发布《网络借贷信息中介机构业务活动信息披露指引》，规范了 P2P 网贷机构的信息披露行为，加强了 P2P 网贷机构向公众和投资者的信息披露监管，保障了投资者的合法权益。在以上四部重要文件的指引和约束下，至 2017 年年末，中国已基本搭建完成 P2P 网贷机构行业的"1+3"监管框架，为行业的规范有序发展和全面审慎监管提供了制度基础。

与此同时，随着监管规则的逐一落地，风险积聚已久的 P2P 网贷行业开始经历整改期，信任危机之下，不少平台在整顿期间遭遇大规模撤资挤兑，随后因无力兑付导致爆雷。自 2016 年开始，正常运营的 P2P 网贷机构数量呈断崖式下跌，至 2020 年 11 月，P2P 网贷机构数量清零，在中国，P2P 网贷彻底成为过去式。

2.1.3 中国 P2P 网贷乱象之追根溯源

中国 P2P 网贷机构从遍地开花到悉数清退，其根本原因在于中国 P2P 网贷机构本身商业模式的不可持续性。中国的 P2P 网贷机构借贷模式至少有以下两方面的缺陷。

从投资者角度来看，中国 P2P 网贷机构投资者严重背离了投资者适当性的要求。由于中国 P2P 网贷机构的起投门槛偏低，加之不少平台给出"保本"承诺，大量风险识别能力和风险承担能力不足的个人投资者涌入市场，大大降低了借贷关系的稳定性。若在 P2P 网贷机构行业发展初期，中国借鉴世界成熟市场的监管模式，在交易前严格审查投资者的资质，保证绝大多数投资者为风险识别和承担能力远远大于个人投资者的机构投资者，则能够在一定程度上避免个人投资者因盲目从众而引发的羊群效应。

从借款人角度来看，征信系统的不完善导致了中国 P2P 网贷机构缺乏风控能力。大部分中国 P2P 网贷机构所披露的借款人信息非常有限，没有大数据的支撑，其风控能力远远不及银行等传统金融机构，却承担着远高于后者的信用风险。在这种情况下，次级借款人极易抓住风控失守的漏洞，涌入市场"薅羊毛"，而贷款者对此却难以分辨，信息不对称被进一步放大，最终平台必然无法实现其刚性兑付的承诺。同时，P2P 网贷机构上存在恶意的"反向挤兑"现象，一些借款人在 P2P 网贷机构受到外生负面冲击或者面临倒闭风险时，反而进行更多的借款，因为他们预期在 P2P 网贷机构破产时，没有人会催收他们的债务，也没有违约成本，从而享受"免费的午餐"。

事实上，P2P 网贷机构模式的衰落并不是偶然的，其模式自身的缺陷导致 P2P 网贷机构无法持续经营。即使在相关监管制度较完善的美国，其规模最大的 P2P 网贷机构 LendingClub 也曾曝出通过违规借贷来改善财务状况的丑闻，但现在，这一平台已实现向数字银行的成功转型。在中国，少数存活下来的 P2P 网贷机构也转向了助贷业务，开始了互联网贷款的下一发展阶段。

2.2 助贷模式的发展与监管

在 P2P 网贷机构行业危机初现时，大量具有 P2P 网贷机构背景的金融科技公司涌入助贷行业。助贷模式具体指：商业银行与第三方机构（包括电商平台、科技公司等）合作，第三方机构作为客户流量入口，依托大数据，通过云计算、机器学习等技术对客户借款申请进行第一道筛查，商业银行进行第二道风险筛查，并作出是否贷款的最终决策。其中一些拥有贷款资金、持有牌照的助贷平台,可以按照一定比例和金融机构共同提供贷款,即联合贷款。随着互联网金融的发展,资金需求的缺口扩大,第三方平台为获得更大利润空间,迅速扩大规模,带来了诸多问题。

2.2.1 难"兜"住的"底"

助贷模式兴起的原因之一在于银行等金融机构需要拓展信贷领域的业务,而第三方机构在营销获客、数字技术、逾期清收等方面更具优势,双方开展了基于资源互补的合作。2018 年之前,在宽松的政策环境下,助贷行业中非持牌机构与无担保资质的机构数量众多。据网贷天眼统计,2017 年 11 月,全国在营现金贷平台(互联网金融机构)至少有 2 000 家,然而市场上仅有 249 张网络小额贷款牌照。换言之,大量非持牌机构以助贷为名义,在不具备放贷资质的条件下利用银行资金开展信贷业务。更糟糕的是,许多银行抱着赚易钱、赚快钱的态度,在筛选合作机构的过程中,尤其看重其是否能够"兜底"坏账,而非其利用大数据进行风控的核心能力。为了获得银行资金,第三方机构与银行通常签订了"保证金协议",即第三方机构先向银行缴纳一笔保证金,银行在此基础上提供 10—20 倍的杠杆资金用于放贷。若消费金融业务出现逾期或坏账,银行将首先从保证金扣除相应坏账损失。若坏账逾期额超过保证金,助贷机构则根据逾期代偿协议迅速补足资金缺口。

事实上,在保证金模式中,大多数助贷机构没有担保资质,也没有兜底坏账的能力。面对坏账,助贷机构没有完备的资金拨备机制。由于一味追求客户规模和流量,它们降低了对风控标准和客户质量的要求,现金贷的高复借比例和多头借贷使得现金贷不良贷款率高达 20%—50%。为了覆盖平台运营成本、抵补坏账金额,助贷机构运用了提高年化利率、征收高昂的逾期罚息、使用暴力手段催收等办法,造成了一系列恶性刑事案件。同时,行业中还存在客户和助贷机构恶意串通、用虚假项目套取资金方贷款的情况。然而,正是因为银行将风控外包给助贷机构,未对其相关业务做实质管控,才使这种合作关系沦为资金通道。一旦助贷机构出现信用风险,银行也将遭受重大损失。

针对兜底模式带来的风险,2017 年 12 月,互联网金融风险专项整治工作领导小组办公室、P2P 网络借贷风险专项整治工作领导小组办公室发布的《关于规范整顿"现金贷"业务的通知》明确指出,银行与第三方机构合作开展贷款业务的,不得将授信审查、风险控制等核心业务外包。"助贷"业务应当回归本源,银行业金融机构不得接受无担保资质的第三方机构提供增信服务以及兜底承诺等变相增信服务。该通知表明,保证金模式将不可持续,在此情况下,助贷机构需由保证金模式转变为担保模式,即助贷机构与银行间需要引入第三方担保机构。

由于助贷机构大多无担保资质,助贷机构拥有两条发展途径:第一,增加融资担保公司的注册资本金,以获得担保融资牌照;第二,寻求与其他融资担保公司或者保险公司的合作。在此情况下,助贷机构的利润空间被大大压缩,清退了一批非持牌机构与无担保资质机构。由于第三方担保机构并非都能兜底坏账、防范风险,因此助贷机构开始由担保模式转向分润模式。分润模式下,助贷平台提供获客引流、辅助风控等服务,商业银行承担风控与放贷审核职责,双方按照事先约定的利润分成,对助贷业务利润进行分配。分润模式将倒逼银行自主搭建网贷风控体系,更有利于金融行业的长远发展。

2.2.2 高杠杆的隐忧

助贷机构往往能够以极小比例的资金撬动商业银行的大额资金。因此,尽管兜底问题得到了解决,高杠杆问题仍然存在隐忧。以"微粒贷"为例,2019年微众银行累计放款达3.7万亿元,但财务报表显示各项贷款余额仅1 629.66亿元,占比仅4.4%。无独有偶,据报道,某家助贷机构促成的信贷余额中,由其合作的金融机构进行实际放款或已证券化的贷款资金比例合计高达98%。若助贷机构的风控能力不足,联合贷款极易发生风险,并且风险最终仍由银行承担。同时,杠杆率过高造成的信用风险也是一项隐忧。

严格降杠杆成为当务之急。在2020年11月,银保监会联合央行发布《网络小额贷款业务管理暂行办法(征求意见稿)》(下称《办法》),显著降低了联合贷款模式的杠杆率,减少了商业银行的信贷风险敞口。《办法》规定网络小额贷款公司通过银行借款、股东借款等非标准化融资形式融资的规模不得超过其净资产。通过发行债券、资产证券化产品等标准化债权类资产形式融资的规模不得超过其净资产的4倍,并规定在单笔联合贷款中,小额贷款公司的出资比例不得低于30%。《办法》有助于遏制第三方机构过度加杠杆行为，约束其在总额度范围内对自身负债结构进行调整、规范经营管理模式。

然而另一个值得注意的问题是，在出资比例被严格限制后，联合贷款机构可能会优先为优质客户放贷，这将对扩大金融服务辐射区域、解决小微企业融资难和融资贵问题等产生不利影响。

3. 虚拟货币与金融欺诈

比特币及其底层的区块链技术已成为全球投资者争先追捧的对象。自2009年中本聪构建出比特币的创世区块，至2021年3月，单个比特币价格一度突破5万美元，风靡全球的比特币带动了虚拟货币的崛起。以太坊（ETH）、泰达币（USDT）等许多虚拟货币如雨后春笋般涌现，然而，打着虚拟货币的名义大肆欺诈的犯罪行为也暗藏滋生。通过发行虚拟货币进行融资的投机炒作行为不断出现，披上"区块链"外衣的庞氏骗局变得更加隐蔽多变，监管面临前所未有的挑战。

虚拟货币类金融欺诈案件日益增加，极大损害了投资者的利益。以我国公安机关侦破的首起"利用区块链，以比特币等数字货币为媒介"的特大跨国网络传销案主角"Plus Token"为例，全球共有300万余名投资者被骗共计约500亿元人民币。虽有"智能狗搬砖"无风险套利、"创世"级别投资者可获超1000万元年分红等诱人糖衣，然而经警方调查，认定这仍是一起以发行虚拟货币为由、行诈骗之实的传销集资案。360企业安全集团、猎网平台发布的《2019年网络诈骗趋势研究报告》显示，2019年金融诈骗成为举报量最高的网络诈骗，尽管虚拟货币诈骗举报量仅为2.9%，远远小于投资和贷款两类传统金融业务的诈骗举报量，但是虚拟货币诈骗案件的人均损失达到13 522元，高居各类金融诈骗类型之榜首。在已经立案或破获的案件中，英雄链、Plus Token、Wo Token等诈骗项目的涉案金额均达上亿元人民币，甚至不乏高达400亿元人民币的巨型骗局。

虚拟货币类金融诈骗案件数量连年翻番。中国裁判文书网显示，涉及"虚拟货币"的裁判文书数量逐年攀升,从2015年的167篇攀升到2020年的1 480篇(见图11.1)。虚拟货币类诈骗的涉案金额巨大,犯罪案件数量增长态势迅猛,已成为监管部门不容忽视的风险隐患。

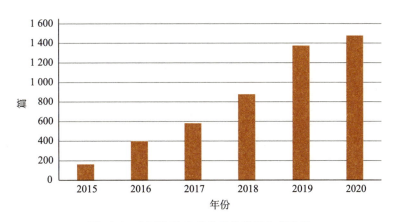

图11.1　中国涉及虚拟货币的裁判文书数量

中国对虚拟货币的监管经历了如下四个阶段:第一阶段至第三阶段的监管重点分别为明确虚拟货币属性、禁止境内ICO活动,以及防范打着发行虚拟货币名义、实为金融欺诈的投资者教育。在第四阶段,监管当局强调了对银行和支付平台为个人和机构提供虚拟货币交易服务的监管,坚决打击了比特币挖矿和炒作交易活动。

3.1　监管1.0:明确虚拟货币属性

中国监管部门早在2013年就在密切关注比特币的借机炒作和违法犯罪活动。为保护社会公众的财产权益,2013年12月5日,中国人民银行等五部委发布了《关于防范比特币风险的通知》(下称《通知》)。《通知》明确指出,比特币不具有法偿性与强制性等货币属性,不是真正意义上的货币,不具有与货币等同的法律地位,且不应作为货币在市场上流通使用。

《通知》出台标志着中国政府对虚拟货币开启正式监管。在这一监管阶段,监管机构主要职能是引导公众正确认识比特币及其他虚拟货币的"非货币"属性,约束各金融机构和支付机构不得开展与比特币相关的业务。尽管《通知》指出需加强对提供比特币登记、交易等服务的互联网网站的管理,相关网站应在电信管理机构备案，但整体监管态度仍然是中性的，仅对违法的比特币互联网网站予以强制关闭的惩罚。

在初始监管阶段，尽管比特币被监管机构官方定性，但基于虚拟货币的融资活动仍未被完全禁止。随着比特币价格屡创新高，五花八门的虚拟货币不断问世，每个与区块链概念相关的项目几乎都成为投资者眼中的下一个造富神话。基于虚拟货币的代币发行融资也成为区块链概念下备受追捧的融资工具，其带来的融资门槛降低和信息不对称恶化，无疑潜藏着巨大风险。最典型的是太空链（Space Chain），这个宣称致力于将区块链概念拓展至太空领域的项目，披上"量子""太空"等尖端科技词汇的外衣后，一天内就完成了高达 10 亿元人民币的融资，然而随着其虚假宣传、多次修改发行项目书等负面新闻曝光，其金融诈骗的本质才浮出水面，投资者蒙受了巨额亏损。

3.2 监管 2.0：全面禁止境内 ICO 活动

为遏制包括代币发行、融资活动在内的投机炒作之风，2017 年 9 月 4 日，中国人民银行等七部委发布《关于防范代币发行融资风险的公告》（下称《公告》），虚拟货币监管进入第二阶段。《公告》指出，中国任何组织和个人不得非法从事代币发行融资活动，各金融机构和非银行支付机构不得开展与代币发行融资交易相关的业务。

相较于第一阶段监管，第二阶段监管主要有两点变化。第一，监管机构明确了 ICO 的本质，将其定性为一种未经批准、非法公开融资的行为，涉嫌非法发售代币票券、非法发行证券、非法集资、金融诈骗、传销等违法犯罪活动。相较于第一阶段监管仅强调虚拟货币的"非货币"属性，此阶段监管强调了虚拟货币与法律边界的关系。第二，自此禁止所有中国境内代币融资交易平台的代币兑换、风险定价、充当信息中介等服务。值得注意的是，此阶段监管虽然禁止了中国境内的 ICO 活动，但并没有否定虚拟货币本身的合法性（具有诈骗、传销等非法目的的除外），对于个人买卖虚拟货币的投资行为，监管机构主要进行风险警示，投资者须自行承担投资风险。

在第二阶段监管背景下，大量代币平台由中国境内搬迁至境外，虚拟货币诈骗活动逐渐呈现出跨境化态势。最具代表性的案例为 Plus Token，以虚拟货币为名,行网络传销之实。Plus Token 以区块链技术为噱头、以虚拟货币为交易媒介,在中国、韩国、日本等多国传播,宣称向投资者提供一种名为"智能狗搬砖"的数字货币增值服务,即在不同虚拟货币交易所进行套利交易,实际上无法实现此功能。该平台通过承诺高额返利,鼓励用户充值赚取佣金,迅速吸引了大批投资者,涉案虚拟币总值超过 400 亿元人民币。事实上,该平台所使用的层层返佣政策和传销套路相差无几,然而在高额佣金和区块链技术的包装下,投资者极易受骗。与 Plus Token 行骗手段类似的,还包括 Wo Token、Beebank 等多个"钱包类"骗局,以及"健康类"(如趣步)、"博彩类"(如英雄链)等诸多其他领域的庞氏骗局。

3.3 监管 3.0:投资者教育任重道远

基于虚拟货币相关欺诈活动的非法集资特性,监管机构重点加强了投资者教育工作,虚拟货币监管过渡至第三阶段。2018 年 8 月 24 日,银保监会等五部委发布《关于防范以"虚拟货币""区块链"名义进行非法集资的风险提示》(下称《提示》)。

与前两个阶段的监管规定相比,《提示》重点突出全面加强投资者警惕非法集资、传销、诈骗的引导教育,明确提醒投资者此类诈骗活动具有网络化、跨境化、欺骗性、诱惑性、隐蔽性的特点,存在多种违法风险,其本质是"借新还旧"的庞氏骗局。值得一提的是,此次规定发布主体新增了公安部和市场监管总局两个部门,这一信号表明,随着虚拟货币平台频发爆雷,投资者维权的情况越来越多,仅依靠行政部门监管已无法有效遏制各类违法活动,公安部门的介入调查是大势所趋。

3.4 对虚拟货币炒作的进一步监管

自 2021 年 1 月以来,虚拟货币价格屡创新高,交易炒作活动反弹,为保障人民群众财产安全,维护经济金融正常秩序,监管当局再次出手严厉打击虚拟币炒作。2021 年 5 月 1 日起,我国开始施行《防范和处置非法集资条例》,进一步加强对非法集资活动的监管力度。5 月 21 日,国务院金融稳定发展委员会明确指出要打击比特币挖矿和交易行为,坚决防范个体风险向社会领域蔓延。

6月21日,中国人民银行就银行和支付机构为虚拟货币交易炒作提供服务的问题,约谈了中国工商银行、中国农业银行、中国建设银行、中国邮政储蓄银行、兴业银行和支付宝等部分银行和支付机构。随后,各银行和支付机构纷纷表态,任何机构和个人不得利用机构服务进行虚拟货币交易,各机构有权采取暂停相关账户交易、注销账户等控制措施。在严监管政策下,币圈迅速降温,6月22日晚,比特币跌破30 000美元关口,最低跌至28 893.62美元,相比4月14日创下历史新高的64 863.1美元币价腰斩。同时,国内多个挖矿地被明确要求清理整顿挖矿项目,不少矿场已被关闭,陆续将矿场搬迁至海外。

4. 大数据征信与隐私保护

金融科技发展离不开大数据的支持。通过大数据分析,金融科技公司能够更直接地了解消费者和潜在消费者的偏好,即相比传统金融机构,金融科技公司拥有核心优势——KYC。同时,大数据技术在征信中的应用能够显著提高数额审批、逾款清收等环节的效率和金融机构的风控能力。但是提升效率、降低成本的另一面,可能是对消费者个人隐私的侵犯。具体而言,表现在以下两个方面:

第一,违规滥用数据,侵犯消费者权益。一些金融科技企业未经用户授权就肆意进行用户画像,而后进行"大数据杀熟",并通过用户画像定向推送诱导消费的广告,侵犯了金融消费者的知情权、选择权和隐私权。一些企业拥有多领域业务,凭借在电商、社交和游戏等平台积累的大量用户和渠道优势,把持流量入口,将流量垄断发展为数据垄断,通过隐藏的霸王条款过度采集消费者信息。罗汉堂发布的《理解大数据:数字时代的数据和隐私》研究报告指出,用户使用App时间越长,敏感信息的授权率越高,越有可能存在霸王条款。

第二,名为征信,实为数据盗卖。金融科技对隐私保护的另一个挑战是以大数据征信之名进行的数据盗卖。尽管大数据与人工智能让征信数据更加丰富,征信模型更加完善,为信息获取、信息丰富、信用评分模型优化等方面都带来了质的改变。但是,大数据技术的过度使用,例如对消费者行为痕迹数据和关联衍生数据的过度采集,可能会使用户及其亲朋好友的电话、住址、照片、工作等隐私信息从各个网站中被拼凑起来,被非法贩卖给多家公司。不法分子将这些隐私信息用于电信和网络欺诈,匮乏金融知识的老年人被骗尽养老钱,向往高消费的大学生落入"校园贷"的无底洞。

2015年,中国人民银行印发了《关于做好个人征信业务准备工作的通知》,要求包括芝麻信用、腾讯征信在内的八家机构做好个人征信业务的准备工作。而后,随着大数据技术及其应用的成熟和普及,各类金融机构与科技公司更加"得心应手"地获取用户数据、拼凑用户信息,部分企业则更肆意妄为,给消费者造成了重大损失。本节以考拉征信和51信用卡为例,揭露大数据时代的隐私保护之痛。

4.1 大数据时代的"透明人"

作为首批征信管理公司之一的考拉征信,知法犯法,将用户的信用评级和具体信息泄露给其合作的网络贷款机构,从国家试点的信用管理机构、大型金融科技公司变成网络信贷的中介平台。考拉征信的合作机构也良莠不齐,有北京银行消费金融有限公司、上海拍拍贷金融信息服务有限公司等持牌机构,也有不少后期爆雷的民间P2P网贷机构。截至2019年11月,考拉征信使用人数已经超过2亿,这些用户为了提高信用评级(考拉分)、申请更多贷款,提供了身份证正反面照片、活体识别视频、实名制手机号、通话记录、通讯录信息,甚至包括房产信息、公积金和社保信息、信用卡信息等。通过网络爬虫,征信管理机构甚至能获取用户的水电费缴纳、个人缴税等更核心的隐私信息。

考拉征信不仅将上述用户信息用于信用管理,而且同时用于"信息倒卖"和"身份证返照查询"。有贷款需求的用户的个人资料将被"推荐"给众多第三方网络小额贷款公司,其中不乏"高利贷"和"套路贷"机构。如若贷款逾期,被倒卖的个人信息使第三方机构暴力催收有了信息通道。经警方查处,自2015年3月至2019年11月,考拉征信非法提供用户身份证查询返照9 800万次,获利3 800万元,非法获取、储存公民姓名、身份证号、照片近1亿次。而考拉征信这一信用管理机构背后,还有数十个数据中介,用户信息被它们倒买倒卖,最终毫无个人隐私可言。由于对"身份证返照查询"服务监管不严,大量用户信息被泄露,全国居民身份证号码查询服务中心甚至停止提供"身份证返照查询"服务,改为"身份核验+人脸识别",让征信平台不再有机会"缓存"居民身份证图像信息。

不仅仅是考拉征信,已在香港上市的互联网金融公司51信用卡也因非法开展爬虫业务受到警方整治。其违法行为主要包括违规获取用户邮箱信息,通过合作银行获取用户持卡信息并向其提供用户在其他银行的信息,向外包催债公司泄露逾期还款用户的敏感信息等。在"大数据征信"监管尚未完善的2018年,51信用卡的大数据风控系统掌握了超20个维度的近万个风控变量,与超过100家包括银行、消费金融公司、信托公司在内的机构合作,净利润为21.51亿元。46万条信用卡客户资料标价不到1 000美元,90万条金融用户数据只要3 999美元,价格信息曝光后,尽管51信用卡负责人"澄清"表示,公司并不存在未经用户授权非法盗取信息的情况,但还是引发了金融消费者对于个人隐私信息安全的担忧和对互联网金融平台的不信任。

更严重的后果是,用户隐私数据被盗卖引发了金融欺诈。从黑市获取数据后,罪犯利用各大银行、购物平台和移动支付平台的安全漏洞,进一步窃取用户信息、盗刷资金、办理网络贷款或实施网络诈骗。由于诈骗犯手握详尽的用户隐私信息和数据,甚至可以通过从各平台获取的活体认证视频合成语音图像资料,个人常常会放松警惕,踩进他们挖好的坑中。2019年,360金融研究院发布的《2018智能反欺诈洞察报告》显示,因信息泄露而遭遇金融诈骗的受害者中,有38%的受害者损失了1万—5万元,11%的受害者损失5万元以上,亟须相关部门重视此类新型的非接触式金融欺诈案件。

4.2 隐私保护的监管演变与国际比较

大数据征信和网络借贷的潮起潮落,也体现了中国金融消费者隐私保护相关法律的逐步完善。2016年11月7日《中华人民共和国网络安全法》(下称《网络安全法》)发布,并于2017年6月1日生效,规定网络运营者不得泄露、篡改、毁损其收集的个人信息,未经被收集者同意,不得向他人提供个人信息。然而,由于《网络安全法》并未界定与交易无关的衍生数据的权属,这让金融机构和互联网公司有机可乘,对数据过度采集、多次倒卖。因此有了上述考拉征信和 51 信用卡牟取暴利的恶劣行径。

2019 年 6 月,中国人民银行联合公安部组织开展征信乱象治理。半年内,各部门共缴获公民个人信息 4.68 亿余条、涉案金额 9 400 余万元,51 信用卡、考拉征信等大数据征信平台的主要负责人、相关技术员工相继被捕入狱。上述平台受到查处后,大量投资者预见监管机构将对金融消费者个人隐私安全进行全面保护,因此看空以个人信用管理服务、助贷中介为主营业务的金融科技公司,几乎所有已上市的大数据征信公司、网络贷款公司的股价应声大幅下跌,甚至包括在美国上市的微贷网与和信贷。

在用户隐私的保护方面,国外有不少经验可以借鉴。2018 年 5 月 28 日,欧洲消费者权益保护组织将谷歌、脸书、Instagram、WhatsApp 四家科技公司的产品告上法庭,指控其强迫用户接受隐私数据授权的行为违反《通用数据保护条例》(General Data Protection Regulation),侵犯消费者个人隐私。2020 年 7 月 16 日,欧洲法院正式判定 2016 年签署的《欧美数据隐私护盾》(EU-US Data Protection Shield)"无效",并全面禁止谷歌、脸书、亚马逊等金融科技企业将存储的欧盟用户数据传输至海外。

4.3 完善隐私保护可行路径

中国已建成世界上规模最大的金融信用信息基础数据库,加强金融数据的保护,是保证用户信息安全、维护用户权益和金融稳定的重要前提,也是金融行业治理整顿的重要一环。近年来,部分互联网金融和征信巨头相继爆发大规模个人信息泄露事件,引发了广大用户对金融科技安全性的质疑。因此,监管部门应从业务和技术上明确征信信息保护的监管要求,明确数据权益归属,建立健全监管科技系统,与各国加强协调合作;各金融科技公司则应秉持"懂你,却不知道你是谁"(know you but do not know who you are)的程序设计理念,做到数据采集最小化、限制不必要的流动、对数据进行加密或脱敏处理,并时刻注意内部系统的安全性和稳定性,警惕不法分子窃取用户信息实施诈骗。同时,甚至在大学教师等高知群体中,因隐私数据泄露而引发的金融诈骗案件也频频发生,且涉案数额巨大。因此,监管部门应带头发起对金融消费者的自我隐私保护与金融防骗意识的强化教育。

5. 监管沙盒

通过以上案例可见,金融科技创新的快速发展也带来了新的风险与监管挑战。兼顾创新发展与风险防范,形成激励相容的监管模式,才能确保金融科技创新的长足发展。换言之,金融监管部门需要在鼓励创新和防范风险之间找到平衡,既要确保金融风险可控,也要给创新留下足够的空间,这对金融科技时代下金融监管的有效性和精准性提出了更高的要求。

监管沙盒正是在此背景下应运而生的新监管模式,它以有效的风险补偿和筛选机制,不仅能识别出虚假创新的败德企业,而且能为风险较高的真实创新提供试错空间。因此,监管沙盒正在被越来越多的国家所采用,实践表明,监管沙盒对于促进金融科技创新、提升市场效率极为有益。

5.1 监管沙盒的功能

监管沙盒是一个可供金融科技业务试验其产品、服务、商业模式和交付机制的安全环境,最早由英国的金融行为监管局提出。在此环境中,可以在一般性监管规则之外,从事不确定的业务活动。在沙盒实验中,监管部门建立一个"缩小版"的市场,并提供特定的责任免除机制,以迅速应对新兴金融科技产品或服务无法适应传统监管规则的问题。

沙盒监管遵循"事前有门槛、事中有监管、事后有评估"的监管思路。相较于传统监管,其进入门槛较低,有助于企业尽快落地创新方案;事中监管有助于提升监管者对风险洞察和预测的敏捷性;由于企业为沙盒内真实消费者提供了新型产品及服务,其测试结果可用于评估创新产品的可行性和金融科技企业的综合业务能力,如若测试失败,将终止产品推广,避免了全社会消费者的利益损失,通过测试的创新产品则可更快走向市场。

5.2 中国版"监管沙盒"

5.2.1 实施监管沙盒的必要性

一方面,尽管中国金融科技发展迅速,在移动支付、互联网借贷、数字化财富管理等方面走在了世界前列,但也出现了P2P网贷机构频繁爆雷的现象。如果监管者对新兴金融科技发展保持观望态度,那么中国已有的优势也可能转化为风险。因此,适当的监管创新势在必行,以防范风险,同时促进金融科技良性发展。另一方面,中国现有的金融监管框架遵循被动式监管逻辑,对金融科技创新尚未形成有效的事前监管机制;与此同时,传统的以事后监管为主的金融行业监管规则已难以应对金融科技的跨界化、去中心化等新特点带来的新风险。

5.2.2 实施监管沙盒的可行性

首先,监管沙盒是对现有监管体系的有益补充。监管沙盒解决了现有监管体系无法解决的金融科技发展问题,例如混业经营与分业监管的制度性滞后。其次,沙盒监管是局部试点、先行先试,而非全面打破,与中国改革开放的一贯思路相一致,因此,监管沙盒的机制设计可适当借鉴改革开放试点的管理经验。

5.2.3 沙盒监管实践现状

中国的金融监管改革已取得一些实践和成果。2019年7月13日,关于在北京、上海、广州等十省市开展"中国版监管沙盒"试点工作的部署在第四届全球金融科技(北京)峰会上被正式提出。截至2020年12月,中国金融科技创新监管试点已覆盖北京、上海、重庆、深圳、雄安新区、杭州、苏州、广州、成都9个地区,共涉及60个创新项目。这些项目既包含金融服务,也涉及科技产品,多为金融机构和科技公司联合申请。既有基于多方安全图计算的中小企业融资服务、基于人工智能的智慧供应链融资服务,也有基于区块链的金融与政务数据融合产品、产业金融数字风控产品。

5.2.4 中国版"监管沙盒"的机制设计

立足中国实际国情与国际经验,中国金融科技监管沙盒的设计可从如下五个方面完善。第一,建立由国务院金融稳定发展委员会牵头、中国人民银行负责、银保监会与证监会具体执行的分业监管框架,社会监督可起一定辅助作用。第二,考虑采取"开放申请窗口、公布申请结果、作出中期评估、决定是否退出、沙盒外评估"的五步监管流程,实现及时监管、互动监管和动态监管。第三,沙盒准入阶段应指引清晰、把控严格,但应容许非持牌金融机构进入沙盒实验。第四,在沙盒测试期可通过多层次沙盒管理工具来合理激励测试企业。第五,沙盒退出结果为发放牌照或者良性退出。

同时,沙盒监管力度必须与创新活动风险特性相匹配。当监管力度较低时,沙盒因无法有效筛选诚信创新与败德创新,会使得大量败德创新企业进入市场,损害投资者利益;当监管力度过高时,诚信创新企业的收益无法覆盖其合规成本,不利于激励创新。因此,沙盒监管应实现实时动态监管,根据市场环境变化调整最优监管力度,以避免出现"一管就死,一死就放,一放就活,一活就乱,一乱就管"的监管困局。

5.3 金融科技监管沙盒的国际比较

当前,英国、新加坡、澳大利亚、美国、加拿大、日本和中国香港等国家和地区积极推进金融科技创新发展,并通过监管沙盒控制创新风险。截至2021年3月,全球已有约50个国家和地区对监管沙盒进行了探索。

从对于颠覆式创新的包容度来看,有以美国为代表的审慎型策略,以及包括英国、新加坡在内的大多数国家采取的主动型策略。美国认为,对金融科技的监管至少应当和正规金融的监管一样严格。而英国和新加坡都是区域性金融中心,拥有成熟的金融体系和丰富的金融发展经验,因此监管部门应在监管策略和技术上主动出击,创建沙盒,鼓励金融创新业务进入沙盒测试,以继续保持和维护其区域性金融中心的地位,引领新时代金融科技的发展趋势。以英国为例,前两期入选监管沙盒项目的企业大部分都是成立不足3年的初创企业,多数仍然处于融资阶段,甚至部分企业(如Nimbla和Laka)的产品还未正式推出,但仍通过了进入沙盒实验的筛选。中国目前的监管沙盒设计以稳健为主,虽没有英国的主动型策略激进,但比美国的审慎型策略对创新的包容度更高。

5.4 未来监管改革方向

监管模式的创新是监管当局的工作重点。由于近年金融科技新业态创新具有颠覆性的特征,相较于传统金融风险,金融科技风险的传染性更高、渗透性更强、风险形式更复杂。中国金融科技监管在监管流程、监管工具、监管理念等方面,都需要及时进行改革与创新,以适应金融科技发展的步伐、改变监管落后于创新的被动局面。结合国际和国内的实践经验,我们认为以下三个方面有利于中国金融科技未来监管的改进与完善:

5.4.1 创新中心(innovation hub)

创新中心是监管机构中的专业职能部门,与创新金融服务提供商进行数据共享,并向其提供监管政策解读,以促进创新发展。同时,监管机构也可能使用创新中心的数据来制定合适的监管政策。英国围绕创新中心开展了大量实践,其金融行为监管局通过举办"圆桌会议"、专题研讨会议等数百项会议活动,鼓励行业专家献言献策,以获取对制定政策策略或优化制度流程有价值的信息。新加坡、澳大利亚、日本和中国香港等国家和地区的金融监管当局也纷纷推出创新中心或金融科技接洽点。同时,2019年7月1日,国际清算银行(Bank for International Settlements,BIS)宣布设立创新中心,促进成员国中央银行在创新金融技术领域的合作,致力于改善全球金融体系的运作。

5.4.2 监管科技(regtech)

监管科技能够有效解决监管合规性问题、提高数据收集能力和管理效率,在事前预警、事中监管、事后监督等方面均有显著的应用价值。例如,澳大利亚证券投资委员会建立市场分析和情报系统,从股票和衍生品交易中提取实时数据,监测金融市场异常情况,并实时预警。中国监管部门也应跟随金融科技的发展步伐,建立健全监管科技系统,提升金融监管的专业性、统一性和穿透性。

在技术层面,可以借助多方安全计算、可信区块链、标记化等技术,确保数据可用、不可见、可量化,实施动态有效监管,智能化分析和决策,保障各方权益。

5.4.3 地方政府的协调监管

随着金融科技发展,金融机构依托于互联网的经营模式使其摆脱了对线下网点的依赖。虽然机构设立于某一地区,但其经营范围却覆盖了全国各地区。因此,各地政府与金融办在引进金融人才、监管地方性小额信贷交易、推动地区金融创新等方面的工作仍有欠缺。

中央监管部门应该明确地方金融办的监管责任,强化地方政府对金融科技应用带来的金融风险的防范和处置能力,并由中央监管部门为地方政府开展工作提供帮助,以防止风险外部化和地方金融行业的无序竞争,并防止金融风险的高发区域向省级以下行政单元和监管较为薄弱的互联网金融领域集聚。同时,应加强地方金融办的行政职能,鼓励其与地方公安部门合作开展反金融欺诈工作,在法制尚不完善的情况下,及时对消费者进行风险警示,并加强对公民的反欺诈意识教育,以提高金融创新监管的覆盖面和监管效率,并使其与金融科技的发展速度匹配。

6. 总结与展望

2020年11月,上海证券交易所发布公告,暂缓蚂蚁集团上市。这家全球最大的金融科技公司IPO被叫停,无疑对中国乃至全球的金融科技发展与监管有着里程碑意义。尽管中国已在金融科技的多个领域走在世界前列,然而,中国金融科技监管的发展并不总是一帆风顺。从P2P网贷机构爆雷事件频发,到打着虚拟货币名义的金融欺诈屡禁不止,再到金融科技公司违规滥用、倒卖数据引发隐私危机,可见,金融科技的健康有序发展离不开金融监管的保驾护航。

基于中国金融科技的发展历程,我们在本章对网络借贷、虚拟货币、金融信息隐私保护的代表性案例与监管法规演变进行了重点讨论,并对相应监管政策的完善改进提出了建议,例如监管沙盒的机制设计、监管科技的运用等。

当下,金融科技监管还面临一个重要问题,即大型金融科技公司可能造成的数据、流量、市场等多方面的行业垄断。根据前瞻产业研究院的数据,2020年第二季度中国第三方移动支付市场中支付宝与微信支付分别占有55.39%和38.47%的市场比例,共占据整个行业约94%的份额。这两家金融科技平台巨头早有纷争,2015年春节期间,微信平台封杀支付宝红包,并屏蔽了所有与支付宝相关联的链接或请求,相关行为引发有关大型金融科技平台企业是否滥用市场支配地位的争论。为维护公平公正的市场竞争秩序,监管部门已经开始密切关注金融科技巨头赢者通吃、限制竞争等问题,并将反垄断监管作为一项新的重要工作任务。当前,在监管部门的介入之下,更具竞争性的行业格局已有曙光。第三方支付领域正在涌现一批新的玩家,多多钱包、抖音支付已经上线,字节跳动、快手等大型互联网平台企业也已经同第三方支付机构展开合作。这些新进入者或许能改善市场竞争格局,为中国金融科技发展注入新的活力。

充分释放金融科技创新活力、及时有效防范化解金融风险,是未来金融科技监管的核心要义。以监管沙盒为代表的创新性监管工具,能够为金融科技发展提供宽松环境,贯穿事前、事中、事后的穿透式监管能够有效防范金融科技的不确定性带来的风险。目前,中国已有多个城市开展了金融科技创新监管试点工作,越来越多的项目进入中国版监管沙盒。同时,监管当局也正在积极拥抱前沿数字技术赋能下的监管工具,以期更加精准有效地把控创新发展与风险防控两者之间的平衡,助力金融科技更高质量的发展。

第十二章
数字金融对国际货币体系的影响

艾斯瓦·普拉萨德(Eswar Prasad)*

---

* 艾斯瓦·普拉萨德(Eswar Prasad),国际货币基金组织前经济学家,布鲁金斯学会研究员。

1. 引 言

国际货币体系是一个集合体的概念,包括各国的货币和金融市场、汇率和资本流动,以及成员国遵守的、由国际多边机构(如国际货币基金组织、国际清算银行)制定的监管规则。

这一体系引发了诸多担忧,高成本且低效率的支付系统阻碍了国际贸易的发展。一些跨境资金流动给流入国带来的隐患往往远多于益处。新兴市场国家认为,游戏规则受到发达国家的操纵,尤其是那些主导规则制定和国际多边机构所在的国家。

到目前为止,无论是从计价单位、交易媒介来衡量,还是从贮藏价值来衡量,美元在各方面都是占主导地位的国际货币。由于缺乏强有力的竞争对手,美元压倒性的主导地位使美国拥有巨大的影响力。1960 年,美国 GDP 占全球 GDP 的 40% 左右(按市场汇率计算)。到了 2000 年,这一比例下降到 30%。此后的 20 年里,随着中国、印度和其他新兴市场国家的迅速发展,这一比例进一步降至 24%。这些数据充分说明,美元在国际金融中的作用,以及美国对全球金融市场的影响力,是远远超过美国在全球经济总量中的比重的。

世界上许多国家对现有的国际货币体系感到不满。大量国际贸易和金融交易以美元为中介,这使得其他国家,尤其是不发达国家和发展中国家,不得不受美元和美国政策的牵制。这意味着美元价值的波动和美联储制定的政策会影响其他经济体,而有时这种影响是负面的。例如,当美联储降息时,资金经常从美元市场流向新兴市场,以寻求更高的资本回报率,而这可能会造成这些新兴市场国家股票市场和其他资本市场的虚假繁荣。无论是由于美联储加息还是其他原因,当美元相对于其他货币升值时,资本往往都会从新兴市场流出,并流回美元市场,进而给这些新兴市场国家的股市和汇率带来很大的下行压力。令世界各地决策者大为苦恼的是,美联储在制定政策时,只考虑美国国内因素。因为美国认为维护其他国家的金融市场稳定并不是自身的本分工作,所以美国选择忽视其政策对其他经济体的外溢影响。

上述只是国际货币体系运行中诸多扭曲和失衡现象中的一个例子。数字金融、央行数字货币和其他新技术能否为国际货币体系的进步和变革铺平道路呢？这一问题引人深思。

数字金融正在改变各国货币的形式和用途，以及金融市场和金融机构的方方面面。这引发了一些人的猜测，数字金融或许将重塑国际货币体系，使各种货币之间的力量博弈趋于平衡。

2. 跨境支付

数字金融创新和数字货币为更快、更便宜、更安全的国际支付带来了希望。新技术有望大大改进与贸易相关的交易和汇款结算制度，甚至其他类型的金融交易跨境结算也可以从这些技术发展中受益。分布式记账技术为可靠地追踪贸易和金融交易提供了可能性，减少此类交易中的洗钱风险。那么，这些数字金融创新是将完全取代传统金融机构，还是仅仅带来一种更好的经营方式？我的答案是，一些条件已经基本成熟，新的技术有可能引发"颠覆式创新"（disruptive innovation）。

目前，世界各国机构之间的资金转移是通过环球银行金融电信协会（Society for Worldwide Interbank Financial Telecommunications，SWIFT）进行的。SWIFT实际上并不转移资金，它只是提供金融信息服务，通过共同的信息协议，将一万多家金融机构连接起来，几乎覆盖了全世界的所有国家和地区。SWIFT 现在面临着其他替代性国际支付信息系统的竞争，这些系统能以更低的成本提供类似的服务。而 SWIFT 相对于潜在竞争对手的主要优势在于，SWIFT 已经普遍获得使用者的信任，但这或许并不足以永久维系 SWIFT 的竞争力。事实上，正如我们接下来所提到的，中国和俄罗斯等国家正在建立自己的支付系统，以减少对外国支付系统的依赖，并将新的支付系统作为通往国际支付系统的门户。换句话说，这些国家可能会将各自的支付系统连接起来，通过这些系统进行双边国际交易,而不是完全依赖 SWIFT 及其附属机构。

与此同时,SWIFT 也面临着技术挑战。其系统通过大量节点传递支付信息,减缓了交易速度;而使用分布式记账技术的加密货币和其他支付系统可以绕过这个节点。此外,由于该系统容易受到美国货币政策的影响,包括欧洲央行在内的许多央行一直在研究如何在跨境贸易中提高数字货币的支付性能。加拿大、新加坡和泰国的央行也在探索新的举措,以处理脱离 SWIFT 系统的跨境交易。

许多国家已经开始开发不依赖于 SWIFT 信息传递服务的国际支付系统。中国人民币的跨境支付系统(Cross-border Interbank Payment System,CIPS)于 2015 年开始运营,为人民币跨境支付提供清算和结算服务。CIPS 能轻松地与其他国家的支付系统整合,这有助于促进人民币在国际上流通,提升交易双方在跨境支付时使用人民币的几率。CIPS 目前使用 SWIFT 作为其主要信息传递渠道,但它最终会发展成一个更加全面的系统,其信息传递服务也会独立于 SWIFT 相关的协议。CIPS 采用了最新的国际公认讯息标准——《金融服务金融业通用报文方案》,允许以中英文传输信息,并采用标准化系统,方便交易双方之间信息翻译。

数字金融可能会加速现有国际通信和支付系统的消亡。SWIFT 在国际支付领域占据主导地位的时日已经屈指可数,这会对美元在国际支付领域的主导地位产生连锁效应。诚然,新的支付信息系统是否有能力确保交易安全,以及是否能在符合国内和国际法规的情况下扩大规模以处理大流量资金,这一点尚不明确,或许需要几年时间才能知道。不过,支付技术的迅速发展,加上世界上许多国家想摆脱美元主导的金融体系的愿望,可能会加速跨境支付体系的变革。

3. 国际储备货币

国际储备货币是被广泛接受的贸易和金融交易的计价单位,也是交易结算的支付媒介。美元是最主要的国际储备货币,其他一些货币,如欧元、英镑和日元,也在国际贸易中扮演了重要角色。新支付系统应用的激增是否会影响主要国际储备货币在国际贸易中的地位?这一问题值得深思。

随着新兴市场国家市场规模的扩大及金融市场的发展,将本国货币兑换成其他货币的成本可能会下降。在这一进程中,让国际支付更快捷、更容易追踪的数字金融技术也将发挥作用。如果贸易相关的经济往来可以实时结算,汇率波动带来的风险就能大大降低。还有一种方法是运用加密货币或去中心化的支付系统在国际交易中充当货币兑换媒介,但这一设想实现时间更长、可能性更小。以上这些新技术将在不同程度上减少对国际储备货币的依赖。

国际支付系统的改变可以加快支付和结算速度,这将缩短对冲汇率波动时所需金融工具的期限。对于期限较短的金融交易,套期保值最低要求和其他成本可能会大幅下降。在某些情况下,实时支付和结算交易可以消除短期汇率波动对收入造成的风险,甚至不会影响对冲成本。

在可预见的将来,各国货币相对于其贸易伙伴货币的汇率,以及作为记账单位和兑换媒介的主要货币,对于国际货币体系的运作仍将十分重要。简而言之,虽然新的数字金融技术可能随着时间的推移影响不同货币在跨境交易的计价和结算,但外汇市场的基本运作机制不大可能发生重大改变。

4. 全球金融资本市场

金融全球化将使全世界范围内的资本流向生产率最高的部门。这对渴望获得投资的公司来说是件好事,因为它们将能免受国内储蓄的限制,同时,储户也能够投资于世界各地的金融市场。

数字金融公司原则上可以帮助外国投资者更好地评估风险,同时绕过效益较差的国内金融体系,直接投资于效益好的公司。数字金融不太可能改变全球资本流动的根本驱动因素,但它可以通过减少资本流动的壁垒影响全球资本的分配。这最终可能会引发新一轮金融全球化浪潮,即便这并不意味着跨境资本流动的规模将恢复到全盛时期的水平,但也能带来很多好处。

个人投资者也将面临重大变化。数字金融公司最终可能让个人投资者能够以低成本在全球股市配置资产。在许多发达国家,只要购买一支投资海外的共同基金,就能做到这一点。购买这类基金的费率通常比购买国内股票和债券的基金的费率更高。但新的投资平台可能会使成本降低,迫使现有的投资管理公司降低费率。

数字金融公司正在降低获取有关外国市场信息和在这些市场投资的成本。此外,新技术也创造了新的投资机会,让家庭式的小额储蓄汇集成更大的储蓄池,提升了资金使用效率。

数字金融发展的下一个前沿领域可能是具有分散资本功能的金融中介,使各经济体中低收入家庭和小型企业更容易进入全球金融市场。随着股市向外国投资者开放和跨国交易成本的下降,投资组合多元化也会变得更加容易。数字金融公司有助于克服信息壁垒、降低成本、减少国际资本流动中的摩擦、创造新的储蓄产品和金融产品,市场对其服务的需求量将会很大。当然,与任何金融创新一样,在这个过程中都会有风险和障碍,金融监管机构将面临促进创新和管控风险之间的权衡。事实上,资本流动不仅会对个人投资者构成风险,而且会构成国家层面的风险。

虽然加强金融一体化有很多潜在好处,但这些好处是有代价的,尤其是对欠发达的经济体而言。这类经济体非常容易受到资本流动所带来的冲击,部分原因来自发达经济体实施的货币政策。相对通畅的跨境资金流动的新渠道,可能加剧溢出效应在这些经济体中的扩散。这些新渠道不仅会加剧金融市场的波动,而且会更快地将波动传导至各经济体。换言之,为跨境资本流动提供更有效的渠道,可能会加剧全球金融周期的变化,并引发国内政策波动。

金融市场和新技术的发展有可能破坏目前的资本管制政策。尽管世界各国政府试图通过限制加密货币来避免资本管制。面对资本流动套利的强激励,此类措施是否仍然有效,以及能够持续多久,这些问题目前尚不清楚。

目前很清楚的是,官方和私人的跨境资本流动渠道都在扩张。一方面,官方渠道方面，典型的是加拿大央行、新加坡央行和英国央行一直在合作研究的跨境支付系统，这一系统使得跨境资本流动变得更加容易，同时它们也允许各国政府对这些资金流动进行调节，以降低非法金融交易的风险。而在另一方面，如果由非正式金融机构创建和使用私人渠道，监管难度将大大提升。

像天秤币（Libra，现已更名为Diem）这种被全世界熟知的由私人渠道发行的货币，会影响政府控制跨境资本流动的能力。如果货币可以通过电子方式转移且不需要经过任何一个政府监管的金融机构，那么政府就很难在真正意义上控制金融资本的流入和流出。

5. 货币竞争

美元在全球金融体系中的强势地位赋予了美国巨大的金融和地缘政治实力，这侵害了竞争对手的利益，甚至惹恼了它的盟友。其他国家面临这一现状也感到不安——美元的主导地位使它们很难避开以美元为基础的金融体系。

人们对比特币的定位不是兑换媒介，而是一种价值贮藏手段，由此引发了此类加密货币可能会挑战传统储备货币地位的担忧。支持此观点的人认为，随着底层技术更加稳定，校验机制进一步优化，这种去中心化的非官方加密货币更有可能发挥兑换媒介的功能。但鉴于这类货币价格波动剧烈，这样的主张其实很牵强。然而，随着加密货币支付功能被逐步开发，其投机收益开始显现，这种情况也是有可能出现的，尤其是当私人稳定货币得到广泛认同的时候。

交易成本的下降，以及双边货币结算便利性的增加，可能会对全球货币市场产生直接的影响——美元作为国际储备货币的地位将下降，作为计价单位的角色也会受到影响。

尽管有这些变化，但国际储备货币作为价值贮藏手段的功能不大可能受到影响。安全的金融资产在极端的国内或全球金融压力下也能保值，因此具有许多非官方加密货币无法比拟的优势。

价值储备货币的一个重要特征体现在使用深度上。也就是说，应该有大量以该货币计价的金融资产,且央行等官方投资者或者私人投资者都能轻松获得该种金融资产。外国投资者可以轻松获得大量的美国国债,更不用说其他以美元计价的资产。价值贮藏货币另一个重要特征体现在流动性上。也就是说,即使大规模资产交易也能很轻松完成。即使经济形势不好,投资者也确信市场上有足够多可靠的买家和卖家来完成交易。

要成为避险货币,以该货币为计价单位的相关金融工具必须具有一定的使用深度及流动性。更重要的是,由于有稳定的制度性框架作为后盾,在金融危机期间,国内外投资者往往更信任这些避险货币。构成这一框架的元素包括制度化的支付系统、可靠的法律保障和可信赖的中央银行等。它们为投资者提供了安全保障,投资价值将在很大程度上得到保护,而国内外的投资者也将拥有平等的市场参与机会。

尽管储备货币作为价值贮藏手段的地位可能不会受到威胁,但现存储备货币的数字化和跨境交易渠道的多元化可能会加剧储备货币之间的竞争。简而言之,即将出现的数字金融创新预示着国内外金融市场会发生变化,但在可预见的将来,国际货币体系不太可能发生革命性变革。

鉴于国际支付领域存在广泛摩擦,稳定货币作为补充而非取代现有支付货币的兑换媒介,肯定是一个合理的主张。然而,稳定货币不太可能提供其他的价值。实际上,稳定货币的诱惑力恰恰在于它们的价值与世界各地储蓄者和投资者都愿意信任的现有储备货币紧密相连。简而言之,与现有储备货币挂钩的稳定货币的出现将减少在国际支付时对这些货币的直接需求,但不会从根本上改变主要储备货币之间相对力量的博弈。

6. 数字人民币会促进人民币国际化吗?

2010 年后,中国政府开始开放资本账户,并通过各种政策措施推动人民币升值。2015 年,国际货币基金组织将人民币纳入特别提款权(special drawing rights，SDR）货币篮子，2016年10月1日正式实施，这表明人民币国际化又取得重大进展。

之后，人民币在国际金融中一直扮演着一个温和的角色，在目前通过SWIFT网络进行的全球支付中，人民币约占总份额的1.9%（截至2020年7月）。这一数值从2010年的0.3%迅速升至2015年的2.8%，又于2020年回落至1.9%，意味着人民币的国际地位出现了下滑。其他衡量人民币国际影响力的指标也出现了类似的变化趋势。自2015年以来，中国香港的人民币离岸存款和人民币离岸债券发行量等指标均大幅下降，而这些指标在前五年上升速度极快。

截至2021年第二季度，人民币占全球外汇储备的2.61%，是国际货币体系的重要组成部分，但这一占比仍然不高。然而，人民币在国际支付货币和储备货币中的排名都位列前茅。

数字人民币是否有可能在人民币与美元的竞争中，成为变革性力量，改变人民币目前在储备货币中的地位？在某些方面，特别是在零售支付系统的技术成熟度方面，中国已经超越了美国。考虑到中国央行数字货币可能会先于其他主要经济体推出，在角逐全球金融市场主导地位时，数字人民币将成为人民币国际化强有力的助推器，因此人民币储备货币地位上升的推论，看上去也是合理的。

短期内，数字人民币将只能在中国境内支付。随着政府对数字货币的掌握越来越得心应手，这一限制可能会放宽。数字人民币与中国的跨境支付系统一道，最终会让在国际交易中使用人民币变得更便捷。部分国家可能会发现，向中国出口石油时用人民币结算更为便利，而且这样可以使它们避免美国的金融制裁。对许多有类似情况的政府来说，这是十分诱人的。随着人民币的使用范围越来越广，其他与中国有着密切贸易和金融交易往来的发展中经济体也会逐渐发现用人民币开票和结算的益处。

然而，要想让外国投资者将人民币视为储备货币，数字人民币本身起到的作用可能微乎其微，因为这更多地取决于中国政府在资本账户开放和汇率灵活性方面的政策。对于外汇储备管理者和其他外国投资者来说,中国金融市场(尤其是固定收益市场)的广度、深度和流动性将是关键考虑因素。

简而言之,数字人民币可能有助于促进人民币作为国际支付货币发挥更多价值,但在削弱美元的全球主要储备货币地位方面力有不逮。

7. 结　论

不断创新发展的数字金融技术,包括加密货币和央行数字货币的出现,将对国际货币体系的某些方面产生影响,但这一影响不太可能是颠覆性的,且技术的成熟和广泛应用,也要等到若干年以后。有些变化可能较早出现,但它们对全球金融的影响将主要局限于金融市场本身的结构,而无法对国际货币体系产生根本性影响。

更高效的支付系统将带来许多好处,使跨境劳动者更容易将钱款汇回本国。即使储蓄不多的投资者也能轻松实现投资组合的多样化,通过更好地利用国际投资机会,寻求更高的投资回报。原则上,金融资本能够更容易地流向国内外生产力最高的部门,从而提高全球经济福利——至少从 GDP 和消费上看是这样。但是,随着跨国资本流动变得更加容易,许多国家还将面临这些资本流动带来的风险,以及这种流动给本国汇率管理带来的困难。速度更快、成本更低的跨境支付可能会加大监管和控制资本流动的难度。由此带来的挑战对于新兴经济体和其他小型开放经济体而言将尤为棘手。

随着加密货币作为兑换媒介和价值贮藏手段受到追捧,全球储备货币体系似乎正在逐渐瓦解。事实上,加密货币的激增不会对主要储备货币,尤其是美元造成实质性的威胁。一方面,无背书的加密货币风险太大,不能成为稳定的增值工具或可靠的兑换媒介。另一方面,由亚马逊和脸书等大公司背书的稳定货币更可能由于其支付手段而受到追捧。由于它们的价值是法定货币担保的,因此稳定货币种不太可能成为独立的价值贮藏手段。而规模较小和发展中的经济体可能面临更大的挑战:央行发行的本国货币在竞争中可能会输给私人稳定货币，也可能输给其他经济体发行的央行数字货币。

　　数字人民币有助于增强人民币作为支付货币的吸引力，但数字人民币本身无法提升人民币作为储备货币的地位。人民币进一步升值（即使是缓慢温和的），以及更多稳定货币的出现，都有可能降低第二梯队国际储备货币（包括欧元、英镑、日元和瑞士法郎等）的重要性。但美元在国际货币体系中的主导地位仍不会受到很大的动摇，而第二梯队国际储备货币作为交易媒介和避险工具的角色将会比美元遭受更大的冲击。

第十三章
数字金融发展的国际合作与监管

杜大伟(David Dollar)*

---

* 杜大伟(David Dollar),布鲁金斯学会中国中心高级研究员。

1. 引　言

"数字金融"通常被定义为金融服务中与计算机程序和其他信息技术的结合,这一概念与中国移动支付的发展紧密相关。在过去十多年中,中国支付行业已经跨越磁卡支付,转向了基于智能手机和二维码的支付系统。在这一过程中,网络外部性催生了阿里巴巴的支付宝和腾讯的微信支付。根据麦肯锡 2017 年的报告,在全球电子商务交易中,中国的市场份额占比达到了 40%,超过了法国、德国、日本、英国和美国的总和(McKinsey Global Institute, 2017)。2016 年,中国移动支付总额达 7 900 亿美元,是第二大市场(美国)的 11 倍。

数字金融在几个国家乃至全球的迅速扩张给国际合作和监管带来了影响,本章主要关注以下三个方面。第一,在国际货币基金组织、国际清算银行和其他国际组织的推动下,各国之间可以更直接地共享信息和经验。在移动支付和数字货币爆炸性增长的背景下,各国央行正在尝试研发自己的数字货币,特别是关于中央银行数字货币的发行,世界各地正在进行相关试验,而信息共享在这一过程中非常重要。本章的第 2 节主要讨论这方面的国际经验。

第二,在数字金融的监管方面,也有一些存在争议的领域,尤其是对于跨境数据流通的监管问题。中国、美国和欧盟都在制定不同的数字服务贸易监管方法,这可能会形成信息差。本章的第 3 节考察了跨境数据流动三种不同的监管方法和折中建立统一监管制度的可能性。

第三,如何利用数字金融发展跨境支付,这可以说是数字金融的"圣杯",全球范围内的跨境支付可以促进贸易、旅行、汇款和投资的发展。然而,数字金融在跨境支付中的广泛应用仍面临着很大的困难,且目前还没有解决这些困难的有效方法。目前,跨境支付仍需要通过传统的银行途径实现,延迟时间较长,成本较高。本章的第 4 节介绍了跨境支付的挑战。

2. 国际经验的分享

中国数字金融的快速发展引起了世界各国央行和监管机构的关注。在移动支付领域,通过商业公司完成的支付结算不涉及银行系统,未被银行体系服务覆盖的家庭也可以通过智能手机和二维码完成电子支付,从而享受到电子支付相对于现金的便捷性,这种支付方式具有明显的成本优势和普惠特征。严格来说,电子支付的使用者甚至不需要智能手机,只需要一个二维码就能完成交易。

对各国央行来说,还应该重视私营企业发行的加密货币和稳定货币。加密货币是通过分布式账本和区块链技术创建的。最初,比特币的出现让人们觉得创造一种不受官方控制的货币是有可能的。然而在实践中,加密货币极不稳定的价格使其不具备传统货币的功能,而更类似于一种具有高度投机性质的投资品(见图13.1)。关于稳定货币,顾名思义,是将加密工具与一些有价值的资产(如美元或黄金)锚定,以维持币值的稳定。然而,虽然稳定货币的价格相对稳定,但并不是真正意义上的稳定。其中潜在的问题是,市场参与者无法轻易验证一种稳定货币的价格是否真正完全由黄金、美元等锚定资产所支撑。因此,发行中央银行数字货币的目的是满足公众对数字货币的需求,同时克服数字货币现存的弱点。

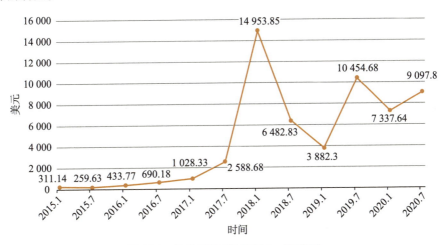

图 13.1　比特币价格(2015.1—2020.7)

天秤币(Libra,现已更名为Diem)是由脸书研发的稳定货币。天秤币最初的定位是与一篮子货币价值挂钩的货币,可以用于跨境支付,在脸书创建的区块链上运行。天秤币协会是一个位于瑞士的独立非营利组织,它有两个主要的职能,一是验证天秤币区块链上的交易,二是管理天秤币所锚定的储备资产,为公共事业单位分配资金。当加密货币发行后,用户可以下载数字钱包Calibra,通过数字钱包可以把加密货币转给任何拥有智能手机的人,这一功能可在Messenger、WhatsApp等程序中使用(Paul, 2019)。

关于天秤币,英国央行行长马克·卡尼曾表示,如果脸书成功发行了天秤币,它将立即成为具有系统重要性的企业,必须接受最高标准的监管。天秤币会带来从黑客攻击到逃税的一系列金融犯罪问题,而排在首位的问题是洗钱风险。传统贷款机构在为客户开设账户之前,必须进行严格的背景调查,以确保资金不是非法所得。相比之下,脸书最初的天秤币发行计划允许用户匿名创建多个账户,而不用验证真实身份。为了应对监管机构的质疑,天秤币协会于2020年4月发布了一份白皮书,其中有四个关键的变化:除了多币种货币,天秤币将引入单币种的稳定货币;天秤币将在一个稳健的合规系统内运行;放弃向无许可系统过渡的计划;已为天秤币的资产储备建立了强有力的保障体系(Helms, 2020)。

监管机构的担忧在2020年10月的G7声明中得以体现,声明称,在通过适当的标准设计,以充分满足相关法律、监管要求之前,全球稳定货币项目不应开始运营。虽然G7声明提到全球稳定货币项目,但实际上,它针对的是脸书的天秤币项目。G7声明的含义是,监管机构将对符合监管法规和货币政策的稳定货币持开放态度。在这方面,该声明对央行数字货币和单币种稳定货币来说是一个积极的信号,它们可以通过受监管的实体机构发行。天秤币发行的最大障碍是它低估了多司法管辖的监管挑战,以及缺乏与全球监管机构的合作(McDonald, 2020)。

在这一背景下,各国央行显然正在研发自己的数字货币,因为它们担心私营企业会抢先一步,把它们的数字货币逐出市场。在探索央行数字货币的同时,各国央行仍对数字货币持谨慎态度,因为银行系统在充当支付清算中介时存在既得利益。央行可能会失去货币政策的控制权,此外,非银行体系中的监管不力可能会产生金融风险。各国央行不得不思考央行数字货币的发行如何在解决问题和化解风险的同时,最大化自身的优势。

根据国际货币基金组织的数据,截至2020年年中,多个国家/地区考虑引入零售型央行数字货币(见表13.1)。央行数字货币是中央银行发行的一种数字形式的主权货币,在其资产负债表上显示为一种负债,一些关于央行数字货币的试验已经处于相当成熟的实施阶段。国际货币基金组织的这一研究同时指出了这些项目的各种目标（International Monetary Fund，2020），如下所示：

1. 在支付系统日益集中于几家巨头公司中的背景下，央行数字货币的发行可以增强支付系统的竞争、效率和韧性。

2. 央行数字货币可能是支持金融数字化、降低发行和管理成本、提升金融普惠性的一种手段，特别是在金融体系不发达、许多公民没有银行账户的国家。

3. 央行数字货币可以提高货币政策的有效性，通过实施有针对性的政策，或利用更精细的支付流数据来提升宏观经济预测的准确性。

4. 有利息的央行数字货币可以通过加快经济对政策利率变化的反应速度，以优化货币政策的传导机制。这样的央行数字货币可以用来打破政策利率的流动性陷阱，维持金融和消费的稳定。

5. 私营企业发行数字货币可能威胁货币主权和金融稳定，且难以监督和规范，央行数字货币可以减少这一情况的发生。

6. 在削弱美元主导地位的司法管辖区内，央行数字货币有助于提升当地货币作为支付手段的吸引力。

7. 央行数字货币在向没有银行账户的公民发放财政补贴时可以发挥作用。

表 13.1　探索零售型央行数字货币的国家/地区（截至 2020 年 5 月 27 日）

央行处于零售型央行数字货币探索成熟阶段的国家/地区	
巴哈马（试点启动）	瑞典（概念验证开始）
中国（试点启动）	乌克兰（试点完成）
东加勒比（试点启动）	乌拉圭（试点完成）
南非（规则确立）	
央行正在探索发行零售型央行数字货币的国家/地区	
澳大利亚	牙买加
巴西	日本
加拿大	韩国

（续表）

央行正在探索发行零售型央行数字货币的国家/地区	
智利	毛里求斯
库拉索岛和圣马丁岛	摩洛哥
丹麦	新西兰
厄瓜多尔	挪威
欧元区国家/地区	俄罗斯
芬兰	瑞士
加纳	特立尼达和多巴哥
中国香港特别行政区	突尼斯
冰岛	土耳其
印度	英国
印度尼西亚	美国
以色列	
央行正在探索发行央行数字货币的国家/地区（据媒体报道，未经中央银行证实）	
巴林	黎巴嫩
埃及	巴基斯坦
海地	巴勒斯坦
伊朗	菲律宾
哈萨克斯坦	卢旺达

资料来源：国际货币基金组织。

正在探索央行数字货币的各国央行都面临着同一个选择困境，其中包括运营模式的选择——是使用集中式平台还是分布式平台、是否支付利息，以及在多大程度上保护用户隐私等。这些选择受国家政策的影响，必须平衡政策目标和央行数字货币对消费者与商家吸引力的关系。央行数字货币的需求最终将取决于该国的现金使用情况和变化趋势，以及包括终端用户和商家在内的利益相关方对此的态度。虽然使用央行数字货币可能比从自动取款机提取现金更方便，但这可能会使央行数字货币成为另一种形式的银行借记卡（Khiaonarong and Humphrey，2019）。如果央行数字货币不计息，那么央行数字货币的优势就在于其相对于现金的便利性和易用性。销售终端的成本分担和易操作性可以激励商家将央行数字货币作为其产品或服务的主要支付手段。

因此，在现金使用率已经很低的国家，央行数字货币的需求可能较低，因为人们更倾向于使用现金替代品（如银行卡、电子货币、移动支付工具）。在现金使用率高的国家，由于缺乏现金替代品，央行数字货币的需求可能会更高。换句话说，在中国这样的国家，现金使用率低，支付宝和微信支付的使用十分普遍，让用户转而使用央行数字货币可能很困难。同样的情况也可能发生在美国这样的发达经济体，信用卡仍然会挤占数字货币的市场份额。在中国进行央行数字货币试点时，央行不允许支付宝和微信支付等非银行支付平台提供央行数字货币。相反，数字货币必须存放在商业银行。

虽然中国的央行数字货币还处于试点阶段，但它对消费者的吸引力十分强大。在广东省深圳市开展的试点活动，通过随机抽奖发放 200 元红包，中奖者可以下载一个手机应用程序，使用收到的 200 元红包进行线上/线下消费（XinHua Net，2020）。除了让央行数字货币接受市场检验，这一试验也是在新冠肺炎疫情爆发后刺激消费的一种方式，是一种积极的财政政策。

欧洲央行也在探索数字欧元，还曾呼吁公众和金融机构对此发表意见（Benjamin，2020）。但欧洲央行对数字欧元的态度本质上是保守的，以防止某些私人实体创建数字欧元威胁到央行货币的地位。

随着这些项目和其他试点项目的推进，货币当局可能还必须考虑到央行数字货币和其他零售数字支付平台是否会导致人们不再使用现金。有些人可能买不起必要的硬件设施，而另一些人可能无法连接互联网。例如，一项调查发现，17%的英国人口（主要是穷人和老年人）将难以融入无现金社会（Access to Cash Review，2019）。瑞典在 2020 年 1 月 1 日试图通过立法来解决这个问题，要求银行提供足够的现金服务，尽管它没有要求商人必须使用现金。

正在认真探索央行数字货币的中央银行正在使用各种技术将用户视角引入设计过程。通过以用户为中心的产品设计和用户体验分析等过程，也可以实现最佳的产品使用感和最高的用户满意度。对于加拿大央行来说，它们使用了基于潜在用户和重点群体的调查分析（Bank of Canda，2020；Huynh et al.，2020）。Sun（2020）和 Huynh 等（2020）认为，对用户来说，最重要的产品特质按照重要性从高到低排序依次是低交易成本、易用性、可负担性和安全性。让用户（包括商家)参与设计过程可以提升产品的可用性和稳定性,并且与用户之间搭建起信任关系。

根据英国央行的研究,央行数字货币成功的关键因素有很多(Bank of England, 2020)。央行数字货币系统应该提供全时间段的支付服务,包括在特定条件下支持离线支付、能够从操作中断中快速恢复等。如果央行数字货币的支付需求显著增加,系统应当能处理庞大的交易量。用户应该能够进行实时的点对点支付,并且过程应该是直观的,几乎不需要用户具备技术知识。央行数字货币的支付系统应尽量考虑到残疾人这一特殊群体的需求,解决他们网络接入的困难。此外,应该保障用户的隐私和数据安全,支付系统应该符合所有隐私相关的法律法规。

从更广泛的层面看,设计决策过程要全面考虑财政稳健性、网络安全和隐私风险。金融稳健性和网络安全风险等关键问题不应该等到事后才考虑,相反,它们是架构设计决策的驱动因素。保持财政政策的稳健性在任何情况下都是重要的,它意味着遵守反洗钱金融行动特别工作组(Financial Action Task Force on Money Laundering, FATF)的标准,并采取有效行动减少洗钱和恐怖主义融资风险。跨不同产品层的网络安全构成了一个可靠且有韧性的央行数字货币支付系统的基础,该支付系统能够抵御欺诈和网络攻击。支付系统的灵活性可以使央行数字货币更好地面向未来,以应对不断变化的用户需求、法规和技术。灵活的设计可以降低中央银行转换经营模式的相关成本。这种类型的架构体系具有开放性,第三方(如支付系统提供商)能够在央行数字货币平台上集成或构建自己的产品或服务。这样一个开放的架构可以促进央行数字货币相关支付平台的市场竞争,不过央行数字货币在设计层面就应该确保不会出现赢家通吃的局面(Bank of England, 2020)。如果这些支付系统能够互相连通,并支持未来央行数字货币的跨境支付,益处将十分明显。

3. 跨境数据流动的监管

目前,跨境数据流动监管的协调性和深度还有待提高。跨境数据流动是指信息在计算机服务器之间跨越国界的移动或传输,这种数据流动对于现代经济的运行越来越重要。人们能够在网上传播信息,跟踪和管理全球供应链,共享研究成果,提供包括金融服务在内的跨境服务。跨境数据流动远不局限于数字金融领域,但这种数据流动是全球数字金融发展的基础。

美国、欧盟和中国对跨境数据流动分别采取了不同的管理方法。对美国来说,开放的跨境数据流动一直是制定贸易协定和国际贸易政策的目标之一。然而,个人数据的自由流动引发了安全和隐私方面的风险。传统上,美国的贸易政策一直寻求在跨境数据(包括个人数据)流动与网络隐私安全之间的平衡。为了更好地保护个人数据和隐私,美国国会作出了很多努力,但到目前为止成效仍不明显。

近年来私人信息被共享或暴露的事件提高了公众对互联网隐私安全的重视。消费者的个人信息可用于分析营销数据、提高交易效率等,因而被各种组织视为重要的资源。在数字金融领域,消费者的个人数据可用于分析财务偿付能力和预测按时还款概率,使发放贷款的数字金融企业能够控制违约风险。随着企业收集网络数据量增加和全球数据流动速度加快,人们对数据安全的担忧可能会加剧。目前,网络世界还没有全球公认的数据隐私标准或定义,也没有专门针对跨境数据流动的多边规则。一些国际组织,包括经济合作与发展组织、20国集团(G20)和亚洲太平洋经济合作组织,已经开始制定数据隐私和跨境数据流动的指导方针和原则,尽管它们不具有法律约束力。如美墨加协定(The United States-Mexico-Canada Agreement,USMCA)和跨太平洋伙伴关系协定(Trans-Pacific Partnership Agreement,TPPA)等强调了新的贸易规则,重点是允许更自由的跨境流动。

各国有关跨境数据流动的政策和法律各不相同,一些国家通过限制网络访问权限来控制数据的境外流动,旨在保护国内公民的利益和隐私。欧盟和中国从不同角度建立了跨境数据流动和个人数据保护的规则,欧盟的《通用数据保护条例》(General Data Protection Regulation,GDPR)是由隐私问题所驱动,中国关注的则是安全问题。在美国和其他国家开始制定各自国家隐私战略的同时,许多利益相关方正在寻求一种更加全球化的方法,允许不同国家制度之间的互认,以消除限制跨境数据流动的贸易壁垒。中国对数字服务和数据治理的态度,体现在其相对封闭的国内数字服务市场和严格的数据流动监管政策中,以及政府为打造有利于其数据治理和数字服务出口愿景的国际环境所作的努力。

中国的数字服务市场仍然相对受限。经济合作与发展组织数字服务贸易指数(见图13.2)显示了影响数字服务贸易的壁垒,分数越高,限制越大。指数共分为五个政策领域:基础设施、电子交易、支付系统、知识产权和其他。可以看出,在数字服务方面的各项指标上,中国是所列国家中政策最严格的。

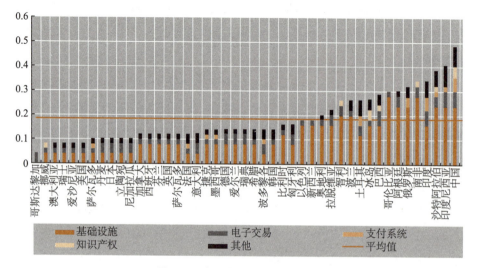

图13.2　各国数字服务贸易指数

资料来源:Meltzer(2020)。

这些限制与旨在发展新兴技术的国内政策相契合,如《国家中长期科学和技术发展规划纲要(2006—2020)》要求中国到2020年成为创新型社会,到2050年成为世界科技强国。《中国制造2025》于2015年启动,这是一个十年计划,要求中国在先进信息技术、机器人、飞机、新能源汽车、新材料、生物技术等关键技术产业实现70%产能的自给自足。从表面上看,该计划带有"保护主义"色彩。随后,为了回应合作伙伴和国内民众的质疑,中国政府放弃了蓝图中明确的目标,把目标定在"成为领先的研发和创新经济体"。

中国还限制了数据的获取和使用,包括对数据本地化要求和数据跨境流动的限制。图13.3显示了不同经济体数据流动的限制情况。

中国最严格的跨境数据流动监管包括对互联网访问和金融信息的控制。

此类数据流动限制包括要求银行和保险公司根据《网络安全法》的标准将数据本地化。

因此，一个关键问题是中国、美国和欧盟能否达成有关跨境数据流动政策的统一。一方面，如果全球政策统一，带来的收益可能是巨大的，因为它将为跨境贸易、投资和研发开辟新机会。另一方面，如果每个经济体都分别制定自己的法规，而这些法规是互不兼容的，那么我们很可能会看到网络空间和数字金融的发展日益区域化。

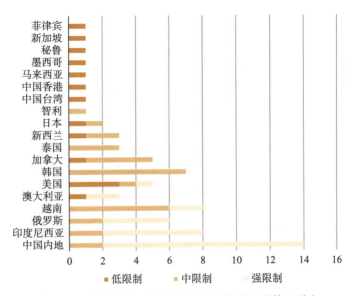

图 13.3　中国内地与其他经济体数据流动限制情况对比

资料来源：Meltzer（2020）。

4. 跨境支付的挑战

虽然国内支付系统面临着许多挑战，但与跨境支付的困难相比，仍是"小巫见大巫"。在 2020 年沙特阿拉伯担任 G20 主席国期间，改善跨境支付成为全球议程的一个重要议题。在国际清算银行内部，支付和市场基础设施委员会（Committee on Payments and Market Infrastructures，CPMI）的任务是提出改善跨境支付的建议（Bank for International Settlements，2020）。跨境支付速度慢、成本高,严重阻碍了国际贸易和资金流动。

移民汇款已成为低收入国家的重要资金来源。汇款成本高、速度慢,对低收入国家的居民来说是一个沉重的负担。2017年,一笔个人对个人的跨境转账平均交易费用率是6%(见图13.4)。跨境支付是一个明显存在规模经济的领域,费用率从C2C到C2B(3.5%)、B2C(1.5%)、B2B(0.1%)是逐步下降的。大型企业可以将许多交易打包在一起,然后将资金汇给当地的附属机构或合作伙伴,而这一选项对汇款金额相对较小的人来说是不开放的。

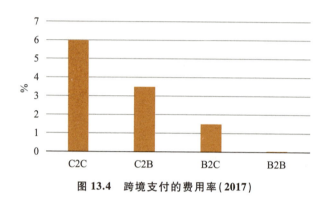

图13.4 跨境支付的费用率(2017)

资料来源:McKinsey Global Institute(2018)。

国际清算银行认为跨境支付面临以下七个挑战和摩擦,这些挑战和摩擦同时影响零售和批量交易:

1. 交易链长,涉及多个参与者和多种货币;
2. 技术平台落后,批量处理速度慢,缺乏实时监控;
3. 营业时间受限导致处理延迟,特别是在时区差异大的地区;
4. 反洗钱和反恐怖主义融资合规要求的复杂性;
5. 数据处理碎片化,直通处理率、自动对账率低;
6. 中介机构进入市场存在壁垒,竞争不足,费用率高;
7. 有预置资金要求,通常跨多种货币。

国际清算银行给出的大部分政策建议适用于改善目前以银行为基础的国际支付系统。这些建议分为四大类:制定共同的跨境支付愿景和目标,明确跨境结算的时间和成本;协调各国的监管制度和框架,以最大化降低成本;改善现有支付基础设施,包括延长运营时间和实现支付系统互联;提高数据质量,统一不同司法管辖区的数据格式。国际清算银行的报告还提到,数字金融有可能为改善跨境支付做出贡献,但这是一个长期的过程:

> 技术和创新为跨境支付的基础设施建设创造了发展空间。到目前为止,技术和创新没有被完全应用,有些处于设计阶段,有些仍停留在理论阶段。因此,它们在改善跨境支付方面的贡献尚无法完全评估。这一重点领域的模块构建旨在探索新多边跨境支付平台、央行数字货币和稳定货币可能为改善跨境支付提供的潜力。该重点领域比其他领域更值得探索,而且可能会有更大的增长空间。

随着中国游客出国和外国游客访问中国,数字金融在国际支付方面取得了一些小进展。最初,外国游客无法使用支付宝和微信支付,因为他们没有中国国内的银行账户和电话号码。然而,这些移动支付服务提供商开发了国际版本,外国游客可以用国际电话和国际信用卡获得 90 天支付宝和微信支付的使用权。不过,这并不是长久之计,因为外国游客基本上都使用的是国际信用卡,并需要承担一定的交易费用。随着中国出国旅游人数越来越多,皇家加勒比国际公司在拉斯维加斯和洛杉矶的许多零售机构已经开始使用中国的移动支付工具,但交易仍然是通过国际银行系统进行的,因为中国买家使用人民币,而商家接收的是美元。只要涉及多种货币,就很难避开基于银行的传统、缓慢、昂贵的支付系统。

央行数字货币的试验也存在同样的问题。虽然今天的央行数字货币项目试点主要集中在国内支付市场(Auer et al., 2020),但一些双边实验已经开始,以证明使用央行数字货币进行跨境支付的可行性,如欧洲央行和日本央行(European Central Bank and Bank of Japan, 2019)、加拿大央行和新加坡央行(Bank of Canda and Monetary Authority of Singapore, 2019),以及泰国央行和香港金融管理局(Bank of Thailand and Hong Kong Monetary Authority, 2020)。央行数字货币可以通过多种方式用于跨境支付。为了避免成本较高的货币转换步骤,一国的央行数字货币可以用于向另一个货币区付款、从另一个货币区收款,甚至可能在另一个货币区内部完成支付。这可能会降低交易成本、提升效率,但也会给外国司法和监管带来风险。其中的基本问题是持有央行数字货币时应当匿名还是实名,以及外国公民是否可以持有央行数字货币。这两个问题是相互关联的:如果央行数字货币可以匿名持有,那么就不可能阻止外国公民持有央行数字货币。即使持有央行数字货币与真实身份关联,外国公民持有央行数字货币仍然有利有弊。如果美国等储备货币国家发行的央行数字货币可以由外国人持有,那么这种货币可能会把许多制度薄弱、宏观经济不稳定的发展中国家的货币挤出市场。尽管使用现金成本高昂且过程烦琐,但世界上许多国家仍在努力解决美元化的问题。想象一下这样的世界:人们可以几乎毫无成本地将本国货币兑换为美元,并将其用于贸易和投资。如不采取措施,美元化的问题只会愈发严重。

有了这种央行数字货币,宏观经济层面的资本外逃和微观经济层面的银行挤兑也会更加常见。如果支付系统完全避开银行系统,当局就很难实施资本管制。出于以上这些原因,货币当局不太可能让外国人持有央行数字货币。这意味着,通过央行数字货币进行跨境支付将不得不涉及两种及以上的货币。因此,不可避免的是,任何广泛使用的央行数字货币都将与目前基于银行的支付系统相关联。

即使央行数字货币由国内公民持有,在设计央行数字货币系统时仍然可以着眼于互操作性,即提升系统跨境支付和跨货币支付的能力。互操作性是一个宽泛的术语,是指系统、网络、程序一起工作并共享信息的能力。在基本技术层面上,良好的互操作性将减少两个系统之间信息传递的障碍。除此之外,系统之间的协调还可以扩展到共同的业务,例如在系统之间为某些支付指定结算代理平台。另一种方法是通过可互操作的链接来集成系统,其中基础设施将其功能组合在一起(Auer et al., 2020)。互操作性未来的一个挑战可能来源于国内外支付系统的数量和多样性。央行数字货币将进入一个拥挤的国内支付系统,互操作性可以在一定程度上解决这一问题,以实现互补和共存。

对于跨境支付,拥有闭环系统的货币(如全球稳定货币)可能具有一些效率优势,但前提是它们必须与其他系统进行互联,实现互操作性(Committee on

Payments and Market Infrastructures，2018）。通用的国际标准（如《金融服务金融业通用报文方案》）可以提供帮助。然而，对于央行数字货币来说，它们的附加功能和未来的设计可能需要增强这些标准，并与其他央行进行合作。同样，如果央行数字货币系统与补充系统和数据服务（如数字身份存储库）相关联，那么无缝跨境支付将需要通用的国际标准。基于不同技术（如基于令牌）的新系统也可能带来挑战。然而，央行数字货币之间的互操作性不仅仅是技术设计、通用标准和接口的问题。国际清算银行描述了改善跨境支付的五个重点领域，其中只有一个涉及基础设施建设（Bank for International Settlements，2020）。不同的法律和监管框架对跨境支付构成了重大障碍。协调这些框架将是一项挑战。最后，与跨境央行数字货币相关的货币政策和影响需要深入分析。

如果央行数字货币的发行可以改善跨境支付，则可以广泛推广。让游客和外国人使用央行数字货币可以促使商家接受这种支付方式，但这需要对游客进行临时持有制度的特殊安排。否则，如前所述，外国人持有大量的央行数字货币可能导致超出预期的国际溢出效应（Ferrari et al., 2020）。具体而言，外资大规模持有央行数字货币可能导致外汇汇率出现不良波动，以及如果法律法规不对等时可能导致的避税风险与国内当局监管缺失。我们需要对跨境央行数字货币的潜在溢出风险和挑战进行更多的研究，以更好地理解如何安全地提升交易效率。

5. 结　论

通过数字金融建立一个无缝的国际支付系统还很遥远。目前国际货币基金组织、国际清算银行和其他国际机构已经开始着手相关研究。各国正在相互学习如何通过非银行系统的数字金融公司发展和监管国内支付市场。关于央行数字货币试验的数据共享非常常见，这方面的国际合作对每一个参与者来说成本相对较低，而且是互惠互利的。从这种数据共享转向国际数字金融的协同发展，包括在全球范围内推行央行数字货币，则更加困难。

根本原因是每个国家都有自己的货币,每个国家都有各自的资本管制制度。即使是我们认为开放资本账户的国家(如美国)也有针对特定国家的金融制裁。银行系统在进行货币兑换和遵守金融规则制度方面已经建立了十分成熟的制度,任何一家全球性数字金融公司都很难具备银行体系在国际支付方面的竞争优势。

尽管如此,数字金融相关的法律法规仍有进一步协调的空间,以提高不同支付系统的兼容性。这里的关键问题是跨境数据流动。美国、欧盟和中国都在制定不同的法律法规,这将使国际协调更加困难。如果美国、欧盟和中国能够相互协调,并找到共同的前进方向,国际支付效率将大大提高。

参考文献

Access to Cash Review, 2019. Access to cash review: final report[Z].Working Paper.London: Access to Cash Review.

Auer R, Haene P, Holden H, 2020. Multi CBDC arrangements and the future of cross-border payments[Z].Working Paper.Basel: Bank for International Settlements.

Bank of Canada, Monetary Authority of Singapore, 2019. Enabling cross-border high value transfer using distributed ledger technologies[Z].Working Paper.Ottawa: Bank of Canada.Singapore: Monetary Authority of Singapore.

Bank of Canada, 2020.Contingency planning for a Central Bank Digital Currency[Z]. Working Paper.Ottawa: Bank of Canada.

Bank of England, 2020. Central Bank Digital Currency: opportunities, challenges and design[Z]. Working Paper.London: Bank of England.

Bank for International Settlements, 2020. Central Bank Digital Currencies: foundational principles and core features[Z].Working Paper.Basel: Bank for International Settlements.

Bank for International Settlements, 2020. Enhancing cross-border payments[Z].Working Paper.Basel: Bank for International Settlements.

Bank of Thailand, Hong Kong Monetary Authority, 2020.Inthanon-LionRock: leveraging distributed ledger technology to increase efficiency in cross-border payments[Z].Working Paper.Bangkok: Bank of Thailand.Hong Kong: Hong Kong Monetary Authority.

Benjamin G, 2020. European Central Bank is consulting the public on CBDC[EB/OL]. [2021-12-03]. https://blockchain.news/news/european-central-bank-consulting-the-public-on-cbdc.

Committee on Payments and Market Infrastructures, 2018. Cross-border retail payments[Z]. Working Paper. Basel: Bank for International Settlements.

European Central Bank, Bank of Japan, 2019. Synchronised cross-border payments[Z]. Working Paper. Frankfurt: European Central Bank. Tokyo: Bank of Japan.

Ferrari M, Mehl A, Stracca L, 2020. Central bank digital currency in the open economy[Z]. Working Paper. London: Center for Economic Policy Research.

Helms K, 2020. Facebook Libra redesigned: new system and cryptocurrency to comply with regulations[EB/OL]. [2021-12-03]. https://news.bitcoin.com/facebook-libra-new-cryptocurrency/.

Helms K, 2020. China drafts law to legalize digital yuan, outlawing competitors[EB/OL]. [2021-12-03]. https://news.bitcoin.com/china-law-legalize-digital-yuan/.

Huynh K, Molnar J, Shcherbakov O, et al., 2020. Demand for payment services and consumer welfare: the introduction of a Central Bank Digital Currency[Z]. Working Paper. Ottawa: Bank of Canacla. Bank of Canada.

International Monetary Fund, 2020. A survey of research on Retail Central Bank Digital Currency[Z]. Working Paper. Washington DC: International Monetary Fund.

Khiaonarong T, Humphrey D, 2019. Cash use across countries and the demand for Central Bank Digital Currency[Z]. Working Paper. Washington DC: International Monetary Fund.

McDonald T, 2020. Why G7 ban on Facebook's Libra is a good thing for digital cash in the long run [EB/OL]. (2020-10-20) [2021-12-03]. https://www.fnlondon.com/articles/why-g7-ban-on-facebooks-libra-is-a-good-thing-for-digital-cash-in-the-long-run-20201020.

McKinsey Global Institute, 2018. A vision for the future of cross-border payments[Z]. Working Paper. New York: Mckinsey Global Institute.

McKinsey Global Institute, 2017. China's digital economy a leading global force[Z]. Working Paper. New York: Mckinsey Global Institute.

Meltzer J, 2020. China's digital services trade and data governance: how should the U.S. respond[Z]. Working Paper. Washington DC: Brookings China Global.

Paul K, 2019. What is Libra? All you need to know about Facebook's new cryptocurrency[EB/OL]. (2019-06-18) [2021-12-03]. https://www.theguardian.com/technology/2019/jun/

18/what-is-libra-facebook-new-cryptocurrency.

Sun T, 2020. Preconditions for digital money adoption: what can we learn from Alipay? [Z]. Working Paper.Washington DC:International Monetary Fund.

Xinhua Net, 2020. China's Shenzhen to issue 10mln digital yuan in pilot program[EB/OL]. (2020-10-10)[2021-12-03].http://www.xinhuanet.com/english/2020-10/10/c_139430180.html.

致　谢

本书是继《中国 2049：走向世界经济强国》之后，北京大学国家发展研究院和布鲁金斯学会第二次携手组建联合课题组，就中国数字金融发展问题展开全面、深入、广泛的研究。本研究在 2020 年年初启动，虽然新冠肺炎疫情对研究计划的推进造成了一些不便，现在能够完成这个报告，既得益于许多新的线上交流手段，也是中美双方团队紧密协作的结果。

中方团队主要由北京大学数字金融研究中心的研究人员组成。北京大学数字金融研究中心成立于 2015 年，是北京大学的二级虚体研究机构，挂靠在北京大学国家发展研究院，其团队成员基本上都是国发院的教研人员。

本研究课题能够顺利完成，要感谢北京大学国家发展研究院、汇付天下和宜信提供的经费支持。另外，中国金融四十人论坛、上海新金融研究院、蚂蚁集团、宜信、陆金所、普洛斯金融及中国互联网金融协会等机构长期支持数字金融研究中心的工作，国家社科基金为中心研究人员提供了重大项目支持（#18ZDA091）。这些都为本课题组的研究打下了坚实的基础，在此一并致谢。

特别需要说明的是，所有上述机构没有以任何形式试图影响研究课题的选择与研究结论，包括本书在内的北京大学数字金融研究中心的研究成果都是基于学术独立性的原则完成的。

黄益平，杜大伟
2021 年 12 月 25 日